全/国/高/等/教/育/金/融/系/列/精/品/教/材

Bank Accounting
银行会计

主　编◎梁远辉　陈　梅
沈昊驹
副主编◎梁　宏　夏　旻
李晓燕　王　涵

经济管理出版社
ECONOMY & MANAGEMENT PUBLISHING HOUSE

图书在版编目（CIP）数据

银行会计/梁远辉，陈梅，沈昊驹主编. —北京：经济管理出版社，2010.5
ISBN 978-7-5096-0983-5

Ⅰ. ①银… Ⅱ. ①梁… ②陈… ③沈… Ⅲ. ①银行会计—教材 Ⅳ. ①F830.42

中国版本图书馆 CIP 数据核字（2010）第 090481 号

出版发行：经济管理出版社
北京市海淀区北蜂窝 8 号中雅大厦 11 层
电话：(010)51915602　　邮编：100038

印刷：三河市海波印务有限公司　　经销：新华书店

组稿编辑：房宪鹏　　责任编辑：徐　雪
技术编辑：杨国强　　责任校对：超　凡

787mm×1092mm/16　　16.25 印张　　371 千字
2010 年 8 月第 1 版　　2012 年 1 月第 2 次印刷
定价：35.00 元
书号：ISBN 978-7-5096-0983-5

全国高等教育金融学专业系列规划教材
编委会成员

《金融学系列教材》总序

随着我国高等教育事业的飞速发展，我国高等教育教学培养方向呈现出日趋多样化的趋势。不同高等院校的定位和办学理念存在着比较大的差距，但是，为社会培养高素质人才这一基本方向却是相同的。《国家中长期教育改革与发展规划纲要》（2010~2020年）提出我国教育工作的根本要求是：培养造就数以亿计的高素质劳动者、数以千万计的专门人才和一大批拔尖创新人才。对于多数高等院校，尤其是多数非重点本科院校、独立学院和高职高专来说，其核心任务应该是培养造就数以亿计的高素质劳动者。

20世纪90年代以来，在国家政策的支持和指引下，我国高等教育领域中，新的主体得到了较快的发展。它们历史较短，独自开展教材建设的力量都比较薄弱。但实践证明，高等学校教师编写适合自己的教材，不仅有利于教师开展科研和教学工作、保证教学质量，而且有利于学生汲取最新最重要的知识、获取日后工作中所需的核心技能、成长为满足社会需求的人才，进而推动学科的发展和我国高等教育事业的进步。为此，我们组织了一批高等学校的教师编写了这套金融学专业系列教材，希望起到抛砖引玉的作用。

本系列教材以培养具备较强实践能力和动手能力的应用型人才为出发点，深入浅出，在为学生提供基本理论知识的基础上强调案例教学，是学生进入金融学科的一部梯子，是教师组织教学活动的基础，是师生沟通的桥梁。

本系列教材的主编均为长期从事教学工作的教授，还有“211”院校的研究生导师，汇集了多所高等院校多年的教学经验和教学研究成果，是数十位具有丰富一线教学经验的老师心血的结晶。

本系列教材的编写得到了经济管理出版社的高度重视，徐雪编辑给予了极大支持。在此，对以上为本系列教材的面世而付出辛勤劳动的所有单位和个人表示衷心的感谢。

同时，希望读者对本系列教材提出宝贵的意见，使其更精、更好。

杨开明

2010年夏于武汉南湖

前　言

银行会计业务是记录国家、企业、公司等单位经济发展情况的信息库。在社会主义市场经济条件下，为适应新形势的要求，满足高等院校教学和商业银行从业人员学习培训的需要，我们组织了具有丰富教学经验和从事多年银行会计实践工作的人员，编著了《银行会计》。本书既注意吸收高等院校同类教材合理有用的内容，又密切注意当前金融改革的实际，反映了改革的新成果。

《银行会计》以《中华人民共和国会计法》、《金融企业会计制度》、《企业会计制度》、《企业财务通则》为支点，就银行会计的基本核算方法、基本要素、基本业务进行详略得当的阐述。本书具有操作性强、内容务实、全面系统、重点突出、理论联系实际、深入浅出、通俗易懂等特点，可供高等院校金融专业、会计专业教学之用，也可供银行、证券等金融机构的员工培训及自学之用。

本书共十三章。第一章由中南民族大学教授、硕士生导师梁远辉编写；第二章由中南民族大学工商学院副教授刘世轩编写；第三章、第四章由中国农业发展银行湖北省分行经济师夏旻编写；第六章由中南民族大学工商学院副主任沈昊驹博士编写；第五章、第七章、第八章由湖北经济学院副教授李晓燕编写；第九章由中国地质大学副教授梁宏博士编写；第十章由中南民族大学工商学院讲师王涵编写；第十一章由中南民族大学研究生张永潮编写；第十二章、第十三章由武汉科技学院副教授陈梅编写。本书由梁远辉、陈梅、沈昊驹担任主编，其中陈梅、沈昊驹对全书的部分章节进行了修改，梁远辉对全书进行了审核、修改和定稿。梁宏、夏旻、李晓燕、王涵任副主编。

本书在编写过程中，得到了中南民族大学、中南民族大学工商学院的大力支持以及徐雪、孙敏二位女士的帮助，在此一并表示感谢。由于水平有限，缺点错误在所难免，恳请读者批评指正。

编　者

2010 年 8 月

目　录

第一章　银行会计总论

【学习目的】通过本章学习，你能够：了解银行金融体系的构成，熟悉商业银行会计核算的特点和原则，掌握商业银行在国民经济中的地位和银行会计的核算要求。

第一节　商业银行在国民经济中的地位和作用

一、现代金融体系

在知识经济时代，商业银行是现代金融体系的主体，也是国民经济的枢纽和总闸门。为了适应社会主义市场经济发展的需要，我国金融体制改革不断深化，将原国有四大专业银行（中国工商银行、中国农业银行、中国银行和中国建设银行）改制为商业银行，还专门建立了政策性银行（国家开发银行、中国农业发展银行、中国进出口信贷银行），除此之外，我国的金融机构体系还包括交通银行、华夏银行、光大银行、中信实业银行、兴业银行、招商银行、上海浦东发展银行、城市合作银行、农业合作银行及信托公司、证券公司、租赁公司、财务公司等金融机构。

目前，我国的金融体制是在中国人民银行领导下，以国有商业银行为主体，多种金融机构并存、分工竞争的金融体系。

1. 中国人民银行

中国人民银行是我国的中央银行，是国家机关，在银行体系中处于领导地位，专门行使中央银行的职能，是"银行的银行"。它在国务院领导下，制定并实施货币政策，对金融业实施监督管理。

2. 政策性银行

政策性银行是为政府特定经济政策和产业政策服务的金融机构。国家开发银行主要办理政策性国家重点建设贷款及贴息业务；中国农业发展银行主要负责国家粮、棉、油储备和农副产品合同收购、农业开发等业务中的政策性贷款及代理财政支农资金的拨付和监督使用；中国进出口信贷银行主要是为大型机电成套设备进出口提供买方、卖方信贷，办理贴息、出口信用担保等业务。在经营管理中，不与商业银行竞争，实行企业化管理，可享受政府优惠政策和补贴，但要自担风险，实行保本经营。

3. 商业银行

商业银行按国家有关金融政策、法律、法规，实行自主经营、自担风险、自负盈亏、自我约束、自我发展，以流动性、安全性、效益性为经营原则，从事吸收存款、发放贷款、办理结算等业务的金融机构。

4. 金融性公司

金融性公司不从事商品生产和流通，只开展信用和经营资金活动，主要业务包括：投资业务（股票投资、债券投资）；证券业务（自营证券、代理发行买卖证券）；信托业务（信托存款和贷款、委托存款和贷款）；租赁业务（经营性租赁、融资租赁、转租赁）等。

二、我国商业银行的职能

我国的商业银行是国家管理金融事业的机关和经营金融业务的经济组织，是国民经济的综合部门，是现代经济的核心，它运用货币信用这一特殊形式，筹集、融通并分配资金，通过银行的基本业务，发挥银行的职能作用，具体表现如下：

1. 信用中介职能

信用中介职能是商业银行最基本、最能反映其经营活动特征的职能。这一职能体现为，商业银行通过以存款为主的负债业务，将社会上各种闲散货币资金集中到银行里来，再通过贷款、投资等活动，把这些资金投放于社会经济的各部门、各行业，从而增加国民经济的生产能力。在这个过程中，仅从货币资金运动的角度讲，商业银行具有货币资金的介入者和贷出者的双重身份，表现为货币资金的融通中介人，并从贷出资金收取的利息收入中扣除借入资金的成本，从而获得利差收入，形成银行利润。

商业银行的信用中介职能实现了资金盈余和短缺之间的融通，其特点是不改变货币资金的所有权，而只改变其使用权，这是一种货币资金两权分离的特殊运动形式，对客观经济生活有着重要意义。首先，信用中介职能的发挥，把暂时从再生产过程中游离出来的闲散资金，转化为用于生产流通的职能资本，在不改变社会资金总量的条件下，通过改变资本投入量，扩大再生产规模，实现资金增值。其次，信用中介职能的发挥，可以把不用于生产流通的资金集中起来，形成巨额资金，投放于生产过程，把用于消费的货币资金转化成能带来价值增值的货币资本，从而促进社会生产的快速增长。再次，信用中介职能还具有把短期货币资金转化成长期货币资金的功能。最后，在利润目标的支配下，可以优化资源配置，把货币资金从效益低的部门、产业引向效益高的部门、产业，实现对经济结构、产业结构的调整。

2. 支付中介职能

支付中介职能即商业银行在吸收存款的基础上，通过向客户提供支付工具，实现存款在账户上的转移，从而清算客户间的债权债务，同时也为客户兑付现款。这使商业银行成为工商企业单位和个人的货币保管者、出纳和支付代理人。在此基础上，商业银行

逐渐又开拓了代客保管贵金属、珠宝、有价证券及其他代理收付服务。

商业银行支付中介职能的发挥，极大地减少了交易中现金的使用量，节约了社会流通费用，加快了结算速度和货币资金的周转速度，有力地促进了经济的发展。随着现代通信、自动化技术的广泛应用，金融电子化已成为现代商业银行的发展趋势，信用卡、自动柜员机、电子汇兑、电子联行等新兴支付手段日新月异，极大地拓展了商业银行的支付中介职能，也更显示出这一功能的重要性。

3. 信用创造职能

商业银行在信用中介职能和支付中介职能的基础上，产生了信用创造职能。商业银行在其吸收存款和发放贷款的基础上，通过票据流通和转账结算，使贷款转化为存款，在存款不提取现金或不完全提取现金的情况下，便增加了整个商业银行体系的资金来源，最终在银行体系内部，会形成数倍于原始存款的派生存款。

商业银行的信用创造职能，对其自身来讲，重要意义在于只有多吸收存款，扩大资金来源，才可能多发放贷款，多增加盈利。对于整个国民经济来讲，国家可以通过调节商业银行的派生存款机制，控制其信用创造职能，实现对宏观经济的调控。

4. 金融服务职能

金融业的不断发展，使银行间及银行与非银行金融机构间的竞争日趋激烈。商业银行作为联结国民经济各环节的“纽带”，信息灵通，特别是现代电子计算机技术以网络化的方式在银行业务中的普遍应用，使商业银行具备了为客户提供多种金融服务的便利条件，如为企业提供代理货币收付、代发工资、代理支付各种费用业务等服务，为企业经营决策提供咨询服务、理财服务、融资服务等，为个人消费者提供转账、信贷、信托、贵重物品保管及经纪人服务等。

目前我国商业银行的业务范围与发达国家相比还很狭窄，提供金融服务的种类还很少，其利润主要来源于利息收入。对比国外商业银行70%以上的利润来源于服务性收费这一特点，我国商业银行，尤其是国有商业银行还需要学会面向市场发展自己。商业银行只有不断拓展自身的业务领域，才能在激烈的竞争中得以生存和发展。

三、商业银行在国民经济中的地位和作用

（一）商业银行在国民经济中的地位

商业银行作为国民经济的重要组成部分，已成为国民经济运转中资金活动的总枢纽，是联结国民经济各环节、各部门的“纽带”，是国民经济体系的“神经中枢”。

1. 商业银行是国民经济资金活动的总枢纽

国民经济不断循环周转，在这个过程中，资金通过商业银行这个中心，存取借还、收付划转，周而复始地运动着。同时，银行通过贷款的发放和收回，进行信用的扩张和收缩，控制并调节着资金运动的总量和轨道。另外，银行通过信贷结算业务，为企业提供资金，使其具备生产经营条件；企业获得经营成果，实现利润，归还银行贷款。所以，商业银行的经营活动，影响和制约着国民经济的资金运动，调节着生产和流通。

2. 商业银行是联结国民经济各部门、各环节的“纽带”

国民经济各部门、各环节通过商品—货币形式实现联系和衔接，进而成为一个相互依存的有机整体。在这一有机的统一体中，无论哪个环节、哪个部门、哪个企业出现不协调状况，都可以从银行的资金、信用活动中得到反映。商业银行利用这一有利的地位，在业务活动中，为企业单位的经营决策提供信息，以减少企业投资的盲目性，降低经营风险。

3. 商业银行是国民经济体系的“神经中枢”

国民经济的资金运动是以银行为出发点和归流点的环流，这使商业银行具有资金“总枢纽”的地位。这一有利地位，使商业银行能从宏观上把握国民经济运行的总体态势，并拥有可靠的经济信息资料。中央银行在此基础上，针对国家宏观经济状况，采取相应的货币政策，作用于商业银行，通过商业银行的中介传导机制，影响市场主体的经济行为，进而达到对宏观经济的调控目标。这一机制的核心是商业银行能灵敏地对中央银行的货币政策做出反应，并运用信贷、利率杠杆，对经济活动进行有效调控。所以，商业银行在国民经济调控体系中具有“神经中枢”的地位，这也是其他部门、单位无法比拟的。

（二）商业银行在国民经济中的作用

商业银行的特殊地位，决定了它在国民经济中发挥着重要作用：

（1）筹集和分配资金，促进国民经济增长。经济的增长需要大量资金的投入，银行在这方面具有不可替代的特殊作用。它通过信用方式动员和吸收社会方方面面的闲散资金，并使这些资金化零为整、变短为长。通过贷放将之用于经济发展，从而有力地支持生产和流通。在非现金结算日益发达的今天，商业银行通过其特有的派生存款机制，进行信用扩张，不仅加速了资金的周转速度，而且满足了不断扩大的经济规模对资金的需要。

（2）调节货币供应，稳定货币流通。货币流通正常和市场物价稳定是生产经营正常进行、经济稳步发展、居民生活安定的重要条件。商业银行作为从事货币信用业务的金融企业，通过办理货币资金的存取、贷放等业务，不断地投放和回笼货币资金，调节着货币流通量。尤其要与宏观经济调控的要求协调一致，最终实现货币流通正常，使国民经济保持健康、稳步运行。

（3）对客户的经营活动进行间接管理和制约，促使其提高资金的使用效率。商业银行业务开展的过程就是对客户提供不同金融服务的过程。通过业务往来关系，商业银行了解并掌握了客户的经营管理现状，站在银行资金安全、效益的角度，对客户资金使用中存在的问题、隐患进行必要的干预和指导，促使企业合理使用资金，提高资金使用效率，保证借款的按期归还。另外，一些国有商业银行还担负着一定的国家授权监督、管理经济的职责（如我国的现金管理规定等），这也决定了银行在开展业务时，要贯彻政府的有关政策、法规，对客户的资金运作进行监督和制约，以保证国家宏观经济政策的实现。

（4）反馈经济状况，提供经济信息。商业银行作为国民经济的枢纽、经济联系的纽

带，使国民经济各部门，企业、事业单位及个人货币资金运动状况都反映在银行的账表中。通过银行账表等信息资料的分析，可以反映出一座城市、一个地区乃至一个国家的生产发展情况、市场供应概况和货币流通状况，为政府进行宏观经济的决策提供可靠的信息和数据资料。

第二节 银行会计的特点、要素和原则

一、银行会计的特点

银行会计与其他行业的会计相比，具有如下特点：

1. 宏观、微观经济反映的双重性

银行会计核算面向全社会，面向国民经济各部门、各单位、各企业，面向广大人民群众，具有很强的社会性。银行会计可以在微观上只反映一个部门、一个单位、一个企业乃至一个人的经济活动情况。由于银行是自上而下设立的，所以通过会计资料的逐级汇总，可以反映出一个地区、一个省乃至全国的经济活动情况，这种反映又具有宏观性，反映出国民经济的综合情况。因此，银行会计既反映微观经济活动，又反映宏观经济活动，具有双重性。

2. 业务处理和会计核算的统一性

在多数情况下经济活动的业务活动和财务（会计）活动相分离，业务活动由部门处理，财务活动由财会部门以货币的形式集中反映。比如，工、农、商、交通、基建等行业部门的业务处理和会计核算就是相分离的。而银行则不然，它经营的是货币，从银行本身来说，其业务活动始终表现为货币资金的运动。银行会计部门处于银行业务活动的第一线，在处理各项业务的同时，必须通过会计进行记载、核算和监督，既处理了银行业务，又进行了会计核算。因此，银行的业务处理和会计核算具有统一性。

3. 监督和服务的兼容性

银行是国民经济的综合部门，是社会资金活动的枢纽，国民经济各部门、各单位、各企业的经济活动都通过银行来办理，这就使银行成为全国的信贷中心、转账估算中心、现金出纳中心、外汇收支中心，对各种经济活动发挥监督作用。根据国家的有关方针政策、法令法规、制度办法，对各部门、各单位、各企业的经济活动的合理性、合法性、有效性进行严格监督。通过柜台、凭证、账簿、报表稽核、审计等形式进行广泛的监督。凡是符合国家方针政策、财经法规及制度办法的各种经济活动，都要积极支持，及时、准确地办理资金收付，加速资金进账；凡是违反国家政策、财经纪律及制度规定的都要抵制和制止，对于构成犯罪的要配合有关部门进行打击，为国家守关把口，保证国家的财产安全。同时，银行又是国家第三产业的重要部门，属于服务行业，要履行优

质文明高效服务的职责，千方百计为客户着想，急客户之所急，帮客户之所需，提供各种方便，减少不必要的环节，全心全意为客户服务。这就使得银行会计既要发挥监督作用，又要执行服务职能，具有监督和服务的兼容性。

4. 会计数据资料提供的及时性

银行与国民经济各部门、各单位、各企业具有密切的联系，涉及面广、影响力大、政策性强。它的核算资料和信息要求准确、真实、可靠，不允许出现差错。向外输送和提供的资料和信息对国民经济有关部门和投资者至关重要，是国家了解国民经济活动情况、制定政策、进行决策的依据。因此，银行会计必须采用特定的核算形式，从制度上保证核算资料的准确性和向外提供资料的及时性。这种特定的核算形式要求在银行会计核算过程中建立严密的内部控制监督机制，进行双线核算、双线核对。它要求当日业务当日处理完毕，在核对当日账务正确无误的基础上，编制当日的会计报表（日计表），以准确、及时地反映当日的业务活动及由此产生的财务收支状况，也就是按日提供会计报表，这是其他任何行业会计都不能具备的。

5. 会计数据处理、传输的先进性

银行会计工作业务数量大、时间要求强、核算程序多，原先的手工操作远远满足不了核算的需要。随着科学技术的进步、计算机的迅速发展，银行会计工作广泛地引入了计算机系统。不仅在每个银行基层行处对业务的处理实行电脑化，而且在银行系统内的分支行处也采用了计算机联网的方式，通过电子联行、电子汇兑、天地对接、卫星传输等先进方式实现银行会计数据处理和传输的网络化。银行的批发业务、零售业务、信用卡业务及调拨融资业务全部纳入电脑处理。目前银行会计的电脑化程度在全国各行业中已处于领先地位。随着科技的发展，银行电脑化核算将进入一个新的发展阶段。

二、银行会计要素

随着银行营运业务的开展和财务活动的进行，银行资金不断发生存、取、借、还的更替变化。这种更替变化集中表现为整个银行系统中各种存款的存入和提取，各种贷款、投资的投放和收回，各种资金款项的汇出和解付以及财务上的收入和支出。而这几种主要形式发生在资金数量上的增减变化及其结果构成了银行会计对象的主要内容。按照国际惯例和会计准则的规定，这些内容就是会计要素。会计要素就是对会计对象的具体内容所作的分类。银行的会计要素可以分为资产、负债、所有者权益、收入、成本和费用、利润六项，前三项是资金运动的静态表现，后三项是资金运动的动态表现。

1. 资产

银行资产是银行拥有或者控制的能以货币计量的经济资源，该资源预期会给银行带来经济利益。按其流动性分类，银行资产可分为流动资产、长期投资、固定资产、无形资产和其他资产。

2. 负债

银行负债是银行承担的能以货币计量的义务，履行该义务预期会导致经济利益流出

银行。银行的负债按其流动性大小可分为流动负债和长期负债。

3. 所有者权益

银行所有者权益是指所有者在银行资产中享有的经济利益，等于资产减去负债后的余额，也称净资产。银行的所有者权益包括实收资本（或股本）、资本公积、盈余公积和未分配利润等。

4. 收入

银行收入是指银行在销售金融商品、提供劳务和让渡资产使用权等日常活动中形成的经济利益的总流入。银行收入主要包括在经营业务过程中实现的营业收入，如贷款利息收入、金融企业往来收入、银行对外投资实现的投资收益，以及取得的与业务经营无直接关系的营业外收入，如固定资产盘盈、出纳长款收入。

5. 成本与费用

银行费用是指银行在销售商品、提供劳务等日常活动中所发生的经济利益的流出；成本是指银行为提供劳务和产品而发生的各种耗费。

银行的营业成本是指银行在业务经营过程中发生的与业务经营有关的支出，包括利息支出、金融企业往来支出、手续费支出等。营业费用是指银行在业务经营及管理工作中发生的各种费用，包括固定资产折旧、业务宣传费、招待费、邮电费、电子设备运转费、保险费、差旅费、职工福利费、职工教育经费、营业税税金及附加等。

6. 利润

银行利润是指银行在一定会计期间的经营成果，包括营业利润、利润总额和净利润三个层次。营业利润是指银行营业收入减去营业成本和营业费用，加上投资净收益后的净额。利润总额是指银行营业利润减去营业税金及附加，加上营业外收入，减去营业外支出后的金额。净利润是指银行利润总额减去所得税后的金额。

综上所述，银行会计的对象，就是按会计要素对内容进行的分类，也是银行业务活动和财务活动中以货币为计量单位来核算和监督的银行资金的筹集和分配的增减变化过程和结果。

三、银行会计的核算原则

会计核算原则是指核算中对会计对象进行确认、计量的行为规范。会计核算原则源于从社会实践中总结出来的经验，这些经验得到会计界公认后，上升为会计核算原则，成为各界会计主体进行会计核算的共同依据，从而保证会计信息质量，更好地为国家宏观调控和投资者、债权人决策服务。因此，银行会计核算必须遵循以下原则：

（一）信息质量稳健性原则

1. 客观性原则

客观性原则也称真实性原则，是会计核算的基本要求，就是要求银行的会计核算应该以实际发生的交易和事项为依据，如实反映其财务状况、经营成果和现金流量。

2. 一贯性原则

一贯性原则也称一致性原则，就是要求银行的会计核算应当以持续、正常的经营活动为前提，各会计期间所采用的会计核算方法应当保持一致，不得随意变更。如确有必要变更，应当将变更的内容和理由、变更的累积影响数以及累积影响数不能合理确定的理由等，在会计报表附注中予以说明。

3. 相关性原则

相关性原则是指银行的会计信息应符合国家宏观经济管理和调控的要求，满足有关各方了解银行的财务状况、经营成果和现金流量的需要，满足银行内部经营管理的需要。

4. 可比性原则

可比性原则是指银行会计核算应当按照规定的会计处理方法进行，会计指标口径一致，相互可比。要求使用国家统一规定的会计处理方法，并应当按照国家统一规定的会计指标编制财务会计报告。这样，一家银行的会计信息，能够与其他银行类似的信息相比较，具有可比性，从而发现问题、找出差距、改进工作。充分发挥会计信息的作用。

5. 及时性原则

及时性原则是指银行的会计核算应当及时进行，各项业务随来随办，会计凭证及时传递不积压，款项及时划拨不压款，账务及时记载不拖后，报表及时提供不延误。保证银行会计处理迅速、快捷、及时、准确，这样才能为银行管理部门及投资者充分提供信息。

6. 明晰性原则

明晰性原则是指银行的会计核算应当清晰明了，便于理解和利用。明晰性原则要求银行会计核算的资料和信息简明、易懂、清楚，无论是银行管理部门还是信息使用者，都能充分理解、利用会计资料和信息，避免含糊不清。充分发挥信息的使用价值。

（二）信息计量准确性原则

1. 权责发生制原则

权责发生制原则是指银行的会计核算应当以权益和责任是否发生为标准来确定本期的收益和费用。凡是在本期已经实现的收入和已经发生或应当负担的费用，不论款项是否收付，都应作为本期的收入和费用处理；凡是不属于当期的收入和费用，即使款项已经在本期收付，也不应当作为本期的收入和费用。

权责发生制原则主要是解决收入和费用何时予以确认，确认多少的问题，它不以款项的实际收付为依据，而是以收入和费用的应收应付为标准，所以权责发生制也称应计制或应收应付制。

权责发生制能够比较准确地反映银行特定会计期间真实的财务状况和经营成果，正确计算各期的收益和费用，是一项重要的会计原则。

2. 配比原则

配比原则是指银行会计进行核算时，收入要与其相对应的成本、费用相互配比。配比原则要求一个会计期间内的各项收入与其相关的成本、费用在会计期间内确认、计

量。配比原则的目的是正确确定期间经营成果。

3. 历史成本原则

历史成本原则又称实际成本原则，指在银行会计核算中，对各项财产物资应当按照实际成本计量。各项财产如果发生减值，应当按照规定计提相应的减值准备。除法律、行政法规和国家统一的会计制度另有规定外，各银行一律不得自行调整其账面价值。按照历史成本原则，资产应按取得时发生的实际成本或评估确认的价格入账；负债应按照形成负债时合同、制度、法规所确认的金额入账；所有者权益应以形成投资时确认的金额入账。

4. 划分收益性支出与资本性支出原则

划分收益性支出与资本性支出原则是指银行在会计核算中，应严格区分收益性支出和资本性支出，以正确计算当期损益。支出的效益仅与本会计年度相关的，应作为收益性支出，计入当期损益；支出的效益与几个会计年度相关的，应作为资本性支出，分期计入损益。

（三）客观修正性原则

1. 重要性原则

重要性原则是指银行在会计核算中，对经济业务或会计事项应区分其重要程度，采用不同的会计处理方法和程序。对资产、负债、损益等有较大影响，进而影响财务会计报告使用者作出合理判断的重要会计事项，必须按照规定的会计方法和程序进行处理，并在财务会计报告中予以充分的披露；对于次要的会计事项，在不影响会计信息真实性和不至于误导会计信息使用者判断的前提下，可适当简化处理。

2. 谨慎性原则

谨慎性原则又称稳健性原则，是指银行在会计核算中应遵循谨慎态度，尽可能选择风险小、较稳妥的方法，合理预计可能发生的损失和费用。按照谨慎性原则，不得多计资产或收益，也不得少计负债或费用。银行会计核算中，对应收账款计提坏账准备，对逾期贷款计提呆账准备，对长期投资计提投资风险准备，都是谨慎性原则的具体表现。

3. 实质重于形式原则

实质重于形式原则是指银行应当按交易或事项的经济实质进行会计核算，而不应当仅仅按照它们的法律形式进行会计核算。

在实际工作中，交易或事项的外在法律形式或人为形式并不总能完全真实地反映其实质内容。所以要想真正反映交易事项，会计信息就必须以交易或事项的实质和经济现实为依据，而不能仅仅根据它们的法律形式进行核算。

第三节 银行会计工作的组织

银行会计工作的组织是指根据《中华人民共和国会计法》、中国人民银行的《银行会计基本规范指导意见》、财政部的《金融保险企业财务制度》的规定和要求，在银行系统内部设置负责会计工作的职能机构，建立和健全会计的规章制度，配合必要的会计人员，按照管理的要求，把会计工作组织起来，使会计工作有领导、有组织、有秩序地进行，从而保证会计工作任务的顺利完成，发挥会计的职能作用。

一、设置健全的会计机构

银行的会计机构是银行内部组织领导和直接从事会计工作的职能单位。因此，银行机构的设置，应与银行的管理体制、工作需要和业务工作相适应。一般来讲，总行设会计司（部）、分行（省、市）设会计处，中心支行设会计科，支行设会计股。各行处的会计工作必须在行长的领导下，由会计部门具体负责。

商业银行实行统一核算，即由全行合并为一张会计报表，效益由总行负责，分级管理，即总行为各分行制定考核目标责任，分行为支行制定考核目标责任，支行为基本核算单位，各下级行处的会计部门除应在行长统一领导下进行工作外，还应该受上级行处会计部门的领导。中国人民银行总行会计部管理全国金融企业的会计工作。

二、会计制度

会计制度是会计工作的规范和准则，我国的会计制度是财政部通过一定的行政程序制定的，具有一定强制性的会计工作规范。我国银行的会计制度的制定是财政部借鉴国际惯例，按国际通行的会计制度，以《会计法》为依据，结合银行业务的特点和经营管理的需要，统一制定的《金融企业会计制度》和《中国人民银行会计制度》。前者适用于一切金融机构，包括国有商业银行、股份制商业银行、城乡合作等金融组织；后者是为规范人民银行的会计工作而另行发布的。

上述两项制度是银行业的基本制度，银行业必须严格执行，以保证会计制度的统一性和严肃性。不过各银行可结合自己的情况，在不违背基本制度的前提下，作出必要的调整和补充。

银行会计制度对全行具有约束力，各级行、处都要严肃认真执行。若在执行过程中发现统一规定中有不完善或不相适应之处，应及时向会计制度制定部门反映，建议其加以修改，但在未修改前仍应按原规定执行。

银行会计制度的设计要做到通俗易懂、简明适用、讲求实效，易于操作、便于管

理、方便客户。

三、会计人员

银行会计工作由一批从事会计管理和实务操作的专业人员来完成，因此，银行的会计部门必须配备业务素质高、遵守职业道德、熟悉行政法规和金融制度、具有强烈的责任感的会计人员。

（一）会计人员的职责

（1）认真组织、推动会计工作的各项规章制度、办法的贯彻执行。

（2）按操作规程，认真进行核算和监督，努力完成各项工作任务。

（3）遵守国家财经、财政法令和有关制度，认真办理各项业务。

（4）遵守职业道德，坚持原则，维护财经纪律，同一切违法乱纪行为作斗争。

（二）会计人员的权限

（1）有权要求各开户单位及本企业其他部门，认真执行财经纪律和有关规章制度、办法，如有违反，会计人员有权拒绝办理。对违法乱纪的业务，会计人员有权拒绝受理，并向本行行长或上级报告。

（2）有权越级反映情况。会计人员在行使职权过程中，如遇到违反国家政策、财经纪律和财政制度的收支，而单位领导坚持办理的，会计人员可以执行，并同时向上级主管单位的行政领导提出书面报告请求处理并报财政部门和审计机关。

（3）有权对本行各职能部门的资金使用、财产管理、财务收支结算等方面实行会计监督。

（4）有权参与本行编制计划，签订经济合同，参加业务和经营管理会议。

（三）对会计人员和会计机构负责人的要求

1. 对会计人员的要求

从事会计工作，要取得会计从业资格证书；应具有良好的政治品质和职业道德，坚持原则，遵守会计法规、会计准则、会计制度；具有良好的业务素质，钻研业务，及时更新知识，并了解本单位经营管理情况；为提高经济效益出谋划策；严守商业秘密，除法律规定或领导人同意外，不得私自向外界提供或泄露单位的会计信息。

2. 对会计机构负责人的要求

会计机构负责人除要达到会计人员的要求外，还应当具备会计师以上的专业技术职务资格或具备多年会计工作的经历。

练习题

1. 名词解释

（1）会计要素　（2）负债

2. 填空题

（1）商业银行在国民经济中的作用有：（　　）。

（2）银行的会计要素包括：（　　）。

（3）银行会计的特点包括：（　　）。

3. 选择题（可多选）

（1）（　　）是国家的金融管理机关。

A. 财政部　　B. 商业银行总行　　C. 人民银行　　D. 政策性银行

（2）银行体系一般由（　　）组成。

A. 人民银行　　B. 商业银行　　C. 投资银行　　D. 政策性银行

第二章　基本核算方法

【学习目的】通过本章学习，你能够：了解商业银行会计科目的设置原则，熟悉商业银行会计凭证的特点、记账规则与错账冲正、编制商业银行会计报表的意义以及账簿的结转与装订，掌握会计科目的分类及主要会计科目的使用方法、各种商业银行会计凭证的种类、账务组织与基本核算程序，初步运用商业银行借贷记账法对发生的经济业务进行处理。

第一节　会计科目

一、银行会计科目的定义

会计科目是对会计对象进行科学分类的一种方法，是设置账户、归集和记载各项经济业务的依据。在会计实务中，常把会计科目称为账户的名称，因为账户是根据会计科目来设置的。

银行会计科目是对银行会计对象的具体内容所作的科学分类，是对银行的资产、负债、所有者权益以及银行的财务收支所进行的分类。会计科目是银行会计核算的基础，在会计核算中具有纽带作用。

二、银行会计科目设置的原则

（1）按科学、统一、规范的要求设置：①银行会计科目应确切反映会计核算的经济内容，是银行经济业务的专业术语；②相同的业务应当采用相同的会计账户核算和会计处理方法；③会计科目的规范是处理经济业务和加强会计核算工作的前提。

（2）既要与国家统一的会计政策相协调，又要体现银行会计的特点。银行会计科目应符合核算的实际情况，确切反映银行业务的特点，同时也应符合《中华人民共和国会计法》的要求。

（3）会计科目使用说明尽量做到简练，以保持会计的科学性和独立性。会计作为

一门独立的学科，技术性较强，对会计科目的使用说明，尽量用简练的会计语言加以陈述。

（4）为了满足会计电算化的需要，对会计科目进行统一编码，并在某些会计科目之间留有空号，以供增设会计科目时使用。

三、银行会计科目的分类

银行会计科目按资金性质可分为五大类：资产类、负债类、资产负债共同类、所有者权益类、损益类。前四类是资产负债表的科目，第五类是损益表的科目。

1. 资产类科目

资产是指由过去的交易、事项形成，并由企业拥有或控制的资源，该资源预期会给企业带来经济利益。银行的资产按流动性分类可分为流动资产、长期投资、固定资产、无形资产和其他资产。银行的流动资产主要包括库存现金、存放款项、拆放同业、贴现、应收利息、应收股利、短期投资、短期贷款等。资产类科目是核算银行各类资产的增减变动情况，可以反映银行资金的分布和运用。

2. 负债类科目

负债是指由过去的交易、事项形成的现时义务，履行该义务预期会导致经济利益流出企业。银行的负债按其流动性，可分为流动负债、应付债券、长期准备金和其他长期负债。银行的流动负债主要有各项活期存款、同业存款、应付利息、票据融资、同业拆入、应解汇款等。负债类科目可核算银行各类负债的增减变动情况，反映银行资金来源的不同渠道。

由于银行业务活动的特殊性，应设置一些资产负债共同类科目进行会计核算。如联行往来、外汇买卖、清算资金往来等科目。根据其记录业务的性质，有时反映资产的占用或债权的形成，有时反映负债的形成和资金的来源。这类科目的期初、期末余额，有时反映在借方，有时反映在贷方，有时借贷方同时反映余额。因而是具有双重性质的科目。

3. 资产负债共同类

4. 所有者权益类科目

所有者权益是指企业投资者对企业净资产的所有权。它是所有者在企业资产中享有的经济利益，包括企业所有者投入的资金及留存收益。银行的所有者权益主要包括实收资本、资本公积、盈余公积和未分配利润。此外还有一些一般准备也是属于所有者权益的组成部分。所有者权益科目主要核算所有者权益的增减变动情况及其现有的净额。

5. 损益类科目

银行的损益包括各项收入和各项费用、成本、支出、税金等。其主要科目有利息收入、手续费收入、汇兑收益、投资收益、利息支出、手续费支出、营业费用、汇兑损失等。损益类科目主要核算银行的财务收支和经营成果。

银行常用的一些会计科目如表 2-1 所示。

表 2-1　银行常用的会计科目

序号	编号	会计科目	序号	编号	会计科目
		一、资产类	39	244	汇出汇款
1	101	库存现金	40	251	保证金
2	102	银行存款	41	252	本票
3	103	贵金属	42	261	应付利息
4	111	存放中央银行款项	43	262	其他应付款
5	112	存入同业款项	44	263	应付职工薪酬
6	113	存入联行款项	45	264	
7	121	拆放同业	46	265	应交税金
8	122	拆放金融性公司	47	266	应付利润
9	123	短期贷款	48	267	
10	124	中长期贷款	49	271	长期借款
11	125	抵押贷款	50	272	发行债券
12	126	贴现	51	273	长期应付款
13	127	逾期贷款	52	281	外汇买卖
14	129	贷款呆账准备			三、所有者权益类
15	131	进出口押汇	53	301	实收资本
16	132	应收利息	54	302	资本公积
17	138	坏账准备	55	303	盈余公积
18	139	其他应收款	56	311	本年利润
19	141	短期投资	57	312	利润分配
20	142	长期投资			四、资产负债共同类
21	151	固定资产		410	辖内往来
22	152	累计折旧		411	联行往来
23	153	固定资产清理		412	清算资金往来
24	154	在建工程			五、损益类
25	161	无形资产	58	501	利息收入
26	162	递延资产	59	502	金融企业往来收入
27	163	待处理财产损溢	60	511	手续收入
		二、负债类	61	512	其他营业收入
28	201	活期存款	62	513	汇兑收益
29	205	定期存款	63	514	投资收益
30	211	活期储蓄存款	64	515	营业外收入
31	215	定期储蓄存款	65	521	利息支出
32	221	财政性存款	66	522	金融企业往来支出
33	231	向中央银行借款	67	531	手续费支出
34	232	同业存放款项	68	532	营业费用
35	233	联行存放款项	69	533	营业税金及附加
36	241	同业拆入	70	534	其他营业支出
37	242	金融性公司拆入	71	535	汇兑损失
38	243	应解汇款	72	536	营业外支出

银行会计科目按其与会计报表的关系可以分为表内科目和表外科目两大类。

1. 表内科目

该类科目用于核算银行资金的实际增减变动并反映在资产负债表等会计报表上，如上述银行会计科目表中所列的各科目。

2. 表外科目

该类科目用于核算业务确已发生而尚未涉及或不涉及银行资金增减变化的重要业务事项，因此，该类科目不反映在会计报表内。如“应收托收款项”、“代收托收款项”、“有价单证”、“重要空白凭证”等。

第二节　记账方法

一、什么是记账方法

记账方法是会计核算的主要环节，具有一定的技术性。记账方法是否科学，对所记录账目是否清楚，反映情况是否全面，能否用账查账，都有直接的影响。

记账方法就是将发生的经济业务按会计科目进行整理、分类和登记账簿的方法。一般包括记账方法的原理、记录方式、记账方向的符号、记账规则和试算平衡等几个要素。

按记录方式的不同，记账方法分为单式记账法和复式记账法。

单式记账法。它是一种比较简单的不完整的记账方法。它对一笔经济业务，只用一个科目、一个账户进行登记，一般需要什么资料就登记什么资料。手续简单，各科目之间的记录没有什么直接的联系，也没有内在的平衡关系，因而不能全面、系统地反映一项经济业务的来龙去脉，也不便于检查账簿记录的正确性。这种记账方法，只适用于对经济业务进行简单的记录。在银行会计工作中，对表外科目所涉及的会计事项，用单式记账法进行记录。

复式记账法。它是对每项经济业务，按照资金运动的内在联系，以相等的金额在两个或两个以上的有关账户中进行登记，有关科目之间的对应关系清楚，能反映资金的来龙去脉和经济业务的全过程，有关科目之间具有内在的平衡关系，便于检查账簿记录的正确性，是一种科学的记账方法。

从 1948 年 12 月中国人民银行成立以来，我国银行曾先后多次变更记账方法，但总的来说，是收付记账法和借贷记账法之间的变换。中国人民银行建行之初沿袭根据地银行的收付习惯，采用复式收付记账法。1949 年 11 月，中国人民银行在北京召开第一次全国银行会计工作会议制定了全国银行统一会计制度，规定银行采用借贷记账法。1950 年又改用以科目为主的收付记账法。1954 年再次将收付记账法改为借贷记账法。1965

年又改为收付记账法，且称为现金收付记账法。1979 年则改为资金记账法。而中国银行却于 1981 年率先恢复采用了借贷记账法。随着经济、金融体制改革的进一步深化，银行会计制度也发生了重大变化，1993 年起全国银行系统全都恢复使用国际通用的借贷记账法。

二、借贷记账法在银行会计中的运用

借贷记账法是一种复式记账法，目前在世界各国普遍使用。《企业会计准则》规定我国银行系统也采用借贷复式记账法，其主要内容有以下几点：

（1）以“借”和“贷”作为记账方向的符号，用来记录和反映资金增减变化的情况及其结果，这种借贷复式记账法，以“资产=负债+所有者权益”这一会计平衡公式为基础，资产、费用类账户，增加记借方，减少记贷方，余额反映在借方；负债、所有者权益、收入、利润类账户，增加记贷方，减少记借方，余额反映在贷方。

（2）以“有借必有贷，借贷必相等”为记账规则，对每笔经济业务在两个或两个以上有关科目的账户中进行相互对应的记录。

（3）借贷记账法的平衡公式：

各科目借方发生额合计=各科目贷方发生额合计

各科目借方余额合计=各科目贷方余额合计

以下 4 笔业务，根据借贷记账法规则，其会计分录为：

【例 2-1】某储户以现金存入活期储蓄存款 5000 元。

借：库存现金　　5000

　　贷：活期储蓄存款　　5000

【例 2-2】发放给某企业流动资金贷款 1 笔，金额 2000000 元，转入其存款户内。

借：短期贷款　　2000000

　　贷：活期存款　　2000000

【例 2-3】某企业领取备用现金 8000 元。

借：活期存款　　8000

　　贷：库存现金　　8000

【例 2-4】支付银行印刷费用 500 元，以现金付讫。

借：营业费用　　500

　　贷：库存现金　　500

第三节　会计凭证

一、银行会计凭证的意义

银行会计凭证是银行各项业务和财务收支发生的书面证明，是银行办理货币资金收付和记账的依据，也是明确经济责任、核对账务和事后查考的根据。

编制会计凭证是银行会计核算的起点。银行的业务活动每天连续不断进行，为了对这些业务逐笔进行核算、反映和监督，必须根据每笔业务的具体内容和特点以及实际完成情况，在会计凭证上编制记录，然后据以登记账簿，这样才能使会计核算工作得以顺利进行。任何一笔业务的发生，都必须编制凭证，这是会计核算的基础。在银行会计核算中，按照核算程序，一般是从受理或编制会计凭证开始的。在处理银行业务和核算中，由于需要将凭证在不同柜组之间进行传递记账，因此，银行会计凭证又称为“传票”。

二、银行会计凭证设置的原则

银行会计凭证，不仅供银行内部记账核算使用，也供企业单位使用，是银行以外的有关企业、单位会计核算的依据。因此，银行会计凭证具有统一性和社会通用性的特点。对银行会计凭证的设置，应贯彻以下几个原则：

1. 必须符合记录银行各项经济业务的要求

银行会计凭证反映银行各项经济业务的具体内容，应根据不同业务设置不同的会计凭证。如现金的收入和付出、转账结算的各种方式、联行往来和同业往来等，都应有各自的专用凭证。这样，才能正确记录和反映银行各项业务的发生和变化情况。

2. 必须充分考虑银行和企业、事业单位会计核算的共同需要

银行同各企业、各事业单位有着广泛和密切的业务联系，即为收付款单位和收付款单位的开户银行。所以，银行会计凭证的格式、内容和联数，应考虑银行以及企业、事业单位核算的共同需要，便于银行、企业、事业单位记账使用。

3. 必须有利于提高银行会计的工作质量和工作效率

银行会计核算过程就是对银行会计凭证的处理过程。由于银行业务量大，会计凭证的种类多、数量大，为了便于工作，应在满足业务需要的前提下，力求精简，逐步做到规范化、标准化，以利于实现银行会计核算的电子化，提高工作效率。

三、银行会计凭证的种类和基本要素

1. 银行会计凭证的种类

按照核算程序和用途，会计凭证分为原始凭证和记账凭证。

凡是在经济业务发生时，直接取得或编制的会计凭证，称为原始凭证。它是经济业务发生的原始书面证明，是会计核算的基础资料。按其取得的来源不同，又分为外来原始凭证和自制原始凭证。记账凭证是会计人员根据审核无误的原始凭证，加以归类整理而编制的会计凭证。它是登记账簿的依据。

可以把原始凭证直接作为记账凭证，也可以另编记账凭证，而将原始凭证作为记账凭证的附件。银行广泛地采用由单位或客户填写的原始凭证来代替记账凭证，这些凭证是根据银行会计核算要求而印制发行的。由企业、事业及其他客户直接填写的银行凭证，银行在受理时应加以审查。

按照形式的不同，记账凭证可分为复式凭证和单式凭证。

一笔经济业务涉及的所有科目，都集中在一张凭证上，既作借方科目的记账依据，又作贷方科目的记账依据，这种记账凭证称为复式凭证；一笔经济业务涉及的科目，分别填制在几张凭证上，一张凭证只作一个科目的记账依据，这种记账凭证称为单式凭证。由于银行业务量大，分工细，要求凭证能及时传递，便于记账和分类汇集，因此，银行会计采用单式凭证来记账。

此外，银行记账凭证还可分为基本凭证和特定凭证。基本凭证是银行会计根据有关原始凭证或业务事实自行编制用作记账的依据，具有统一的格式，主要有现金收入传票、现金付出传票、转账贷方传票、转账借方传票、特种转账贷方传票、特种转账借方传票、表外科目收入传票、表外科目付出传票、外汇买卖借方传票、外汇买卖贷方传票十种。特定凭证是银行根据某项业务的特殊需要而制定的、有专门的格式和用途的凭证。这类凭证一般由银行统一印制发行，由企业、事业及其他客户填写，提交银行受理并凭以记账。

2. 银行会计凭证的基本要素

银行会计凭证种类很多，具体的格式和内容也不一样，但所有的银行会计凭证都必须具有以下一些基本要素：

（1）日期。

（2）收付款单位名称和账号。

（3）收付款单位开户银行名称及行号。

（4）人民币符号和大小写金额。

（5）款项来源、用途或摘要及附件张数。

（6）会计分录及凭证编号。

（7）单位有关印章。

（8）银行有关人员的印章。

四、银行会计凭证的处理

银行会计凭证的处理是指从受理或填制凭证开始，到对凭证的审查、传递、记账、整理、装订、保管的整个过程。其中重点是凭证的填制、审查和传递、记账。银行会计工作中对会计凭证的处理，就是办理各项具体业务的过程，也是货币资金在银行内部运动的过程和银行会计的核算过程。

1. 会计凭证的填制

编制会计凭证是会计核算的基础，为了保证会计核算的顺利进行，对会计凭证的处理过程就必须更加严肃认真对待。银行每发生一笔经济业务必须填制会计凭证。但填制凭证必须做到：内容齐全、手续完备、编制正确、字迹清楚、不得涂改。银行会计一般采用单式凭证记账，一张凭证只作为一个科目的账户来记账。涉及现金收付业务的，只填制现金对应科目的凭证；对转账业务则应分别填制借方、贷方有关科目的借方凭证和贷方凭证，务必做到借贷平衡。在每笔经济业务中，对转账关系只能是一借一贷，或一借几贷，再或一贷几借，而不能同时多借多贷（特殊情况下可以）。

2. 会计凭证的审查

银行会计处于银行工作的第一线，而编制会计凭证又是会计核算的起点，由于银行要直接办理门市业务，经常使用单位和客户提交的各种会计凭证来记账，因此，对填制后的记账凭证和客户提交的会计凭证，应该认真进行审查，这样才能保障银行会计核算的质量。同时银行要执行国家的有关方针政策，遵守财经纪律，也必须对会计凭证进行审查。审查的内容除了对凭证基本要素进行审查外，还应审查会计凭证的真实性、合法性和完整性。

真实性。就是审查凭证是否是本行受理的，户名与账号是否相符，大小写金额是否相一致，有无涂改，印鉴、密押是否相符、正确。

合法性。就是审查凭证所反映的经济内容是否符合国家有关法律法规和政策规定，支取存款是否超过存款余额，有无透支，贷款是否超过指标限额和期限等。

完整性。就是审查凭证的联数是否正确，凭证的内容是否填写齐全，有无遗漏，凭证附件张数是否正确等。

3. 凭证的传递、记账

银行会计凭证经过审查以后，通过对凭证的编号，就可以进行传递、记账，输入计算机登记各种账户。正确、迅速地传递会计凭证是处理好业务和账务的重要环节。根据业务不同，银行会计凭证的传递，有的在一个行处内部各部门之间进行，有的在不同行处同城或异地联行之间进行，因此，传递必须迅速、准确、严密、科学、合理。凭证传递应本着先外后内、先急后缓的原则，尽量减少不必要的层次和环节，避免积压、丢失和迟缓。对现金收入凭证的传递，应贯彻先收款、后记账的原则，以避免已记账漏收款的错误。对现金付出凭证的传递，应贯彻先记账、后付款的原则，以避免发生透支和误付的错误。对转账业务的凭证传递，应贯彻先付、后收的原则，即先记付款单位账户，

后记收款单位账户，以避免在付款单位无款支付情况下办理收账手续，从而占用银行资金。

银行会计凭证应全部通过银行内部或邮局传递，不能在柜台外部交客户传递，以免造成资金的损失和账务混乱。总之，银行会计凭证传递不仅关系会计核算质量，而且涉及国民经济各部门的资金周转，必须做到正确、及时。银行会计凭证传递结束，也就是银行业务处理完毕，在每日营业终了时，必须将全部处理完的会计凭证集中整理汇总，装订成册，妥善保管。其目的是为了保证会计核算资料的完整无缺，便于事后查考和核对。

第四节　账务组织

账务组织，又称会计核算形式，是指账簿的设置、记账程序和核对方法的有机结合。银行账务组织包括明细核算和综合核算两大系统。明细核算由分户账、登记簿、余额表组成；综合核算由科目日结单、总账和日计表组成。

一、明细核算

明细核算，是在每个会计科目下，按具体的对象和单位，设立分户账，进行详细记录和核算。

1. 分户账

分户账是明细核算的主要形式，即银行会计的明细分类账，其常用格式有甲、乙、丙、丁四种。

2. 余额表

余额表是核对分户账余额与总账余额是否相符的工具。

3. 登记簿

登记簿是为了适应某些业务和工作的需要而设置的一种辅助性账簿。

二、综合核算

综合核算是以会计科目为基础的核算，它是综合反映各科目资金增减变化情况，控制各科目明细分户账，对明细核算起统筹与监督作用的核算方法。综合核算不能办理具体业务，只为编制会计报表提供数字资料。

1. 科目日结单

科目日结单是对当天各科目的借贷方发生额及传票张数的汇总记录，是登记总账的依据。

2. 总账

总账是对各科目的总括记录，它的记载方法如下：根据各科目日结单借、贷方发生额逐日填记，并结出余额。

3. 日计表

日计表是根据各科目总账按日编制的会计报表，它是轧平当天全部银行账务的重要工具。

三、银行账务处理程序

银行会计账务处理程序，包括明细核算和综合核算的基本核算程序。

(1) 明细核算的基本核算程序。明细核算的基本核算程序是：根据有关业务事项编制或受理会计凭证（传票），并根据会计凭证登记分户账、登记簿或现金收入、付出日记簿（由出纳登记），营业终了，根据各分户账当天最后余额抄制余额表。

(2) 综合核算的基本核算程序。综合核算的基本核算程序是：每日营业终了，将纳入当天会计核算的传票分科目整理编制科目日结单，并据以轧平所有科目当天借、贷发生额。然后，根据科目日结单登记科目总账，结出总账余额。最后，根据总账编制出当天的日计表。

四、账务核对

账务核对是指为了防止银行会计核算程序中的各有关部分出现差错，所进行的核对查实工作。账务核对是保证会计核算正确的重要措施。银行的账务核对，从时间上可以分为每日核对和定期核对；从内容上可以分为账账核对、账款核对、账实核对、账表核对、账据核对、账簿核对、账卡（折）核对和内外账务核对。

1. 每日核对

每日会计核算结束后，账务核对的主要内容是：①各科目总账的余额应与其总账所属的分户账（或余额表）的汇总余额核对相符。②现金收入、付出日记簿的总数，应与现金科目总账的借、贷方发生额核对相符；现金库存簿的库存数应与现金科目总账的余额和实际库存现金核对相符。

2. 定期核对

定期核对是指按规定日期对未纳入每日核对的账务所进行的核对查实工作。主要的内容有：①未编制余额表又未按日核对余额的各科目的余额核对。②各类贷款的账据核对。③金银、外币、有价单证、房屋、器具等的账实核对。④银行内外账的核对。

练习题

1. 名词解释

(1) 账务组织　(2) 明细核算　(3) 综合核算　(4) 基本凭证

2. 判断题

(1) 会计方法是为了发挥会计职能作用和完成会计工作任务而采用的方法。(　　)

(2) 所有者权益是指银行投资者对银行净资产的所有权，不包括留存利润。(　　)

(3) 我国银行采用单式记账方法，以增加和减少作为记账符号。(　　)

(4) 每一张会计凭证，都必须填记一定的事项，这些事项称为凭证内容。(　　)

(5) 一切现金收入传票及现金收款回单都应加盖现金收讫章。(　　)

(6) 登记簿是一种主要账簿，在商业银行会计中较多地使用它作为明细账的一种补充形式。(　　)

(7) 特种转账传票是特定凭证之一。(　　)

(8) 银行的各类凭证除有关业务核算手续另有规定外，一律由银行内部传递。(　　)

3. 单选题

(1) 记录经济业务、明确经济责任的书面证明是（　　）。

A. 会计科目　　B. 会计凭证　　C. 会计账簿　　D. 会计报表

(2) 对会计对象的具体内容进行分类汇总的类别名称是（　　）。

A. 会计凭证　　B. 基本凭证　　C. 会计科目　　D. 会计账簿

(3) 对每一笔经济业务只在一个会计科目中进行登记的是（　　）。

A. 借贷记账法　　B. 收付记账法　　C. 复式记账法　　D. 单式记账法

(4) 根据某项业务的特殊需要而定制的专用凭证是（　　）。

A. 特定凭证　　B. 基本凭证　　C. 单式凭证　　D. 复式凭证

(5) 银行结算业务的查询、查复书应加盖（　　）。

A. 业务公章　　B. 转讫章　　C. 结算专用章　　D. 联行专用章

(6) 明细核算的主要形式是（　　）。

A. 分户账　　B. 登记簿　　C. 科目日结单　　D. 现金收入日记簿

(7) 综合核算的主要形式是（　　）。

A. 日记表　　B. 余额表　　C. 科目日结单　　D. 总账

4. 多选题

(1) 商业银行会计科目按与资产负债表的关系，可分为（　　）。

A. 资产类科目　　B. 负债类科目　　C. 损益类科目

D. 表内科目　　E. 表外科目

(2) 银行各类业务凭证的传递程序，应遵守的规定有（　　）。

A. 现金收入业务，先记账，后收款

B. 现金付出业务，先付款，后记账

C. 转账业务，先记收款入账，后记付款入账

D. 转账业务，先记付款入账，后记收款入账

E. 代收他行票据，收妥抵用

(3) 银行业的统一会计报表有（　　）。

A. 决算表　　B. 年度业务状况报告表　　C. 损益表

D. 资产负债表　　　　　　E. 现金流量表

(4) 明细核算的组成有（　　）。

A. 会计凭证　　　　　　B. 科目日结算　　　　　　C. 分户账

D. 现金收入（或付出）日记簿　　　　　　E. 余额表

(5) 账务核对的内容有（　　）。

A. 账账核对　　　　　　B. 账款核对　　　　　　C. 账据核对

D. 账表核对　　　　　　E. 账实核对

(6) 下列凭证中，属于基本凭证的有（　　）。

A. 现金收入传票　　　　　　B. 转账贷方传票　　　　　　C. 表外科目收入传票

D. 进账单　　　　　　E. 支票

5. 问答题

(1) 商业银行会计科目按资金性质可以分为哪些?

(2) 什么是银行的账务组织? 明细核算和综合核算包括哪些内容? 它们的关系如何?

(3) 银行账务核算程序是怎样的?

第三章　存、贷款业务

【学习目的】通过本章学习，你能够：熟悉存款业务、贷款业务和支付结算业务的流程，掌握单位及个人存款业务、贷款业务及票据贴现业务、各种结算方式的核算，掌握存款利息的计算、贷款利息的计算和票据业务的处理流程。

第一节　存、贷款业务概述

一、存、贷款业务核算的意义

存款业务是银行以信用方式吸收与再分配社会闲散资金的活动。存款业务是银行负债中最主要的构成部分。组织存款不仅是银行的资金来源，而且是增加信贷资金的主要途径，是银行赖以生存的条件。

贷款业务是银行主要的资产业务，是运用其资金取得利润的重要渠道。组织发放贷款，不仅可以充分利用组织起来的闲散资金，按照国家政策要求及相关规定进行再分配，满足社会和企业对资金的需要，促进国民经济的发展，还会使银行增加营业收入，提高经济效益。

存款、贷款是银行资金不同性质的两个方面，各自以对方作为自己存在的条件。没有存款就没有贷款，银行就无法以贷款的方式支持社会经济的发展；没有贷款，吸收的存款就失去了存在的意义。同时存款、贷款又是可以互相转化的，增加存款可以发放更多的贷款，由于存款、贷款的实现均要通过银行的账户，增加的贷款，绝大多数会转入单位在银行开立的存款账户中，这在一定程度上会引起存款的增加；而一个单位生产经营好，生产的产品适销对路，又会引起该单位存款的增加，该单位就有能力归还银行的贷款，银行按规定优先扶持这些生产能力好的企业，以贷款的方式解决其扩大再生产中资金不足的问题。存、贷款的有机结合，是银行赖以生存的基本条件，可以促进银行更好地发挥其应有的作用。

存、贷款业务是由银行会计部门完成和实现的，存款、贷款的会计核算，是反映和监督存、贷款业务的重要工具，认真做好存、贷款业务的会计核算，不仅可以落实国家金融方针、政策、法令及有关规定，反映银行主营业务的变化情况，为领导和上级部门提供可靠的分析数据，还对监督单位资金的合理收付，促进企业改善经营管理，加速资金周转，不断提高银行资金的使用效率，巩固银行经营成果有着重要的意义。

二、存、贷款账户

（一）账户的种类

按人民银行《银行账户管理办法》的规定，银行的存、贷款账户分为基本账户、一般账户、临时账户和专用账户。

1. 基本账户

基本账户是单位和个人在银行开立的主要存款账户，是其办理日常转账、结算和现金收付业务的账户。

2. 一般账户

一般账户亦称一般存款账户，是存款人因借款转存或其他结算需求，在基本存款账户开户银行以外的银行营业机构开立的银行结算账户。

3. 临时存款账户

临时存款账户是存款人因临时经营活动需要开立的账户。外地临时机构和有从事临时经营活动需要的个体经济户，持有开户地工商行政管理机构核发的临时执照和有关部门同意设立外来临时机构的批件，可在当地银行开立临时存款账户。临时存款账户最长期限不得超过 2 年。

4. 专用账户

专用账户是存款人因特定需要开立的账户，如因企、事业单位的基本建设更新改造、办理信托、政策性房地产开发、信用卡等特定需要开立的账户。

（二）账户的管理

账户是反映银行业务和分析银行经营活动的工具。因此，认真加强对账户的管理是非常重要的。

按我国规定，存、贷款账户的管理权集中在人民银行。开户许可证一律由人民银行总行统一制作，人民银行负责开户许可证的开发和管理，监督并稽核银行账户的设置和开立，协调和仲裁银行账户开立及使用方面的争议。各商业银行的分支机构负责按规定审查办理开户和销户，建立健全开销户制度，建立账户管理档案，定期与存款人对账，并对本行开立和撤销的各类账户，于开立或撤销之日起 7 日内向人民银行分支机构申报。

第二节 存款业务的核算

一、存款业务概述

吸收存款是商业银行的基本职能，也是商业银行的主要业务活动之一，即负债业务。商业银行作为一个信用机构，是以增加负债来增加资产的，没有存款就没有贷款。加强存款业务的核算，对于有效吸收社会闲散资金、满足社会再生产和流通对资金的需要，具有重要的意义。

1. 存款的种类

按照不同的标准，银行存款可以划分为不同种类。按经济主体的不同，存款可以分为以下几种：

（1）企业存款。指工商企业在银行账户中的存款。

（2）储蓄存款。指城乡居民把闲余资金存入银行形成的存款。

（3）财政性存款。指国家机关、团体、事业单位、部队等机构的存款。

按存取期限不同，存款还可分为活期存款和定期存款两种。活期存款指随时可以存取的存款；定期存款指存入款项后必须到一定日期才能提取的存款。企业存款按期限也可分为活期存款和定期存款；储蓄存款也可分为活期储蓄存款和定期储蓄存款。

2. 存款业务的核算要求

（1）努力使社会闲散资金集中于银行，维护和尊重存户对存款资金的自主权益。

（2）正确使用账户，加强柜面监督。

（3）充分发挥银行会计核算、反映和监督的功能，提高服务质量。

二、单位活期存款业务的核算

单位活期存款的存取款项有现金和转账两种形式。现金存入和提取是存款收支的一种形式；转账结算是通过同城或异地的各种结算方式，进行款项收支的另一种非现金结算方式。转账结算在以后的章节里介绍，本章只介绍现金存取款的核算方法。

（一）支票存款户的核算

单位缴存现金，应填写两联现金送款单，连同现金交银行出纳部门，经出纳人员点收现金无误后，登记“现金收入日记簿”，并将一联送款单加盖“现金收讫”章退还存款单位，另一联送款单给会计部门入账。会计分录为：

借：库存现金

　　贷：活期存款——××存款人户

银行可按存款单位和存款种类设置明细账。

支取现金，单位应签发现金支票，注明款项的用途并加盖预留在银行的印鉴。银行会计部门应认真审查支票的内容，核对印鉴，确定支票的真伪，审核无误后，以支票作为记账凭证，登记单位存款分户账。会计分录为：

借：活期存款——××存款人户

　　贷：库存现金

记账后的支票交出纳部门，登记“现金支出日记簿”，然后将现金交取款人。

（二）存折存款户的核算

缴存现金时，应填写存款凭条，连同存折、现金交银行出纳部门，出纳部门点收现金无误后，登记“现金收入日记簿”，然后交会计部门登记分户账和存折，最后将存折退还存款单位。账务处理方法同支票户。

支取现金时，应填写取款凭条，注明款项用途，加盖印鉴，与存折一并交银行会计部门。会计部门进行账务处理后，还应登记存折，将存折和取款凭条交出纳部门办理付款手续。

（三）单位活期存款利息的核算

（1）计息时间的规定：单位活期存款按季度计算利息，每季末月 20 日为结息日，如 3 月 20 日。计息时间从上季末月 21 日开始，到本季末月 20 日为止。计息天数“算头不算尾”，即从存入日算至支取的前一日为止。

比如，一笔存款 4 月 1 日存入，6 月 18 日支取，计息时间为：30 + 31 + 17 = 78（天）。

（2）利息计算的基本公式：

利息 = 本金 × 存期 × 利率

其中，利率分年利率、月利率和日利率，三者之间可以换算，换算公式为：

月利率 = 年利率 ÷ 12

日利率 = 年利率 ÷ 360

或日利率 = 月利率 ÷ 30

单位活期存款存取次数频繁，其余额经常发生变动，可以采用积数法计算利息，公式为：

利息 = 日利率 × 计息积数（存款余额×日数）

计息积数实际上指的就是存款户从结息日起至结息日止每日存款余额的加总数，又叫累计积数。

（3）计息方法：目前，活期存款计息方法有两种，即余额表法和分户账法（账页计息法），这两种方法的原理都是一样的，均采用利息=日利率×计息积数这一公式。下面以分户账法为例来了解银行计息的方法，见表 3–1。

该公司 2000 年第二季度活期存款的利息，按年利率 1.8%计算如下：

21900000 × 1.8% ÷ 360 = 1095（元）

会计分录为：

借：利息支出——活期存款利息　　　　1095

贷：活期存款——××存款人户　　　　　1095

表 3-1　××公司 2000 年第二季度计息积数

账号 301201060　　　　　　　　　　　　　　　　　　　　　户名××公司

2000 年		摘要	借方	贷方	借或贷	余额	日数	积数
月	日							
3/21				200000	贷	200000	11	2200000
4/1				120000	贷	320000	41	13120000
5/12			160000		贷	160000	39	6240000
6/20				180000	贷	340000	1	340000
6/20		结息		1095	贷	341095	92	21900000

(四) 对账、账户变更及销户

1. 对账

对账即银行会计部门对客户记载的账务进行核对。这是保证银行与单位账务正确及维护国家资金安全的重要措施。银行的对账包括随时对账和定期对账。

(1) 随时对账。包括对支票存款户和存折存款账户的对账。①支票存款户的对账。支票存款户的账务记载，银行采用分户账与对账单套写账页，会计每记满一账页或计算机每打印一账页，就将账页的对账联交给存款人。存款人以该对账单与其记载的银行往来账项逐笔进行勾对，发现问题，及时到银行查明更正。②存折存款账户的对账。存款人办理存取款手续时凭存折办理，在账务处理时，银行将账务记载反映在银行账簿及存折中。存款人在办理业务时可随时检查存款情况，做到银折见面，发现错误，当面更正。

(2) 定期对账。定期对账主要是针对支票存款户。银行与单位发生业务往来时，双方分别于不同时间与地点记账，导致在一定时期内双方账户余额不等。因此，除平时对账核对发生额外，银行还应于每季（月）末与开户单位对账。

每季（月末）末，银行根据存款人账户的余额向单位发放一式两联的余额对账单。单位根据银行的对账单编制银行存款余额调节表核对相符，将对账单第二联退还银行；核对不符，应及时到银行查明更正。对长期与银行账务不符的存款人，银行应主动热情地帮助查找，限期查明。银行对单位退回的对账单回单联应妥善保管。

2. 账户变更及销户

存款人由于迁移、合并、停业等原因不再使用原账户，且该账户一年（按对月对日记算）未发生收付活动时，应及时办理销户手续。银行办理销户时，应首先与销户单位核对存款账户余额，相符后，对计息的存款账户要结清利息。对支票存款账户应收回所有的专用凭证；对存折账户要收回存折注销。将原账户余额转入临时存款户或做其他处理。对一年内未发生收付活动的不动存款户，银行应通知存款人自发出通知之日起的30 天内来行办理销户手续，逾期未办理销户手续者视同自愿销户。撤销后的账户停止使用。

三、单位定期存款的核算

单位定期存款是指单位在转存存款时，与银行约定存期，由银行发给定期存单，未到期不能提前支取，到期一次性转存本息的单位存款。存期有半年、1 年、2 年、3 年，1 万元起存，到期一次性支取本息，不能提前支取，不得转让流通。

结息的方法与定期储蓄存款相同，有定期结息和利随本清两种方法。

1. 存入存款的处理

(1) 现金定期存入。单位以现金办理定期存款时，应按存款金额填写“单位定期存款缴款凭证”连同现款交开户行。经银行审查凭证并清点现金无误后，银行按存款人的要求开出“单位定期存款证实书”一式两联，以第二联存款证实书进行转账，会计分录为：

借：库存现金

贷：单位定期存款——××存款人户

同时，编制空白重要凭证表外科目付出传票，付：空白重要凭证、单位定期存款证实书，最后将存款证实书第一联加盖银行专用章后交存款人，存款证实书第二联为银行定期存款卡片，用专夹保管。

(2) 转账存入。存款人以转账方式办理定期存款时，应向银行提交转账支票（或其他有关付款凭证）和一式两联的进账单。银行经审核无误后，以转账支票为借方凭证，进账单为贷方凭证进行账务处理。

借：××科目——存款人户

贷：单位定期存款——××存款人户

转账后开具单位定期存款证实书及空白重要凭证表外科目的付出传票，其处理与现金存入相同。

(3) 同城他行存入。在同城他行开户的单位来本行办理定期存款时，应填写转账支票及两联进账单，经银行审核无误后，先将存款转入其他应付款科目，并通过同城票据交换将转账支票转交款人开户行，进账单暂存。会计分录为：

借：辖内往来（或存放中央银行款项）

贷：其他应付款——同城交换户

若无退票情况发生，待交换截止时间过后，以进账单为依据，编制“单位定期存款证实书”，并将存款证实书第一联交存款人，第二联为定期存款卡片，以进账单为贷方传票进行转账。会计分录为：

借：其他应付款——同城交换户

贷：单位定期存款——××存款人户

2. 支取定期存款的核算

单位定期存款根据支取的不同情况分为全额到期支取、全额提前支取和部分提前支取三种。

（1）全额到期支取。定期存款到期，单位支取款项时，应依据单位定期存款证实书金额填写一式三联的单位定期存款凭证（一联为借方传票，一联为贷方传票，一联为回单）连同存款证实书一并交给银行。银行审核凭证确系本行的存款后，抽出其保管的存款证实书第二联，若核对正确，则按规定的利率计算单位的存款利息，开列利息清单，在两联存联证实书上注明“注销”字样，作支票凭证借方传票的附件处理，最后进行账务处理。

将利息转入定期存款户：

借：应付利息（按季度计提的利息）

　　利息支出（最后一次结息至支取日利息）

　　贷：单位定期存款——××存款人户

支付存款：

借：单位定期存款——××存款人户

　　贷：活期存款——××存款人户

在其他银行开户的存款人，持本行签发的存款证实书及支付凭证来行取款时，银行审核无误，并留底核对正确后，按规定计算利息，并将存款的本利和一并通过同城票据交换转存款人的开户行。会计分录为：

借：应付利息

　　利息支出

　　贷：单位定期存款——××存款人户

借：单位定期存款——××存款人本利和

　　贷：辖内往来（或存放中央银行款项）

同时，编制空白重要凭证表外科目收入凭证，收：空白重要凭证、单位定期存款证实书。

（2）全额提前支取。单位存入定期存款后，若有急需可提前支取。对于全额提前支取的，应按规定以支取日挂牌公布的活期存款利率计息。并将利息计入存款本金，再进行支取处理。会计分录为：

借：利息支出——单位定期存款提前支取利息

　　贷：单位定期存款——××存款人户

借：单位定期存款——××存款人本利和

　　贷：活期存款——××存款人户

其余处理与全额到期支取相同。

（3）部分提前支取。单位的定期存款，若有急需可办理部分提前支取。按照规定，单位部分提前支取时，若支取款项后的剩余定期存款额不低于定期存款起存金额，则部分提前支取金额按支取日挂牌的活期存款利率计算利息，剩余定期存款金额按原存日、存期、利率另开新定期存款证实书；若部分支取后所剩余的定期存款额不足定期存款起存金额，银行应对其按支取日活期存款利率计算利息，并对该项存款予以清户。其会计处理及分录与全额支取相同。

【例 3-1】工商银行南方支行收到无线电厂送交开户的储蓄存款凭条，填列整存整取储蓄，存期一年，金额 100000 元，并收到其交存的现金 100000 元。分别审查无误后，现金入库，作以下会计分录：

借：库存现金　　　　　　　　　　　　　100000
　　贷：单位定期存款——无线电厂　　　　　　100000

【例 3-2】工商银行南方支行收到同城他行开户的张先生办理一年定期存款 150000 元，填写完转账支票及进账单并经审核无误后作以下会计处理：

借：辖内往来　　　　　　　　　　　　　150000
　　贷：其他应付款——同城交换户张先生　　　150000

无退票发生后作会计分录为：

借：其他应付款——同城交换户张先生　　150000
　　贷：单位定期存款——张先生　　　　　　150000

【例 3-3】工商银行收到无线电厂交来的到期定期存单一张，金额 10000 元，存期一年，年利率 2%，经审核无误，支付本息。

计算利息：10000 × 2% = 200（元）

本利和 = 10000 + 200 − 40 = 10160（元）

作会计分录为：

借：单位定期存款——无线电厂　　　　　10000
　　应付利息——定期存款利息　　　　　　200
　　贷：活期存款——无线电厂（本利和）　　　10200

或者：

借：单位定期存款——无线电厂　　　　　10000
　　贷：活期存款——无线电厂（本金）　　　　10000
借：应付利息——定期存款利息　　　　　　200
　　贷：活期存款——无线电厂（利息）　　　　200

【例 3-4】工商银行南方支行收到同城他行开户的张先生办理定期存款 150000 元已到期，年利率 2%，审核无误后作以下会计处理：

借：应付利息——定期存款利息　　　　　2250
　　利息支出——定期存款利息　　　　　　750
　　贷：单位定期存款——张先生　　　　　　3000
借：单位定期存款——存款人本利和　　　152400
　　贷：辖内往来（现金）——张先生　　　　152400

【例 3-5】工商银行南方支行收到无线电厂未到期的定期存款单一张，金额 100000 元，因需要而提前支取。存期是一年，到目前止已经存入 9 个月。要求全部提取，经审核无误同意办理，当日活期存款月利率为 0.05%。

计算利息：100000 × 0.0005 × 9 = 450（元）

借：利息支出——单位定期存款提前支取利息　　　　450

贷：活期存款——无线电厂　　450

借：单位定期存款——无线电厂　　100000

贷：活期存款——无线电厂　　100000

【例 3-6】工商银行南方支行收到无线电厂未到期的定期存款单一张，金额 100000 元，由于急需，提前支取 30000 元。原存期是一年，到目前为止已经存入了 9 个月。经审核无误同意办理，当日活期存款月利率为 0. 5‰。

计算提前支取金额的利息：$30000 \times 0.0005 \times 9 = 135$（元）

借：利息支出——单位定期存款提前支取利息　　135

贷：活期存款——无线电厂　　135

借：单位定期存款——无线电厂　　30000

贷：活期存款——无线电厂　　30000

剩余的存款金额按原存日存期的利率另开新定期存款证实书。

四、单位通知存款业务的处理

单位通知存款业务是指存款人存入款项时，不约定存期，支取时需要提前通知银行，约定支取存款日期、金额后方能支取的存款。

1. 单位通知存款的有关规定

（1）单位通知存款必须一次性全额存入，最低起存金额为 50 万元，存入方式分为现金和转账两种。

（2）单位通知存款不论存期长短，按存款人提前通知的期限划分，分为 1 天通知存款和 7 天通知存款两个品种。

（3）单位通知存款的支取可一次或分次进行，最低支取额为 10 万元，支取存款利随本清，支取的存款本息，只能转入存款人的其他存款户，不得支取现金。

（4）如果单位未按照存款时确定的通知时间支取通知存款，通知存款将按照活期存款利率计算利息；部分支取通知存款时，剩余资金大于 5 万元（含）的，系统将自动把剩余资金按原开户日转入新开立的通知存款账户中；剩余资金小于 5 万元（不含）的，剩余资金以活期利率计息，系统自动将本息一并转入基本账户中。

2. 单位通知存款存入的处理

单位存入通知存款时，其会计处理与单位定期存款相同，只是在单位定期存款科目下，开立通知存款 1 天或 7 天通知分户，用于核算单位通知存款的业务。银行为存款人开立的单位定期存款开户证实书上要注明“通知存款”字样以及通知品种，但不注明存期和利率，证实书只能作为存款证明，不得作为质押的权力凭证 。

3. 通知与支付存款的处理

（1）通知。存款人提前通知银行约定支取通知存款时，应向银行提交单位通知存款取款通知书，经银行审核无误后，在单位通知存款支取提前通知登记簿上作出登记。

若单位因故取消通知，则由存款人向银行提交单位通知存款取消通知书，经银行审核无误后，便可以对存款人的通知进行注销。

（2）支取存款。存款人在正常约定的期限来行支取存款时，应依据单位通知存款证实书，填写一式三联的单位通知存款支取凭证，连同存款证实书一并交存银行。银行收到凭证之后应按规定认真审查：存款证实书是否由本行签发，凭证内容是否齐全、有无涂改，支付凭证填写内容是否正确，大小写金额是否相符，预留银行印鉴是否清楚真实等，审核无误后，即可办理支付手续。按规定的利率计算利息，打印利息凭证，注销存款证实书，并以支付凭证为借方传票进行转账。

会计分录为：

借：利息支出——单位通知存款利息

　　贷：单位定期存款——通知存款×天数

借：单位定期存款——通知存款×天数（本利和）

　　贷：××存款——存款人活期存款户

第三节　贷款业务的核算

贷款业务是商业银行的主要资产业务，也是银行资金运用的主要形式。商业银行通过发放贷款，将一定数量的资金进行周转循环使用，充分发挥资金的使用效能，满足社会再生产过程中对资金的需要，促进国民经济的发展。

商业银行发放贷款，必须遵循资金使用的安全性、流动性和盈利性原则。

一、贷款的种类

按划分方法的不同，银行贷款有不同种类：

（1）按贷款的期限划分，可分为短期贷款（1 年以下）和中长期贷款（1 年及 1 年以上）。

（2）按贷款的发放条件划分，可分为信用贷款、担保贷款（包括抵押担保贷款、质押担保贷款和保证担保贷款等）。

（3）按贷款的对象划分，可分为工业贷款、商业贷款、农业贷款、集体及个体工商业贷款和个人贷款。个人贷款中包括住房贷款、耐用消费品贷款等。

（4）按贷款的用途划分，可分为流动资金贷款、固定资产贷款、农副产品收购贷款。

（5）按贷款的性质划分，可分为政策性贷款和商业贷款。

（6）按贷款的风险程度划分，根据五级贷款分类制度可分为正常、关注、次级、可疑和损失五级贷款。

（7）按贷款的利率划分，可分为固定利率贷款、浮动利率贷款和优惠贷款。

此外，还有一些特殊性质的贷款，如结算贷款、贴现贷款等。

二、贷款业务的核算要求

（1）根据不同类别的贷款，制定相应的贷款核算形式。

（2）认真履行贷款核算手续，坚持原则，按时发放和收回贷款。

（3）及时反映贷款数据，监督信贷指标。

三、信用贷款业务的核算

信用贷款指银行仅凭借款人的信用而发放的贷款，银行和借款人之间签有借款合同（即借据），由于信用贷款没有实物或有价物作担保，是银行的高风险资产，所以商业银行要在保证资产安全的前提下，审慎地发放信用贷款。

信用贷款有逐笔核贷、下贷上转和商业票据贴现三种形式，本章介绍逐笔核贷这种形式。

1. 发放贷款

借款单位申请这类贷款时，应填写借款申请书，经银行信贷部门同意后，填制借款凭证（一式五联，第一联为借方传票，应加盖借款单位公章及预留印鉴；第二联为贷方传票；第三联为收账通知；第四联为放款记录；第五联为到期卡）。借款凭证连同申请书经信贷部门审批盖章后送会计部门。

会计部门审核后，为借款单位开立贷款分户账，并将存款转入借款单位存款账户。会计分录如下：

借：短期（或中长期）贷款——××单位贷款户

　　贷：活期存款——××单位存款户

借款凭证第一、二联分别为借、贷方传票，第三联盖章后退回借款单位，第四联由信贷部门留存，第五联到期卡专夹保管。

2. 收回贷款

贷款到期前3天由银行信贷部门通知借款人按期归还。借款单位在归还贷款时，应填写贷款还款凭证，会计部门收到还款凭证后，与原借款凭证核对相符即可办理转账。会计分录如下：

借：活期存款——××单位存款户

　　贷：短期（或中长期）贷款——××单位贷款户

3. 贷款展期

借款单位不能按期归还贷款的，应于贷款到期前向银行申请贷款延期，提交贷款展期申请书，说明展期原因，由信贷部门审批。如属担保贷款展期，还应有保证人、抵押人、质押人出具的书面证明。

每笔贷款只允许展期一次，展期期限如下：

短期贷款不得超过原贷款期限，中期贷款不得超过原贷款期限的一半，长期贷款不得超过 3 年。

4. 逾期贷款

借款单位借款到期不能归还，而又未申请展期或申请后未经批准的贷款称为逾期贷款。对于逾期贷款，银行应将其转入借款单位的逾期贷款账户。

会计分录如下：

借：逾期贷款——××单位逾期贷款户

　　贷：短期（或中长期）贷款——××单位贷款户

上述会计分录也可以采用同一方向红蓝字冲账的办法处理。会计分录如下：

借：逾期贷款——××单位逾期贷款户

　　贷：短期（或中长期）贷款——××单位贷款户

5. 贷款利息的核算

贷款利息的核算有定期结息和利随本清两种方法。

（1）定期结息。定期结息指银行按规定的利率定期（每月或每季末月 20 日）计算应收利息，计息公式如下：

利息 = 累计计息积数 × 日利率

(贷款金额 × 贷款天数)

【例 3-7】某笔短期贷款金额 500000 元，6 月 1 日贷出，9 月 1 日归还，月利率 3‰，到 6 月 20 日结息时，应计利息为：500000 × 20 ×（3‰ ÷ 30）= 1000 元

从 6 月 21 日至 9 月 1 日之间的应计利息为：

500000 × 72 ×（3‰ ÷ 30）= 3600（元）

利息计算出来后，编制贷款利息凭证，并办理转账，计提利息收入的会计分录如下：

借：应收利息——贷款利息收入

　　贷：利息收入

实际收到时，会计分录为：

借：活期存款——××存款户

　　贷：应收利息——贷款利息收入

（2）利随本清。利随本清又叫逐笔结息法。指银行在贷款单位还款时一次性计算贷款利息，贷款满年的按年利率计算，满月的按月利率计算，有整年（月）又有零头天数的可全部化成天数计算，整年按 360 天计算，整月按 30 天计算，零头按实际天数计算，算至还款前一天为止。

计算公式如下：

整年整月的

利息 = 本金 × 时期（年或月）× 年或月利率

全部化成天数的

利息 = 本金 × 时期（天数）× 日利率

贷款到期时，如银行实际收到本息时，会计分录如下：

借：活期存款——××存款户

贷：短期（中长期）贷款——××贷款户

利息收入

如客户账上存款余额不足，应将不足部分转为应收利息，会计分录为：

借：应收利息——贷款利息收入

贷：利息收入

如银行在计提后又实际收到本息，则会计分录如下：

借：活期存款——××存款户

贷：短期（中长期）贷款——××贷款户

应收利息——贷款利息收入

四、抵押贷款业务的核算

抵押贷款是申请贷款企业提供物质财产作抵押品，由银行按抵押品价值的一定比例计算发放的贷款。《担保法》中规定，按担保物是否移交债权人占有，分为抵押（不移交）和质押（移交），这里所述的抵押贷款，按银行业习惯包括两者。

抵押贷款在到期时如无法偿还，银行有权处理抵押品，将抵押品拍卖或将抵押品作价以偿还本息，因此，对于银行来说，抵押贷款相比信用贷款安全性较强，风险性较低。

办理抵押贷款的手续与信用贷款基本相同，只是借款人必须提供抵押品，在申请贷款时填制抵押贷款申请书，银行在审核贷款时必须对抵押品进行审核。

1. 抵押品的种类

一般来说，抵押品包括如下几类：

（1）货物，如企业经营的商品。

（2）货币及有价证券，如存单、国库券、股票等。

（3）房屋及设备，如住房、厂房、车辆及机器设备等。

2. 抵押品的审查

对于贷款人提供的抵押品，银行应进行审查，抵押品应尽可能符合下列要求：

（1）价格变动较小。

（2）有市场，可随时变卖。

（3）便于保管。

（4）容易识别、鉴定和估价。

3. 抵押率

银行在确定抵押贷款额度时，要通过对借款人资产状况、信誉及抵押物的种类及价格变化趋势的分析，确定合理的抵押率。

抵押率 = 放款本息总额 ÷ 抵押物现值 × 100%

按通常惯例，抵押率为 70%左右。

4. 抵押贷款发放的核算

银行发放抵押贷款，应由借款人填交借款申请书，经信贷部门审批，签订抵押贷款合同，并办理相应的抵押物登记保管手续，将抵押品清单和保险单作为借款合同附件，交会计部门登记保管。

银行会计部门收到有关凭证后，记账如下：

借：抵押贷款——××借款人户

　　贷：活期存款——××存款人户

另外，会计部门要对抵押品进行表外登记，信贷部门应经常对代保管的抵押品进行检查核对。

5. 抵押贷款到期收回的核算

借款人在抵押贷款到期时须填交还款凭证，银行会计部门根据还款凭证办理转账手续，记账如下：

借：活期存款——××存款人户

　　贷：抵押贷款——××借款人户

　　　　利息收入——抵押贷款利息收入户

办完还贷手续后，抵押品应交还抵押人并撤销抵押登记，同时应销记表外科目。

【例 3-8】方信房地产有限责任公司以本公司所有的办公楼向中国工商银行申请抵押贷款 60 万元，经评估该办公楼价值 100 万元。约定贷款期限为 1 年，利率为 4%，到期一次性还本付息。

贷款发放时：

借：抵押贷款——方信房地产公司户　　60 万

　　贷：活期存款——方信房地产公司户　　60 万

贷款到期收回时：

借：活期存款——方信房地产公司户　　62.4 万

　　贷：抵押贷款——方信房地产公司户　　60 万

　　　　利息收入——抵押贷款利息收入户　　2.4 万

6. 借款人到期不能还款的核算

借款人到期不能还款，根据抵押贷款合同规定，银行有权拍卖抵押品或将抵押品作价以偿还贷款。

（1）拍卖抵押品。如果拍卖所得的净收入大于抵押贷款本息，超过债权数额的部分归抵押人所有，不足部分由债务人清偿。

上述两种情况会计分录分别如下：

借：库存现金

　　贷：抵押贷款——××借款人户

　　　　应收利息——××借款人户

　　　　活期存款——××借款人户（退还部分）

如拍卖净收入小于抵押贷款本息，则不足部分用债务人存款账户中的资金偿还，分

录如下：

借：库存现金

活期存款——××借款人户（不足部分）

贷：抵押贷款——××借款人户

应收利息——××借款人户

（2）如将抵押品作价转入银行自己的资产账内，则会计分录如下：

借：固定资产

贷：抵押贷款——××借款人户

应收利息——××借款人户

累计折旧

或：

借：短期投资——股票（或债券）

贷：抵押贷款——××借款人户

应收利息——××借款人户

【例 3-9】方信房地产有限责任公司贷款到期，由于财务问题不能按时偿还，经协商由工商银行拍卖其抵押办公楼，实际拍得 70 万元，则会计分录为：

借：库存现金	70 万	
贷：抵押贷款——方信房地产公司户		60 万
应收利息——方信房地产公司户		2.4 万
活期存款——方信房地产公司户		7.6 万

若实际只拍得 55 万，则不足部分从方信房地产公司存款账户直接划转，会计分录为：

借：库存现金	55 万	
活期存款——方信房地产公司户	7.4 万	
贷：抵押贷款——方信房地产公司户		60 万
应收利息——方信房地产公司户		2.4 万

五、按揭贷款业务

按揭贷款即以住宅（或土地）作为抵押的贷款，也是一种担保贷款。通常为购房者因为资金不足与房地产商签订房屋买卖合同，并以该合同项下的房产及全部权益抵押给银行以期取得贷款。其中，购房者（甲方）为债务人，银行（乙方）为债权人，卖房者（丙方）为连带担保责任人。

具体业务关系为：银行将按揭额以甲方购房款的名义一次性划入丙方在银行的结算账户内，由甲方按月等额归还，直至期满还清。房屋竣工后，三方共同到房地产管理部门办理产权证和他项权证，产权证上注明银行为他项权人，产权证交甲方，他项权证交银行，如甲方不能还清本息，银行对该房产有优先处分权。

（一）提供按揭业务的账务处理

银行会计部门在收到《购房抵押合同》副本及有关凭据后，据以编制转账传票，并以借款人的名头开立贷款分户账，计算按揭额。按揭额一般不高于房价总额的70%。计算出按揭额后，根据合同规定，将款项全额划入丙方（房地产开发商）的结算户头内。会计分录为：

借：按揭贷款——××购房人

　　贷：活期存款——××开发商（丙方）

（二）购房人开立还款专用的购房储蓄存款户

购房借款需在按揭银行开立还款专用的购房储蓄存款户，并从支用借款的次月开始，按月供款偿还借款本息，直至偿清为止方可销户。每月还款额采用普通年金法计算，求出每月还款额后，由购房者按其金额缴存现金，银行会计部门为其开立购房储蓄活期存款专户。

当银行收到购房者每月缴存的还款时会计分录为：

借：库存现金

　　贷：购房储蓄存款——购房者户（甲方）

（三）每月还本付息日银行自动从购房者账户划账收款

划账时，银行应主动填制特种转账借贷方传票，办理转账，会计分录如下：

借：购房储蓄存款——购房者户（甲方）

　　贷：按揭贷款——购房者户（甲方）

（四）抵押房产竣工验收交付使用后，接收他项权证

抵押房产竣工验收后，丙方作为担保方应负责协助办理该房产抵押手续，办理抵押登记并负责办理产权证和他项权证。银行收到他项权证后，作表外科目核算：

收：他项权证——××号

（五）购房者清偿按揭本息后，注销抵押登记手续

购房者按期或提前还清全部借款的本息及其他应付款项后，抵押关系终止。银行应到房管局办理抵押登记注销手续。同时，作表外科目核算：

付：他项权证——××号

（六）呆账准备和坏账准备的核算

由于贷款具有一定的风险，为了提高银行抵御风险的能力，根据有关规定，银行业建立了呆账准备金和坏账准备金制度，这是稳健性原则在银行业的具体表现，为我国银行业参与国际竞争奠定了物质基础。

1. 贷款的呆账准备

贷款的呆账准备金是银行根据国家有关规定按年初信用贷款余额的一定比例计提的、用于弥补贷款呆账损失的专项补偿基金。按国家规定，从1997年起，各银行按年初信用贷款余额的1%实行差额提取。即按年初信用贷款余额的1%衡量贷款呆账准备余额，多退少补。

（1）计提贷款呆账准备金的。每年年初，将信用贷款余额乘以1%计算出呆账准备

的应备数额，再与年初贷款呆账准备的现有数相比较，应备数大于现有数的差额为应补提额；反之，则为应冲减差额。

补提时，会计分录如下：

借：其他营业支出——贷款呆账准备

  贷：贷款呆账准备

冲减时，会计分录如下：

借：贷款呆账准备

  贷：其他营业支出——贷款呆账准备

（2）核销呆账贷款的。呆账贷款是指已转逾期 3 年以上，由于种种原因催收无效的逾期贷款。

核销呆账贷款时，会计部门应根据由信贷部门填制并经行长及信贷、财会和审计部门负责人审查并签署意见、财政部门有关机构审查同意的“核销呆账损失申请表”，办理核销呆账损失的手续。

核销呆账贷款时，会计分录如下：

借：贷款呆账准备

  贷：逾期贷款——××借款人户

若已核销的呆账贷款以后又收回，会计分录如下：

借：逾期贷款——××借款人户

  贷：贷款呆账准备

同时，

借：活期存款——××借款人户

  或（现金等科目）

  贷：逾期贷款——××借款人户

2. 坏账准备的核算

由于银行贷款的利息是在结息时结计并按照责权发生制原则计入当期损益的，所以在贷款逾期并成为呆账时，应收利息就存在收不回来的风险，即会造成坏账损失。为了防止银行在发生坏账损失时，不至于发生经营和财务收支困难，防止发生潜亏，准确反映经营成果，国家规定，银行可按年末应收利息余额的 3‰提取坏账准备，用于核销坏账损失。

（1）坏账准备的提取。年度终了，银行应按“应收利息”账户年末余额的 3‰计算坏账准备的应备数，再与坏账准备账户年末余额比较，前者大于后者的差额为补提额；反之，为冲减额。

补提时，会计分录如下：

借：其他营业支出——坏账准备

  贷：坏账准备

冲减时，会计分录为：

借：坏账准备

贷：其他营业支出——坏账准备

(2) 坏账损失的核销。发生并经确认的坏账损失，首先应从提取的坏账准备金中冲减，如所提的坏账准备金不足以核销坏账损失，可以将超过部分直接计入当期成本。收回已确认核销的坏账损失，增加坏账准备金。增加坏账准备金以后，年末应按规定比例对“坏账准备”账户的余额进行调整。

核销坏账损失时，会计分录为：

借：坏账准备

贷：应收利息——××应收利息户

收回已确认核销的坏账损失时，会计分录为：

借：应收利息——××应收利息户

贷：坏账准备

同时，

借：活期存款——××借款人户

或（现金等科目）

贷：应收利息——××应收利息户

如果当年发生的坏账损失，超过坏账准备金余额时，其超过部分计入当期损益。其会计分录为：

借：其他营业支出——坏账损失

贷：应收利息——××应收利息户

第四节 存、贷款利息的计算

银行对存款贷款计付利息，是国民收入（或个人纯收入）再分配的一种形式，是保证存款人与银行合法权益的具体措施。它有利于促进企业改善经营管理，节约资金。能否正确计算存贷款利息，不仅影响银行内部的经济核算、财务收支、利润水平，还会直接影响单位的经济效益。因此，银行会计必须不折不扣地按人民银行统一规定的利率和方法，正确计算利息。

一、存款利息的核算

（一）计息的范围和时间

1. 计息的范围

独立核算的企业单位的流动资金存款、城镇居民个人储蓄存款以及机关团体、部队、学校等事业单位的预算外资金存款均应计付利息。各单位存入的党费、团费、工会经费一律计付利息。

2. 计息时间

活期存款按季度计算利息，于每季末 20 日结息。

活期存款计息的期间是从上季（年）末月 21 日至本季（年）末月 20 日。

单位及个人定期存款，其利息的计算根据存期的档次，于存款到期日利随本清。

3. 计息方法

计算存款利息的基本公式为：

利息 = 本金（存款金额）× 存期 × 利率

由于单位活期存款的特点是存期短、存取次数频繁，余额经常发生变化，所以计息时可采用积数法。计算公式为：

利息 = 积数 × 日利率

积数是结息期间经常变动的存款余额按日累加的和。计息时便可看作是一天的存款，所以使用日利率。

采用积数法计息，关键在于积数。计算积数的方法分为用余额表计算和用分户账页计算两种。

（1）使用余额表计算积数的计息方法。此种方法适用于存款余额变动频繁的存款账户。使用这种方法计算积数时，只需要将结息期间的每日余额累加，即为季度积数。其计算方法如表 3–2 所示。

表 3–2　余额表

科目：×××　　　　6 月份

账号及利率	13000479	月 0.24%		
户名	白云机械厂			
日期	余额			
上月底积数	4768992.31			
1	128996.57			
2	257231.01			
3	346259.33			
4	276896.29			
…				
10 天小计	968342.35			
…				
20 天小计	2467386.22			
31				
月末合计				
应加积数	180000.00			
应减积数				
计息积数	7416378.53			

表 3-2 中应加积数与应减积数是为了在账务记载中出现差错时更正积数而设置的。如结息日（20 日）经核对账务，发现 3 月 8 日转收款项一笔金额 15000 元，误计入其他单位账户。对此项错误，在 20 日更正账簿的基础上，应计算 3 月 8 日至 3 月 20 日共 12 天的应加积数，即 15000 × 12 = 180000，记入余额表中“应加积数”栏目。

该单位本季度计息积数 = 4768992.31 + 2467386.22 + 180000 = 7416378.53

该单位二季度利息 = 7416378 × 0.24% ÷ 30 = 593.31（元）

根据利息数额编制利息记账传票进行账务处理。会计分录为：

借：利息支出——活期存款利息支出　　　　　　593.31

　　贷：活期存款——白云机械厂　　　　　　　　593.31

（2）利用分户账计算积数的计算方法。此种方法适用于存取款次数不多的存款户。利用这种方法，在每次登记存款余额变动时，都要计算该余额变动前的存款积数。以本次变动前的存款余额乘以该存款余额的存期（日数），即可计算出变动余额各期间的积数，填入分户账的“日数”和“积数”栏内。结息日时，可将各期间的存款积数相加，计算出计息积数。例如某单位分户账如下：

表 3-3　分户账

账号　　　　　　　　　　户名：　　　　　　　　　　利率：月 2.4‰

日期	摘要	借方	贷方	借或贷	余额	日数	积数
3.21	第一季度利息		186.00	贷	15401.20	8	123209.60
3.29	汇款	5000		贷	10401.20	18	187221.60
4.16	转收		12500.00	贷	22901.20	25	572530.00
5.11	转支	516.20		贷	22385.00	29	649165.00
6.9	现支	8600.00		贷	13785.00	12	165420.00
	积数合计			贷			1697546.20
6.21	第二季度利息		135.80	贷	13920.80		

该单位利息 = 1697546 × 2.4‰ ÷ 30 = 135.80（元）

根据利息额编制记账传票予以记账。

（二）单位定期存款利息的计算

单位定期存款一般于存款到期日逐笔计息。

1. 基本规定

（1）单位定期存款在原定期限内，如遇利率发生变化，不论是调高还是调低均按原存款利率计算。

（2）单位定期存款不到存款期限，原则上不能提前支取。如存款人遇到特殊困难必须提前支取的，可持有关证件，经银行审批后方可提前支取，其利息按当日挂牌公布的活期利率计算。

（3）单位定期存款超过原定存期来行支取的，其利息计算为：原定存期内按原定利率计算利息，超过期限部分按当日挂牌公布的活期利率计算。

（4）单位定期存款利息计算后，一律由银行以转账方式计入单位活期存款账户，不得支取现金。

2. 计息方法

采用积数法的计算公式为：

利息 = 积数 × 日利率

其中：积数 = 存款金额 × 存款天数

存款天数按实际天数计算。按规定一年以上的定期存款应按季度提取应付利息。

二、贷款利息的核算

贷款利息是银行发放贷款后向借款人收取的补偿性收入，它是银行营业收入的重要组成部分。也是银行财务收入的主要来源，必须认真准确地计算。

1. 短期贷款的利息计算

短期贷款按贷款合同签订日相应档次的法定贷款利率计息，在贷款合同期内，遇到利率调整不分段计息，仍按原贷款日利率计息计算贷款计息时间的方法与存款结息日相同，但按月计息的，以每月的 20 日为结息日，具体结息的方式由借贷双方协商确定。计息公式为：

利息 = 计息积数 × 日利率

计息积数 = 贷款金额 × 贷款天数

每次结息后，应将利息主动从借款人存款账户中扣除。会计分录为：

借：× × 存款——借款人存款户

　　贷：利息收入——× × 贷款利息收入

最后一次归还一张借据内的贷款本金时，则利随本清。会计分录同上。

2. 中长期贷款利息的计算

中长期贷款包含贷款合同生效日起一年内分笔拨付的所有资金，贷款利率一年一定。根据贷款合同确定的期限，按贷款合同生效日相应档次的法定贷款利率计息，每满一年后（分笔拨付的以第一笔贷款的发放日为准），再按当时相应档次的法定贷款确定下一年度的利率。

中长期贷款结息的时间处理方法与存款利息的计算方法相同。最后一次归还借据内的贷款本金时，则利随本清。

3. 应收未收贷款利息的处理

银行对贷款按规定的时间、方式结息后，应及时从借款人存款户中扣除。

若借款人存款账户无款支付，不能按时收息，应按规定主动将利息转入应收利息科目或表外未收贷款利息科目核算，同时向借款人发出欠息通知单。列应收利息科目的会计分录为：

借：应收利息——× × 单位户

　　贷：利息收入——× × 利息收入户

列表外科目的会计分录为：

收：未收贷款利息——××单位户

应收利息和未收贷款利息等在贷款期内不能按期支付的利息按贷款合同利率收复利，贷款逾期后改按罚息利率计收复利。复利一般按季（短期可按月）计收。无法收回的复利，纳入未收贷款利息表外科目核算，并向借款人发出复利的欠息通知单。

借款人有资金时，银行应及时收回贷款利息。根据借款人资金状况可只收回欠息，也可欠息复利一并收回。收回欠息复利的会计分录为：

借：××科目——××借款人存款户

　　或：现金

　　贷：应收利息——××贷款户

　　　　利息收入（复利）

收：未收贷款利息——××贷款户

　　付：未收贷款利息（欠息加复利）

4. 贴现利息的计算

贴现利息是贴现申请人来行办理贴现时，银行根据贴现票据面额、贴现天数及贴现利息率计算的利息，其计算方法和账务处理请参看贷款业务核算的贴现处理。

贴现利息 = 汇票金额 × 贴现天数 ×（月贴现率 ÷ 30 天）

实付贴现金额 = 汇票金额 − 贴现利息

【例 3-10】某单位于 9 月 10 日持 9 月 1 日签发，12 月 1 日到期，面额为 1000000 元的银行承兑汇票到开户银行申请贴现，银行同意按 9‰的贴现率贴现，则：

贴现利息 = 1000000 × 82 ×（9‰ ÷ 30）= 24600（元）

实付贴现金额 = 1000000 − 24600 = 975400（元）

会计分录如下：

借：贴现——汇票户	1000000	
贷：活期存款——持票人户		975400
利息收入		24600

第五节　储蓄存款业务的核算

一、储蓄存款的政策原则

个人存款称为储蓄存款，为加强储蓄管理，国务院颁发了《储蓄管理条例》，该条例规定银行办理储蓄业务必须遵循以下原则：

1. 存款自愿

所谓“存款自愿”是指储蓄必须出于存款者的自愿，任何单位和个人都不得强制其他人参加储蓄。个人是否储蓄，选择哪一家储蓄机构，选择何种储蓄方式，存储数额、期限等都由储户个人来确定。

2. 取款自由

“取款自由”是指储户什么时候取款，提取多少存款，都由储户自己决定，银行和其他人不得干预和查问。即使未到期的存款，储户也可以根据自己的需要按规定手续提前提取，银行不得以任何理由拒绝或限制。

3. 存款有息

“存款有息”是指存款人对于其存入银行的储蓄存款有按照规定利率和实际存期获取利息的权利。这说明银行和存款人之间是一种平等互利的经济关系。

4. 为储户保密

“为储户保密”是指商业银行对存款人的姓名、住址、存款金额、储蓄种类、存款次数、提取情况、印鉴以及其他各种情况都要严格地保守秘密，不得披露。对个人储蓄、存款，商业银行有权拒绝任何单位或者个人查询、冻结、扣划，但法律另有规定的除外。这一原则是保护存款人合法权益的最基本要求，是商业银行在办理个人存款业务时必须遵循的原则。

5. 公款不能作为储蓄存款

严禁企事业单位将公款作为储蓄存款。

二、活期储蓄存款的核算

1. 开户

储户第一次存款时，必须填写活期储蓄存款凭条，连同现金一并交给银行，银行审查有关证件后，点收现金，登记开销户登记簿，编列账号，填制活期储蓄存折并开设分户账。存折加盖公章和经办人名章后交储户保存，存款凭条做现金收入传票。会计分录为：

借：库存现金

　　贷：活期储蓄存款——××户

2. 续存

由储户填写存款凭条，连同存折和现金一并交给银行，银行审核凭条并点收现金无误后，根据账号抽出分户账和存折核对相符，将续存额记入分户账和存折，并结出余额。会计分录同开户。

3. 取款

由储户填写活期储蓄取款凭条，连同存折一并交银行，银行审核后，先登记分户账和存折，结出余额，最后将现金和存折交储户。会计分录如下：

借：活期储蓄存款——××户

贷：库存现金

4. 利息核算

活期存款利息，规定每年结息一次，6 月 30 日为结息日。过去，活期存款利息手工计息采用利息查算表法，现在，随着电子计算机在会计中的应用，电脑计息已被广泛地采用，避免了手工计息的差错。会计分录如下：

借：利息支出——活期储蓄息

贷：活期储蓄存款——××户

我国从 1999 年 11 月 1 日起，开始对个人储蓄存款征收个人所得税，税率为 20%。采用由金融机构在向储户结付利息时代扣代缴的办法。代扣款项的计算公式如下：

应代扣代缴的税款 = 结付的储蓄存款利息 × 税率

上述会计分录应变为：

借：利息支出——活期储蓄息

贷：活期储蓄存款——××户

其他应付款——代扣利息税

5. 销户

储户销户时，应根据最后存款余额填写活期储蓄取款凭条，并计算利息至清户前一天。同时，在取款凭条、存折、分户账上加盖“结清”戳记，存折作凭条附件，分户账另行保管，并销记开销户登记簿。销户时的会计分录为：

借：利息支出——活期储蓄息

活期储蓄存款——××户

贷：其他应付款——代扣利息税

库存现金

三、定期储蓄存款的核算

定期储蓄存款根据存入方式和支取方式的不同，可以分为整存整取、零存整取、存本取息和整存零取四种，这里我们介绍整存整取定期储蓄的核算方法。分为开户、到期支取、提前支取和过期支取几个环节。

1. 开户

储户应填写定期储蓄存款开户书，经银行审查并收妥款项后，填制一式三联定期储蓄存单，并登记开销户登记簿，第一联代现金收入传票，会计分录如下：

借：现金

贷：定期储蓄存款——整存整取××户

第二联存单银行签章后交储户，第三联银行留作卡片。

2. 到期支取

储户持到期存单取款时，银行应先核对有关该储户定期储蓄存款的记录，然后再按原定存期及利率计算利息，并制作利息清单，存单作为现金付出传票，本息及利息清单

交储户，会计分录如下：

借：定期储蓄存款——整存整取××户

　　利息支出——定期储蓄利息支出户

　　贷：库存现金

　　　　其他应付款——代扣利息税

3. 提前支取及过期支取

储户因急用，持未到期存单取款时，应由储户提供本人身份证，银行审核无误后，在存单背面注明证件名称及号码，并在存单及卡片上加盖“提前支取”的戳记。利息按当日挂牌的活期储蓄利率计算。

过期支取，其处理手续与到期相同，但对于过期部分的利息，应按活期储蓄利率计算。

【例 3-11】储户李明 1 月 20 日存入一年期的整存整取储蓄存款 860 元。5 月 18 日申请提前支取，经审核同意办理，按活期利率支付利息，月利率为 2.1‰，2 月份按 28 天计算。请编制相关银行会计分录。

解答：

存期 = 12 + 28 + 31 + 30 + 17 = 118（天）

利息 = 860 × 118 ×（2.1‰ ÷ 30）= 7.1（元）

利息税 = 7.1 × 20% = 1.4（元）

会计分录如下：

存入时：

借：库存现金	860	
贷：定期储蓄存款——李明户		860

支取时：

借：定期储蓄存款——李明户	860	
利息支出	7.1	
贷：其他应付款——应交利息税		1.4
库存现金		865.7

练习题

1. 名词解释

（1）活期储蓄存款　　（2）整存整取定期储蓄存款　　（3）月积数计息法

2. 判断题

（1）储户来行办理定活两便存款和支取业务时的有关手续，基本与活期储蓄存款相同。（　　）

（2）存款人不得在同一家银行的几个分支机构开立一般存款账户。（　　）

（3）临时存款账户存款人可以通过本账户办理转账结算和根据国家现金管理的规定办理现金收付。（　　）

(4) 存折挂失补发时，银行应结清旧户，另开新户。(　　)

(5) 个人通知存款是由储户一次存入本金，银行发给存折，储户凭存折在有限的次数内支取款项，取款时需提前一天或七天通知银行的储蓄存款。(　　)

(6) 存单（折、卡）口头挂失后，挂失申请人必须在口头挂失 7 天内来行补办书面挂失手续，否则口头挂失不再生效。(　　)

(7) 存单（折、卡）挂失申请 5 天后，经银行核实查对无误，储户方可持挂失申请书来行补领新存单（折、卡）或提取现金。(　　)

3. 单选题

(1) 银行为吸收单位长期闲置资金而开办的存款业务是（　　）。

A. 活期储蓄存款　　B. 定期存款　　C. 活期存款　　D. 定期储蓄存款

(2) 适用于余额变动次数不多的单位活期存款户的计息方法是（　　）。

A. 月积数计息法　　B. 固定积数计息法

C. 余额表计息法　　D. 账页计息法

(3) 计息积数查算表每天一张，每月 30 张，全年有（　　）。

A. 359 张　　B. 360 张　　C. 363 张　　D. 365 张

(4) 单位活期存款的计息时间一般是（　　）。

A. 每月末　　B. 每季末月 20 日

C. 每季末月 21 日　　D. 每季末

(5) 活期储蓄存款利息计算一般采用（　　）。

A. 固定积数计息法　　B. 利随本清　　C. 积数查算表　　D. 利息查算表

4. 多选题

(1) 为满足资金管理上的需要，开立了基本存款账户的企业单位还可以开立（　　）。

A. 基础存款户　　B. 辅助存款户　　C. 一般存款户　　D. 专用存款户

E. 临时存款户

(2) 单位活期存款按支取方式的不同可分为（　　）。

A. 单位存款　　B. 储蓄存款　　C. 支票户　　D. 存折户

E. 活期存款

(3) 单位活期存款利息的计算方法有（　　）。

A. 公式计息法　　B. 月积数计息法　　C. 固定积数计息法

D. 余额表计息法　　E. 账页计息法

5. 问答题

(1) 银行存款账户按用途可分为哪几类？

(2) 单位存款账户使用与管理的要求有哪些？

(3) 金融债券入账价值如何确定？

(4) 开立基本存款账户的手续有哪些？

(5) 银行发行债券业务的基本规定有哪些？

(6) 商业银行的贷款业务有哪几种？有哪些不同之处？

（7）计提呆账准备和坏账准备的原因是什么？

6. 会计分录题

（1）5 月 3 日，红星厂自销产品收入现金 500 元，存入银行。编制相关银行会计分录。

（2）5 月 5 日，永华商场开出现金支票，从银行支取现金 1000 元备用。编制相关银行会计分录。

（3）环球公司将闲置的 10 万元活期存款转存定期 1 年，当时定期存款利率为 10.98%，编制存入和到期支取时的银行会计分录。

（4）4 月 6 日，张玲将 500 元现金存入已开户的活期存折内，编制相关银行会计分录。

（5）6 月 6 日，张玲将活期存折中存款余额 1890 元全部取出，经银行计算利息为 80 元，依法代扣利息税（税率 20%），编制相关银行会计分录。

（6）3 月 20 日，银行对活期存款户结计利息，正泰公司本期累计应计息积数为 5600000，设活期存款年利率为 1.8%，一年按 360 天计，计算银行应付正泰公司利息并编制会计分录。

（7）新华公司以自己所有的房屋一幢向建设银行申请抵押贷款 60 万元，经评估房屋价值 100 万元。约定贷款期限为 1 年，年利率 4.5%，到期一次还本付息。请编制发放和按期收回贷款本息的会计分录。

（8）王平向星火房地产公司购买住房一套，总价值 50 万元，并向建设银行申请住房按揭贷款，按揭额为 70%，分 10 年还清，每月还款 4300 元，请编制购房人将每月还款额缴入专用购房储蓄存款户及每月从购房者账户中划收款项的会计分录。

（9）某银行 2001 年年末应收利息余额为 2300 万元，2001 年年末尚余坏账准备金 0.9 万元，请编制差额补提坏账准备的会计分录。

本题假设 2002 年有 5.2 万元的应收利息变为坏账，经批准核销，请编制相关会计分录。

再假设 2001 年年底已核销的坏账中有 2 万元又收了回来，请编制相关会计分录。

（10）某企业到银行申请短期贷款 500000 元，经批准同意发放。约定期限为 6 个月，月利率为 5.6‰，采用利随本清的计息方法，请编制发放和到期收回本息的银行会计分录。

（11）如第 10 题贷款到期，客户无钱支付本息，则将贷款本金转入逾期贷款，并计提利息，请编制相关银行会计分录。

（12）2000 年年底，工商银行应收利息余额为 6000000 元，坏账准备为 8000 元。计算应计提的坏账准备并编制会计分录。

（13）2001 年年初，中国银行信用贷款余额为 1 亿元，呆账准备金为 60 万元。计算本年应计提的呆账准备金并编制会计分录。

第四章　支付结算业务

【学习目的】通过本章学习，你能够：了解支付结算业务的原则和纪律，熟悉各种结算方式（包括汇兑、托收承付、委托收款）、票据（包括银行汇票、商业汇票、支票、本票）以及信用卡的概念、使用规定，掌握各种结算业务的核算手续和方法。

第一节　支付结算业务概述

一、支付结算的概念和特征

支付结算是指单位、个人在社会经济活动中，使用票据、信用卡等结算工具和汇兑、托收承付、委托收款等结算方式进行货币给付及资金清算的行为。支付结算的优点是能够保证结算资金的安全；减少现金流通量，降低社会流通成本；缩短结算过程，加速社会资金的周转。同时，还有利于商业银行集中各单位、个人的闲散资金，稳定和扩大商业银行的信贷资金来源。

支付结算具有法律效应，是一种法律行为。支付结算作为一种法律行为，具有以下法律特征：

（1）支付结算必须通过中国人民银行批准的金融机构进行。

（2）支付结算是一种要式行为。票据结算凭证上的签章，为签名、盖章或签名加盖章；单位、银行在票据上的签章和单位在结算凭证上的签章，为该单位、银行的盖章加上其法定代表人或其授权的代理人的签名或盖章；个人在票据和结算凭证上的签章，应为该个人本人的签名或盖章。

（3）支付结算的发生取决于委托人的意志。

（4）支付结算实行统一和分级管理相结合的管理体制。

（5）支付结算必须依照相关法律进行。

二、支付结算的基本原则

支付结算的基本原则是单位、个人和银行在进行支付结算活动时所必须遵循的行为准则，共有三项：

1. 恪守信用，履约付款原则

办理支付结算的收付款双方及各自的开户银行，必须共同遵守合同规定，履行各方职责。付款方必须履约付款，不得任意拖欠款项或无理拒付款项；收款方也应按照合同约定，履行自己的义务。商业银行更应严格按照有关规定认真履行结算中介机构的责任，及时、准确地为双方收付款项，避免引起结算纠纷。

2. 谁的钱进谁的账，由谁支配原则

商业银行在办理支付结算业务时，必须保护客户对其存款的所有权和使用权。银行只能根据付款人的委托，为其代理存款货币的支付；根据有关经济合同或协议，为收款人代理账户款项的收存。同时，商业银行必须依法为单位、个人的存款保密，除国家法律规定和国务院授权银行的监督项目外，其他部门委托监督的款项，银行不予受理，也不得代理任何单位查询、扣款，不得停止单位、个人对存款的正常支取。

3. 银行不垫款原则

银行在办理支付结算业务时处于中介地位，只接受客户的委托，向客户提供支付结算服务，进行资金在账户之间的划转，而不承担垫付款项的责任。因此，商业银行办理支付结算，必须坚持“先收后付，收妥抵用”的原则；各单位、个人支用款项的金额，应在银行存款账户的余额之内。

三、支付结算的主要法律依据

与各种支付结算方式有关的法律、法规、规章、规定以及中国人民银行的有关政策性文件都是支付结算必须遵循的规定。迄今为止主要有《票据法》、《票据管理实施办法》、《支付结算办法》、《信用卡业务管理暂行办法》、《银行账户管理办法》、《异地托收承付结算办法》。

四、票据结算之外的结算方式

（一）汇兑

（1）概述。汇兑是指汇款人委托银行将其款项支付给收款人的结算方式。汇兑分为信汇和电汇两种。汇兑用于单位和个人的各种款项结算。

（2）根据《支付结算办法》的规定，如果收款人需要委托他人向汇入银行支取款项，应在取款通知上签章，注明本人身份证件名称、号码、发证机关和“代理”字样以及代理人姓名。

代理人代理取款时，也应在取款通知上签章，注明其身份证件名称、号码及发证机关，并同时交验代理人和被代理人的身份证件。此规定是对原汇兑结算方式的进一步完善。

如果收款人转账支付，应由原收款人向银行填制支款凭证，并由本人交验其身份证件办理支付款项。但该账户的款项只能转入单位或个体工商户的存款账户，严禁转入储蓄和信用卡账户。

（3）汇兑的撤销和退汇。汇兑的撤销是指汇款人对汇出银行尚未汇出的款项向汇出银行申请撤销汇款的行为。转汇银行不受理汇款人或汇出银行对汇款的撤销。

汇兑的退汇是指汇款人对汇出银行已经汇出的款项申请退回汇款的行为。收款人与汇款人必须达成一致的退汇意见。转汇银行不得受理汇款人或汇款银行对汇款的退汇意见。对于收款人拒收的汇款，应即办理退汇。如汇入行向收款人发出取款通知而收款人2个月没有取款的应退汇。

（二）托收承付

1. 托收承付

托收承付亦称异地托收承付，是指根据购销合同，收款人发货后委托银行向异地付款人收取款项，付款人向银行承认付款的结算方式。根据《支付结算办法》的规定，托收承付结算每笔的起点金额为1万元，新华书店系统每笔的起点金额为1000元。这一规定对原托收承付的起点金额10万元作了改变。结算款项划回可用邮寄或电报两种方式。

2. 托收承付的适用范围

托收承付的适用范围为国有企业、供销合作社以及经营管理较好并经开户银行审查同意的城乡集体所有制工业企业。

结算款项必须是商品交易以及因商品交易而产生的劳务供应的款项。代销、寄销和赊销的款项不得办理托收承付结算。

3. 办理托收承付的前提条件

（1）收付双方使用托收承付方式结算必须签有符合《经济合同法》的购销合同，并在合同上标明使用异地托收承付结算方式。

（2）收款人办理托收，必须出具有商品确已发运的证件（包括铁路、航运、公路等运输部门签发的运单、运单副本和邮局包裹回执）。没有发运证件，可凭其他有关证件办理。

（3）收付双方办理托收承付结算，必须重合同、守信用。累计三次以上收不回货款或拒付货款的应暂停办理托收承付业务。

4. 托收承付凭证的格式

根据《支付结算办法》规定，当事人签发托收承付凭证时，必须记载以下内容：表明托收承付的字样，确定的金额，付款人的名称及账号，收款人的名称及账号，收、付款人的开户银行名称，托收附寄单证张数或册数，合同名称、号码，委托日期，收款人签章。

5. 托收承付的托收与承付

（1）托收。托收是收款人根据购销合同，在发货后委托银行向付款人收取款项的行为。收款人开户银行在收到托收凭证及其附件后，应审查：①托收款项的范围、条件、金额起点以及其他有关规定是否符合异地托收承付结算办法的规定；②有无商品已发运的证件；③托收凭证是否填写齐全，是否符合填写要求；④托收凭证与所附单证的张数是否相符；⑤托收凭证上是否加盖收款人的印章。托收凭证审查时间不得超过次日。

（2）承付。承付是指由付款人向银行承认付款的行为。付款人验单付款的承付期为3日，从付款人银行发出承付通知单的次日算起（法定休假日顺延）付款人未表示拒付的银行认为承付，并于期满次日将款项从付款人账户内付出。验货付款的承付期为10日，从运输部门向付款人发出提货通知的次日算起。收付双方有明确规定的，依规定而行。在第10日付款人通知银行货物未到，而以后收到货物时又未及时通知银行的，银行仍以10天期满次日作为划款日期，并按超过的天数计扣逾期付款赔偿金。应当注意付款人不得在承付货款中抵扣其他款项或以前托收的款项。

6. 托收承付的逾期付款处理

付款人在承付期满时，如无足够资金支付，其不足部分，即为逾期未付款，按逾期付款处理。

（1）付款人开户银行，按每天5‰计算逾期付款赔偿金。

（2）赔偿金实行定期扣付，每月计算一次，于次月3日前单独划给收款人。

（3）付款人开户银行要随时掌握付款人账户逾期未付的资金情况，待账户有款时，必须将其未付的款项和赔偿金及时扣划给收款人，不得拖延扣划。

（4）付款人累计三次拖欠货款的，其开户银行应当通知收款人，停止对该付款人办理托收。

（5）付款人开户银行对逾期未付的托收凭证，负责进行扣款的期限为3个月。期满时如付款人仍未付清款项，银行应要求付款人退回有关交易单据，并将应付的赔偿金划给收款人。对于付款人不退回单据的，自发出通知3日起每天处以5‰但不低于50元的罚款。

7. 托收承付拒绝付款的处理

付款人拒付的正当理由包括：

（1）没有签订购销合同或购销合同未定明托收承付结算方式。

（2）未经双方事先达成协议，收款人提前交货或逾期交货，付款人不需要支付该项货物的款项。

（3）未按合同规定的到货地址发货的款项。

（4）代销、寄销、赊销商品的款项。

（5）验单付款，发现货物单与合同规定不符，或货物已到与合同规定不符的。

（6）验货付款，发现货物与发货单不符的。

（7）货款已经支付，或计算有错误的。

在处理拒绝付款问题时，需注意：对于外贸部门托收进口商品的款项拒付问题，拒付时必须填写“拒绝付款理由书”并由银行进行审查（对军用品拒付银行不进行审查），开户银行经审查，认为拒付理由不成立，均不受理，应实行强制扣款。凡涉及军用品的拒绝付款，银行不审查拒绝付款理由。收款人如遇无理拒付，可委托银行重办托收。收款人开户银行对逾期未划回，又未收到付款人开户银行寄来逾期付款通知或拒绝付款理由书的托收款项，应当及时查询。银行无法审查拒绝付款是非的，应由收付双方自行协商处理，或向仲裁机关、人民法院申请调解或裁决；未经开户行批准适用托收承付结算方式的企业，收款人银行不得办理托收，付款人银行对其承付的款项要处以 5%的罚款。

（三）委托收款

1. 委托收款是收款人委托银行向付款人收取款项的结算方式

该结算方式同城和异地都可使用，既适用于在银行开立账户的单位和个体经济户各种款项的结算，也适用于水电、邮电、电话等劳务款项的结算。委托收款分邮寄和电报划回两种。

2. 委托收款凭证的格式

委托收款凭证必须记载的内容有：

（1）标明“委托收款”的字样。

（2）确定的金额。

（3）付款人名称。

（4）收款人名称。

（5）委托收款凭据名称及附寄单证张数。

（6）委托日期。

（7）收款人签章。

3. 委托收款的委托和付款

委托是指收款人向银行提交委托收款凭证和有关债务证明并办理委托收款手续的行为。付款是指银行在接到寄来的委托收款凭证及债务证明并经审查无误之后，向收款人办理的付款行为。银行可以根据付款人的不同而在不同的时间付款。以银行为付款人的应在当日付款，以单位为付款人的最迟应于付款人接到通知的次日起第 4 日内付款。

4. 付款人拒绝付款

根据《支付结算办法》的规定，付款人不同，拒绝付款的方式略有不同：以银行为付款人的应在付款人接到通知的次日起 3 日内出具拒绝证明连同有关的债务证明、凭证寄给被委托的银行，转给债务人；以单位为付款人的，应在付款人接到通知的次日起 3 日内出具拒绝证明，持债务证明的，应将其送交开户银行。

（四）信用卡

1. 信用卡

信用卡是指商业银行向个人和单位发行的，凭其向特约单位购物、消费和向银行存取现金且具有消费信用功能的特制载体卡片。信用卡产生的结算关系一般涉及三方当事人：银行、持卡人和商户。

商户向持卡人提供商品或服务的商业信用，然后向持卡人的发卡行收回货款或费

用，再由发卡行或代办行向持卡人办理结算。信用卡的这种功能有利于减少现金货币的使用，节约流通费用，扩大银行转账结算范围，增加银行信贷资金来源，同时也可以方便购物消费，维护支付人的资金安全，此外还可以简化收款手续，节约社会劳动。

2. 信用卡的种类

（1）按发行信用卡的机构不同可分为：商业机构发行的零售信用卡和银行发行的信用卡。

（2）按银行发行的信用卡的用途可分为：赊销卡、记账卡、ATM 卡和支票卡。

（3）按使用对象可分为：单位卡和个人卡。

（4）根据信用等级不同可分为：金卡和普通卡。

3. 信用卡的发行主体

发行信用卡的主体为银行和非银行金融机构，并须经过中国人民银行的批准。发卡机构必须具备以下条件：

（1）达到中国人民银行颁布的商业银行资产负债比例监控指标。

（2）具有相应的管理机构。

（3）具有合格的管理人员和技术人员。

（4）具备健全的管理制度和安全制度。

（5）具有必要的电信设备和营业场所。

（6）具备中国人民银行规定的其他条件。

4. 信用卡申领与使用

（1）单位卡的申领，必须在中国境内金融机构开立基本存款账户，并按规定填制申请表，该单位符合条件并按银行要求交付了一定金额的备用金后银行可为其开立信用卡账户，发给信用卡。在单位卡的使用过程中，其账户资金一律从其基本存款账户转账存入，不得交存现金。单位人不得用于 10 万元以上的商品交易、劳务结算，并一律不得支取现金。

（2）个人卡的申领，具有完全民事行为能力的公民可申领个人卡。申领的附属卡最多不得超过 2 张。个人卡账户的资金以其持有的现金存入或以其工资性款项及属于个人的劳务报酬收入转账存入，严禁将单位的款项存入个人卡账户。

5. 信用卡在特约单位购物、消费的程序

（1）持卡人将信用卡和身份证一并交给特约单位。

（2）特约单位应审查信用卡。

（3）办理结算手续。特约单位应在每日营业终了将当日受理的信用卡签购单汇总，计算手续费和净计金额，并填写汇（兑）单和进账单，连同签购单一并送交收单银行办理进账。收单银行接到特约单位送交的各种单据并审查无误后，为特约单位办理进账。

（4）有关问题的处理。

6. 信用卡的透支

信用卡的持卡人在信用卡账户内资金不足以支付款项时，可以在规定的限额内透支，并在规定期限内将透支款项偿还给发卡银行，但是，不得进行恶意透支。信用卡透支期限最长为60天。信用卡透支的利息，自签单日或银行记账日起15日内按日息万分之五计算，超过15日按日息万分之十计算，超过30日或透支金额超过规定限额的，按日息万分之十五计算。透支计息不分段，按最后期限或最高透支额的最高利率档次计息。

7. 信用卡的销户

办理单位卡销户时，如果账户内还有余额应将该账户内的余额转入其基本存款账户，不得提取现金；个人卡账户可以转账结清，也可以提取现金。持卡人在还清透支本息后，在下列情况下，可以办理销户：

（1）信用卡有效期满45天后，持卡人不更换新卡的。

（2）信用卡挂失满45天后，没有附属卡又不更换新卡的。

（3）信用卡被列入止付名单，发卡银行已收回其信用卡满45天的。

（4）持卡人死亡，发卡银行已收回其信用卡满45天的。

（5）持卡人要求销户或担保人撤销担保，并已交回全部信用卡满45天的。

（6）信用卡账户两年（含）以上未发生交易的。

（7）持卡人违反其他规定，发卡银行认为应该取消资格的。

8. 信用卡的挂失

信用卡丢失后，持卡人应立即持本人身份证件或其他有效证明，按规定提供有关证明，向发卡银行或代办银行申请挂失。

五、支付结算纪律与责任

（一）结算纪律

1. 单位和个人必须遵守的结算纪律

（1）不准套取银行信用，签发空头支票、印章与预留印鉴不符的支票和远期支票以及没有资金保证的票据。

（2）不准无理拒付，任意占用他人资金。

（3）不准违反规定开立和使用账户。

（4）不准签发、取得和转让没有真实交易和债权债务的票据，套取银行和他人资金。

2. 银行的结算纪律规定

（1）不准以任何理由压票、任意退票、截留挪用客户和他行资金、受理无理拒付、不扣少扣滞纳金。

（2）不准在结算制度之外规定附加条件，影响汇路畅通。

（3）不准违反规定为单位和个人开立账户。

（4）不准拒绝受理、代理他行正常结算业务。

（5）不准放弃对企事业单位和个人违反结算纪律的制裁。

（6）不准违章签发、承兑、贴现票据，套取银行资金。

（7）不准超额占用联行汇差资金、转嫁资金矛盾。

（8）不准逃避向人民银行转汇大额汇划款项和清算大额银行汇票资金。

(9) 不准签发空头银行汇票、银行本票和办理空头汇款。

(10) 不准无理拒绝支付应由银行支付的票据款项。

(二) 结算责任

1. 单位和个人办理结算的责任

单位和个人办理结算可能承担的责任包括自行负责、连带责任、经济处罚和行政处罚。具体来说：

(1) 商业承兑汇票到期，付款人不能支付票款的，按票面金额对其处以 5%但不低于 1000 元的罚款；银行承兑汇票到期，承兑申请人未能足额交存票款的，对尚未扣回的承兑金额按每天万分之五计收罚息。

(2) 存款人签发空头支票或印章与预留印鉴不符的支票，不以骗取财物为目的的，由中国人民银行处以票面金额 5%但不低于 1000 元的罚款；持票人有权要求出票人赔偿支票金额 2%的赔偿金。

(3) 收款单位对同一付款单位发货托收累计 3 次收不回货款的，银行应暂停其向该付款单位办理托收；付款单位违反规定无理拒付的，应对其处以 2000~5000 元罚款，累计 3 次提出无理拒付的，银行应暂停其向外办理托收。

(4) 付款单位到期无款支付，逾期不退回托收承付有关单证的，按照应付的结算金额对其处以每天万分之五但不低于 50 元的罚款，并暂停其向外办理结算业务。付款人对托收承付逾期付款的，按照逾期付款金额每天万分之五计扣赔偿金。

2. 银行办理结算的责任

银行在办理结算时可能承担的责任包括工作差错责任和违反结算规定责任；银行有关人员违反结算纪律的责任包括经济责任、行政责任和刑事责任；其他有关单位和人员违反支付结算规定的，也应承担相应的法律责任。

六、银行账户管理制度

(一) 银行账户管理的基本原则

(1) 一个基本账户原则。

(2) 自愿选择原则。

(3) 存款保密原则。

(二) 银行账户的设置与开户条件

1. 基本存款账户的设置与开户条件

基本存款账户是指存款人办理日常转账结算和现金收付的账户，如存款人的工资、奖金等现金的支取。

当事人开立基本存款账户应符合的资格条件有：

(1) 企业法人。

(2) 企业法人内部单独核算的单位。

(3) 管理财政预算资金和预算外资金的财政部门。

（4）实行财政预算管理的行政机关、事业单位。

（5）县级（含）以上军队、武警单位。

（6）外国驻华机构。

（7）社会团体。

（8）单位附设的食堂、招待所、幼儿园。

（9）外地常设机构。

（10）私营企业、个体经济户、承包户和个人。

开立基本存款账户所需的证明文件有：

（1）当地工商行政管理机关核发的《企业法人营业执照》或《营业执照》。

（2）中央或地方编制委员会、人事、民政等部门的批文。

（3）军队军以上、武警总队财务部门的开户证明。

（4）单位对附设机构同意开户的证明。

（5）驻地有权部门对外地常设机构的批文。

（6）承包双方签订的承包协议。

（7）个人居民身份证和户口簿。

开立基本存款账户的程序有：

（1）填制开户申请书；

（2）提供规定的证件；

（3）送交盖有存款人印章的印鉴卡片，并经银行审核同意；

（4）凭中国人民银行当地分支机构核发的开户许可证，即可开立该账户。

2. 一般存款账户的设置与开户条件

一般存款账户是指存款人在基本存款账户以外的银行借款转存或与基本存款账户的存款人不在同一地点的附属非独立核算单位开立的账户。通过本账户可以办理转账结算但不可以支取现金。

一般存款账户设置的条件和所需证明文件有：

（1）在基本存款账户以外的银行取得借款的单位和个人可以申请开立该账户，并须向开户银行出具借款合同或借款借据。

（2）与基本存款账户的存款人不在同一地点的附属非独立核算单位可以申请开立该账户，并须向开户银行出具基本存款账户存款人同意其附属非独立核算单位开户的证明。

一般存款账户设置的程序为：填制开户申请书，提供相应的证明文件，送交盖有存款人印章的印鉴卡片，经银行审核同意后，即可开立该账户。

3. 临时存款账户的设置与开户条件

临时存款账户是指存款人因临时经营活动需要开立的账户。存款人可以通过该账户办理转账结算并根据国家现金管理规定办理现金收付。

开立临时存款账户的条件和所需的证明文件有：

（1）外地临时机构可以申请开立该账户，并需出具当地工商行政管理机关核发的临时执照。

（2）有临时经营活动需要的单位和个人可以申请开立该账户，并需出具当地有关部门同意设立外来临时机构的批件。

开立临时存款账户的程序为：填制开户申请书，提供相应的证明文件，送交盖有存款人印章的印鉴卡片，经银行审核同意后，即可开立该账户。

4. 专用存款账户的设置与开户条件

专用存款账户是指存款人因特定用途需要开立的账户。

根据《银行账户管理办法》规定，存款人可以对具有特定用途的资金，如基本建设资金、更新改造的资金等需要专户管理的资金，向开户银行出具相应证明，开立该账户。

开立该账户的存款人须向开户银行出具下列证明文件之一：

（1）经有权部门批准立项的文件。

（2）国家有关文件规定的其他证明文件。

专用存款账户开立的程序为：填制开户申请书，提供相应的证明文件，送交盖有存款人印章的印鉴卡片，经银行审核同意后即可开立该账户。

（三）银行账户的管理

银行账户的管理包括两个方面的内容：

1. 人民银行对账户的管理

（1）负责协调、仲裁银行账户开立和使用方面的争议，监督稽核开户银行的账户设置和开立，纠正和处罚违反《银行账户管理办法》的行为。

（2）核发开立基本存款账户的开户许可证。

（3）受理开户银行对存款人开立和撤销账户的申报。开户银行对基本存款账户的撤销，一般存款账户、临时存款账户、专用存款账户的开立或撤销，应于开立或撤销之日起 7 日内向人民银行当地分支机构申报。

2. 开户银行对账户的管理

（1）依照规定对开立、撤销账户进行严格审查，对不符合开户条件的，坚决不予开户。

（2）正确办理开户和销户，建立、健全开销户登记制度。

（3）建立账户管理档案。

（4）定期与存款人对账。

（5）及时向人民银行申报存款人开立和撤销账户的情况。

（四）违反银行账户管理的处罚

1. 对存款人违反账户管理的处罚

存款人在开立、撤销银行结算账户过程中，有下列行为之一的，对于非经营性的存款人，给予警告并处以 1000 元的罚款；对于经营性的存款人，给予警告并处以 1 万元以上 3 万元以下的罚款；构成犯罪的，移交司法机关依法追究刑事责任：

（1）违反规定开立银行结算账户。

（2）伪造、变造证明文件欺骗银行开立银行结算账户。

（3）违反规定不及时撤销银行结算账户。

存款人在使用银行结算账户过程中，有下列行为之一的，对于非经营性的存款人，给予警告并处以 1000 元的罚款；对于经营性的存款人，给予警告并处以 5000 元以上 3 万元以下的罚款：

（1）违反规定将单位款项转入个人银行结算账户。

（2）违反规定支取现金。

（3）利用开立银行结算账户逃废银行债务。

（4）出租、出借银行结算账户。

（5）从基本存款账户之外的银行结算账户转账存入、将销货收入存入或现金存入单位信用卡账户的。

存款人的法定代表人或主要负责人、存款人地址以及其他开户资料的变更事项未在规定期限内通知银行的，给予警告并处以 1000 元的罚款。

存款人违反规定，伪造、变造、私自印制开户登记证的，属非经营性的处以 1000 元罚款；属经营性的处以 1 万元以上 3 万元以下的罚款；构成犯罪的，移交司法机关依法追究刑事责任。

2. 对开户银行及其工作人员违反账户管理的处罚

银行在银行结算账户的开立过程中，有下列行为之一的，给予警告，并处以 5 万元以上 30 万元以下的罚款；对该银行直接负责的高级管理人员、其他直接负责的主管人员、直接责任人员按规定给予纪律处分；情节严重的，中国人民银行有权停止对其开立基本存款账户的核准，责令该银行停业整顿或者吊销经营金融业务许可证；构成犯罪的，移交司法机关依法追究刑事责任：

（1）违反规定为存款人多头开立银行结算账户。

（2）明知或应知是单位资金，而允许以自然人名称开立账户存储。

银行在银行结算账户的使用中，有下列行为之一的，给予警告，并处以 5000 元以上 3 万元以下的罚款；对该银行直接负责的高级管理人员、其他直接负责的主管人员、直接责任人员按规定给予纪律处分；情节严重的，中国人民银行有权停止对其开立基本存款账户的核准；构成犯罪的，移交司法机关依法追究刑事责任：

（1）提供虚假开户申请资料欺骗中国人民银行许可开立基本存款账户、临时存款账户、预算单位专用存款账户。

（2）开立或撤销单位银行结算账户，未按本办法规定在其基本存款账户开户登记证上予以登记、签章或通知相关开户银行。

（3）违反规定办理个人银行结算账户转账结算。

（4）为储蓄账户办理转账结算。

（5）违反规定为存款人支付现金或办理现金存入。

（6）超过期限或未向中国人民银行报送账户开立、变更、撤销等资料。

3. 对人民银行及其工作人员违反账户管理的处罚

人民银行对账户的管理包括以下几个方面：

（1）负责协调、仲裁银行账户开立和使用方面的争议，监督、稽核开户银行的账户设置和开立，纠正和处罚违反账户管理办法的行为。

（2）核发开立基本存款账户的开户许可证。人民银行对存款人开立基本存款账户的，负责核发开户许可证，如果存款人需要变更基本存款账户的，亦必须经人民银行审批同意。存款人因开户银行严格执行制度、执行纪律转移基本存款账户，人民银行不对其核发开户许可证。

（3）受理开户银行对存款人开立和撤销账户的申报。各银行对存款人开立、撤销账户，必须及时向人民银行报告。根据规定，开户银行对基本存款账户的撤销，一般存款账户、临时存款账户、专用存款账户的开立或撤销，应于开立或撤销之日起 7 日内向人民银行当地分支机构申报。人民银行将运用计算机建立账户管理数据库，加强账户管理。

第二节　票据结算

票据结算分为异地支付结算、同城支付结算和异地同城通用支付结算。异地支付结算指不同省、市、自治区单位之间的货币收付行为与清偿。它至少要涉及异地的两个单位及两个开户银行。异地票据结算主要指银行汇票结算。同城结算指在同一城镇或同一地区各单位之间经济往来引起的结算。其特点是：交易双方距离较近，结算时间短，资金周围快，有利于客户对资金的安排和使用。其结算种类分为银行支票和银行本票两种。异地同城通用票据支付结算，既适用于同城支付结算，又适用于异地支付结算。其支付结算主要指商业汇票结算方式。

一、银行汇票结算

银行汇票是指由出票银行签发，并由其在见票时按照实际结算金额无条件付给收款人或持票人的票据。银行汇票的出票银行为银行汇票的付款人。银行汇票一式四联，第一联为卡片，由签发行结清汇票时做汇出付出传票；第二联为银行汇票，与第三联解讫通知一并由汇款人自带，在兑付行兑付汇票后此联做联行往来账付出传票；第三联解讫通知，在兑付行兑付后随报单交签发行，由签发行做余款收入传票；第四联是多余款通知，并在签发行结清后交汇款人。单位和个人各种款项的结算，均可使用银行汇票。银行汇票可以用于转账，填明“现金”字样的银行汇票也可以用于支取现金。申请人或者收款人为单位的，不得在“银行汇票申请书”上填明“现金”字样。

（一）银行汇票的特点

（1）适用范围广泛，使用灵活，兑现性强，票随人走，凭票购货，余款自动退回，可背书转让。

（2）银行汇票的提示付款期限为自出票日起 1 个月。

（3）银行汇票可用于转账，填明“现金”字样的银行汇票也可以用于支取现金（申请人和收款人均须为个人）。

（4）票随人走，钱货两清。实行银行汇票结算，购货单位交款，银行开票，票随人走；购货单位购货给票，销售单位验票发货，一手交票，一手交钱；银行见票付款，这样可以减少结算环节，缩短结算资金在途时间，方便购销活动。

（5）信用度高，安全可靠。银行汇票是银行在收到汇款人款项后签发的支付凭证，因而具有较高的信誉，银行保证支付，收款人持有票据，可以安全及时地到银行支取款项。而且，银行内部有一套严密的处理程序和防范措施，只要汇款人和银行认真按照汇票结算的规定办理业务，汇款就能保证安全。一旦汇票丢失，如果确属现金汇票，汇款人可以向银行办理挂失，填明收款单位和个人，银行可以协助防止款项被他人冒领。

（6）使用灵活，适应性强。实行银行汇票结算，持票人可以将汇票背书转让给销货单位，也可以通过银行办理分次支取或转让，另外还可以使用信汇、电汇或重新办理汇票转汇款项，从而有利于购货单位在市场上灵活地采购物资。

（7）申请人因银行汇票超过付款提示期限或其他原因要求退款时，应将银行汇票和解讫通知同时提交到出票银行，并提供本人身份证件或单位证明。申请人缺少解讫通知要求退款的，出票银行应于银行汇票提示付款期满 1 个月后办理。

（二）银行汇票结算的基本规定

银行汇票结算的基本规定有如下几个方面：

（1）银行汇票的签发和解付。银行汇票的签发和解付，只能由中国人民银行和商业银行中参加了“全国联行往来”的银行机构办理。跨系统银行签发的转账银行汇票的解付，应通过同城票据交换将银行汇票和解讫通知提交同城的有关银行审核支付后抵用。省、自治区、直辖市内和跨省、市的经济区域内，按照有关规定办理。在不能签发银行汇票的银行开户的汇款人需要使用银行汇票时，应将款项转交附近能签发银行汇票的银行办理。

（2）银行汇票一律记名。所谓记名是指在汇票中指定某一特定人为收款人，其他任何人都无权领款；但如果指定收款人以背书方式将领款权转让给其指定的收款人，则其指定的收款人具有领款权。

（3）银行汇票的汇票金额起点为 500 元。500 元以下款项银行不予办理银行汇票结算。

（4）银行汇票的付款期为 1 个月。这里所说的付款期，是指从签发之日起到办理兑付之日止的时期。这里所说的 1 个月，是指从签发日开始，不论月大月小，统一到下月对应日期止的 1 个月。比如签发日为 3 月 5 日，则付款期到 4 月 5 日为止。如果到期日遇节假日可以顺延。逾期的汇票，兑付银行将不予办理。

（三）银行汇票结算的核算

1. 出票行签发银行汇票的处理

申请人使用银行汇票，应向出票银行填写一式三联“银行汇票申请书”，经出票银行审核银行汇票申请书无误后，办理转账。

（1）申请签发转账银行汇票的。会计分录为：

借：活期存款——申请人户

　　贷：汇出汇款

（2）申请签发现金银行汇票的。会计分录为：

借：库存现金

　　贷：应解汇款及临时存款——申请人户

借：应解汇款及临时存款——申请人户

　　贷：汇出汇款

经复核无误后将汇票申请书第一联退客户，第二、第三联交汇票经办人员签发一式四联银行汇票。

填写的汇票经复核无误后，在第二联上加盖汇票专用章并由授权的经办人签名或盖章；在实际结算金额栏的小写金额上端，用总行统一配发的压数机压印出票金额，然后连同第三联交给申请人。汇票第一联上加盖经办人、复核人名章，逐笔登记汇出汇款登记簿，连同汇票第四联一并专夹保管。

在不能签发银行汇票的银行开户的申请人需要使用汇票，应由申请人向开户行填写“汇票申请书”，开户行转账后将款项移交附近能够签发汇票的银行办理，出票行不得拒绝受理。

2. 银行汇票的兑付

代理付款行接到在本行开户的持票人直接交来的汇票、解讫通知和两联进账单时，应认真审查，经审查无误，进账单第二联作贷方记账凭证，银行汇票第二联（汇票联）作借方记账凭证附件，办理转账。会计分录为：

借：联行往来

　　贷：活期存款——持票人户

第一联进账单加盖“业务清讫”章作收账通知交给持票人。汇票第二、第三联交汇划发报复核柜员复核。

代理付款行接到未在本行开户的持票人为个人交来的汇票、解讫通知和两联进账单时，必须认真审查。审查无误后，以持票人姓名开立应解汇款及临时存款账户，进账单第一联加盖“业务清讫”章交给持票人，第二联作贷方记账凭证办理转账。会计分录为：

借：联行往来

　　贷：应解汇款及临时存款——持票人户

应解汇款及临时存款的解付有如下两种情形：

（1）原持票人需要一次或分次办理转账支付的。会计分录为：

借：应解汇款及临时存款——持票人户

　　贷：存放中央银行准备金

　　　　或：××科目

（2）原持票人需要支取现金的。会计分录为：

借：应解汇款及临时存款——持票人户

　　贷：库存现金

3. 银行汇票的结清

出票银行接到代理付款行的发报报文后，若汇票号码、日期、金额及付款账号与收报经办行（出票行）汇出汇款登记簿要素均相符，系统记账的会计分录为：

（1）汇票全额付款 。会计分录为：

借：汇出汇款

　　贷：联行往来

同时，销记汇出汇款登记簿：

（付出）：汇出汇款——申请人户

（2）汇票有多余款。会计分录为：

借：汇出汇款

　　贷：联行往来

　　　　活期存款——汇票申请人户

同时销记汇出汇款登记簿。在第四联银行汇票（多余款收账通知）联填写清楚多余金额，加盖“业务清讫”章交汇票申请人。

二、银行支票结算

（一）概念及适用范围

支票是由出票人签发的，委托办理支票业务的银行在见票时无条件支付确定金额给收款人或持票人的票据。其基本当事人有：出票人、付款人、收款人或持票人。单位和个人在同一票据交换区域的各种款项结算，均可以使用支票。

（二）基本规定

（1）签发支票必须记载下列事项：①表明“支票”的字样；②无条件支付的委托；③确定的金额；④付款人名称；⑤出票日期；⑥出票人签章（两个章：单位财务专用章或单位公章加法定代表人签章或其授权的代理人签章）。

以上记载事项称为支票的绝对记载事项，欠缺上列记载事项之一的，支票无效。

（2）支票应使用碳素墨水或墨汁填写。

（3）签发现金支票和用于支取现金的普通支票，必须符合国家现金管理的规定。

（4）签发人必须在银行账户余额内签发支票，严禁签发空头支票，严禁签发签章与银行预留印鉴不符的支票 。

对空头支票、签章与预留银行印鉴不符的支票以及使用支付密码但支付密码错误的

支票，银行除按规定退票外，并按票面金额处以5%但不低于1000元的罚款。持票人有权要求出票人赔偿支票金额2%的赔偿金。对屡次签发空头支票的，银行应停止其签发支票。

（5）支票的提示付款期为10天，从签发的次日算起，到期日遇节假日顺延。超过提示付款期的，持票人开户行不予受理，付款人不予付款。

（6）支票金额、收款人名称，可以由出票人授权补记。未补记前不得背书转让和提示付款。

（7）持票人可以委托开户银行收款，或直接向付款人提示付款；用于支取现金的支票，仅限于收款人向付款人提示付款。

（三）核算程序（转账支票、普通支票和划线支票）

1. 持票人、出票人同行开户的核算

借：活期存款——出票人户（支票）

　　贷：活期存款——持票人户（第二联进账单）

2. 持票人、出票人不在同行开户的核算

（1）持票人开户行受理持票人提交支票的处理。

借：存放中央银行准备金

　　贷：活期存款——××户

（2）出票人开户行受理出票人提交支票的处理。

借：活期存款——××户

　　贷：存放中央银行准备金

三、银行本票结算

（一）概念及适用范围

银行本票是由银行签发的，承诺自己在见票时无条件支付确定的金额给收款人或者持票人的票据。银行本票可以用于转账，注明“现金”字样的银行本票还可以用于支取现金。银行本票的基本当事人包括出票人、付款人、收款人或持票人。单位和个人在同一票据交换区域需要支付的各种款项，均可以使用银行本票。

（二）基本规定

（1）签发银行本票必须记载下列事项：①标明“银行本票”的字样；②无条件支付的承诺；③确定的金额；④收款人名称；⑤出票日期；⑥出票人签章。

以上记载事项称为银行本票的绝对记载事项，欠缺记载上列事项之一的，银行本票无效。

（2）银行本票的出票人为经中国人民银行当地分支行批准，有权办理银行本票业务的商业银行。

（3）银行本票的提示付款期限自出票日起最长不超过2个月。持票人超过提示付款期限提示付款的，代理付款人不予受理，持票人在票据权利时效内可向出票行请求付款。

(4) 银行本票见票即付。对跨系统银行本票的兑付，持票人开户行可以根据人民银行规定的金融机构同业往来的利率，向出票银行收取利息。

(5) 银行本票分为不定额银行本票和定额银行本票。定额银行本票面额分别为 1000 元、5000 元、1 万元和 5 万元。

(6) 银行本票可以用于转账，注明用于“现金”字样的银行本票可以支取现金。支取现金的仅限于申请人和收款人均为个人的情况。

(三) 核算程序

银行本票的核算分为出票、兑付、结清三个阶段。

1. 银行本票的出票

当申请人向银行申请银行本票时，应填写“银行本票申请书”。银行受理申请人提交的第二、第三联申请书时，应按有关规定审查无误后，才能签发银行本票。

申请签发转账银行本票的，出票银行以第二联申请书作借方凭证，第三联作贷方凭证，办理转账。会计分录为：

借：活期存款——申请人户

贷：本票

申请签发现金银行本票的，以第三联申请书作贷方凭证，第二联注销，办理转账。会计分录为：

借：库存现金

贷：本票

出票行在办理转账或收妥现金后，签发银行本票。

2. 银行本票的兑付

(1) 代理付款行付款的核算。代理付款行接到在本行开户的持票人提交的本票和两联进账单时，认真审查。经审查无误，以进账单第二联作贷方凭证，办理转账。会计分录为：

借：存放中央银行准备金

贷：活期存款——持票人户

进账单第一联加盖“转讫章”作收账通知交给持票人。在本票上加盖转讫章，通过票据交换向出票行提出交换。

(2) 出票行付款的核算。填明“现金”字样的本票支付款项时，必须到出票行办理。出票行接到持票人交来的填明“现金”字样的本票，抽出专夹保管的本票卡片或存根，经核对无误后，办理付款手续。本票作借方凭证，本票卡片或存根联作附件。会计分录为：

借：本票

贷：库存现金

出票行受理在本行开户的持票人提交的转账银行本票和两联进账单时，按规定审核无误后，办理转账。会计分录为：

借：本票

　　贷：活期存款——持票人户

3. 银行本票的结清

出票行收到票据交换提入的本票时，抽出专夹保管的卡片或存根，经核对相符，确属本行的出票，复核无误后，以本票作借方凭证，卡片联或存根联作附件。其会计分录为：

借：本票

　　贷：存放中央银行准备金

四、商业汇票结算

（一）概念及适用范围

商业汇票是出票人签发的，委托付款人在指定日期无条件支付确定的金额给收款人或者持票人的票据。包括商业承兑汇票和银行承兑汇票。商业汇票的基本当事人包括出票人、付款人（承兑人）、收款人或持票人。在银行开立存款账户的法人以及其他组织必须具有真实的交易关系或债权债务关系，才能使用商业汇票。该种结算方式同城、异地均可使用。

（二）基本规定

（1）签发商业汇票必须记载下列事项：①标明"银行承兑汇票"或"商业承兑汇票"字样；②无条件支付的委托；③确定的金额；④付款人名称；⑤收款人名称（记名汇票）；⑥出票日期；⑦出票人签章。

以上事项称为商业汇票的绝对记载事项，欠缺记载上列事项之一的商业汇票无效。

（2）商业承兑汇票的出票人为在银行开立存款账户的法人以及其他经济组织，要与其开户行具有真实的委托付款关系，且具有支付汇票金额的可靠资金来源。

（3）银行承兑汇票的出票人，必须是在承兑银行开立存款账户的法人以及其他经济组织，要与承兑银行具有真实的委托付款关系，且具有支付汇票金额的可靠资金来源。

（4）出票人不得签发无对价的商业汇票用以骗取银行或其他票据当事人的资金。

（5）商业汇票可以在签发时向付款人提示承兑后使用，也可以在汇票出票后先使用，再向付款人提示承兑。

定期付款或者出票后定期付款的商业汇票，持票人应当在汇票到期日前向付款人提示承兑。见票后定期付款的汇票，持票人应当自出票日起 1 个月内向付款人提示承兑。

汇票未按规定的期限提示承兑的，持票人丧失对其前手的追索权。

（6）商业汇票的付款期限最长不得超过 6 个月。商业汇票的提示付款期限，自汇票到期日起 10 日。

（7）银行承兑汇票的出票人应于汇票到期前将票款足额交存开户银行。承兑银行应在汇票到期日或到期后的见票当日支付票款。

（8）商业汇票的持票人可持未到期的商业汇票贴现。贴现凭证连同交易合同原件和增值税发票或普通发票复印件向银行申请贴现。贴现银行可持未到期的商业汇票向其他银行办理转贴现，也可向中国人民银行申请再贴现。

（三）商业承兑汇票的核算

1. 持票人开户行受理商业承兑汇票的处理

持票人持到期的商业承兑汇票，委托开户银行向付款人提示付款时或未经背书转让的商业汇票提示付款时，持票人不再限于委托票面记载的开户银行收取票款，可委托票面载明开户银行同系统内任一开户分支机构收取票款。应填制电划委托收款凭证一式五联（在“委托收款凭据名称”栏注明“商业承兑汇票”及其汇票号码，并在汇票背面作成委托收款背书），连同汇票一并送交开户银行办理委托收款。银行经审查无误，在委托收款凭证各联上加盖“商业承兑汇票”戳记。其余手续比照发出委托收款凭证的手续处理。

2. 付款人开户银行收到汇票的处理

付款人开户银行收到持票人开户银行寄来的委托收款凭证及汇票，按有关规定进行审查，并在委托收款凭证上填注收到日期，逐笔登记“收到委托收款登记簿”，将第三、第四联委托收款凭证和汇票专夹保管。将第五联加盖业务公章及时交付款人通知其付款。

在银行接到付款通知书，或在付款人接到开户行的付款通知的次日起 3 日内仍未通知银行付款的，银行应及时办理划款手续。

（1）当付款人账上有足额的款项时，以委托收款凭证第三联作借方凭证，商业承兑汇票加盖转讫章作附件办理转账。会计分录为：

借：活期存款——付款人户

　　贷：联行往来

　　　　或：××科目

转账后，在“收到委托收款凭证登记簿”上注明转账日期。

（2）当付款人账上不足支付或无款支付时，银行应向持票人开户行发出付款人“未付票款通知书”，在委托收款凭证备注栏注明“付款人无款支付”字样，按照委托收款无款支付的手续办理填制三联付款人未付款通知书，将第一联通知书和第三联委收凭证留存备查，第二、第三联通知书和第四联委收凭证及商业承兑汇票一并寄持票人开户行。

（3）当付款人拒绝付款时，银行在付款人接到通知书的次日起 3 日内，收到付款人的四联拒付理由书，按照委托收款方式的拒绝付款的手续办理。将第二联拒付理由书和第三联委收凭证留存备查，第三、第四联拒付理由书和第四、第五联委收凭证及商业承兑汇票一并寄持票人开户行。

3. 持票人开户行收到划回票款或退回票据的处理

（1）收到全额划回款项。持票人开户行收到付款人开户行的发报或划回款项的凭证，经与原专夹保管的委托收款凭证第二联核对无误后，办理转账。会计分录为：

借：联行往来

　　或：××科目

贷：活期存款——持票人户

转账后，在“发出委托收款登记簿”上注明转账日期。

(2) 无款支付或拒付款项。持票人开户行接到付款人开户行寄来的“未付票款通知书”或“拒付理由书”、汇票及委托收款凭证，将其退给持票人，并由持票人签收。

(四) 银行承兑汇票的核算

1. 承兑银行办理汇票承兑的处理

承兑申请人（持票人或出票人）持银行承兑汇票一式三联向汇票上记载的付款银行申请或提示承兑，由承兑银行的信贷部门按照支付结算办法和有关规定审查同意，与出票人签署银行承兑协议，将其中一联及副本连同汇票第一、第二联并交会计部门。

会计部门接到汇票和承兑协议，应认真审查。审核无误后，在第一、第二联汇票上注明承兑协议编号，在第二联汇票“承兑行签章”处加盖汇票专用章，并由授权的经办人签章。

出票人申请承兑的，将第二联汇票连同一联承兑协议交给出票人；

由持票人提示承兑的，将第二联汇票交给持票人，一联承兑协议交给出票人。

同时，编制会计分录：

收取保证金：

借：活期存款——出票人户

贷：保证金存款——出票人户

按票面金额的万分之五向出票人收取承兑手续费：

借：活期存款——出票人户

贷：手续费收入——结算手续费户（中间业务收入）

填制银行承兑汇票表外科目收入凭证，登记表外科目登记簿：

(收入)：银行承兑汇票

2. 持票人开户行受理汇票的处理

持票人凭汇票委托开户行向承兑银行收取票款时或未经背书转让的商业汇票提示付款时，持票人不再限于委托票面记载的开户银行收取票款，可委托票面载明开户银行同系统内任一开户分支机构收取票款，应填制委托收款凭证，在“委托收款凭据名称”栏注明“银行承兑汇票”及其汇票号码并在汇票背面作成委托收款背书，连同汇票一并送交开户行。开户银行收到汇票持票人交来的委托收款凭证和汇票，审查无误后，在委托收款凭证各联上加盖“银行承兑汇票”戳记。其余手续比照发出委托收款凭证的手续处理。

3. 承兑银行对汇票到期收取票款的处理

承兑银行应每天查看汇票的到期情况，对到期的汇票，应于到期日（遇法定休假日顺延）向出票人收取票款。

(1) 当出票人账户有足额时，填制二联特种转账借方凭证，一联特种转账贷方凭证。会计分录为：

借：保证金存款——出票人户

活期存款——出票人户

贷：应解汇款及临时存款——出票人户

（2）当出票人存款账户不足以支付时，其差额应转入该出票人的逾期贷款户，按每日万分之五计收利息。填制二联特种转账借方凭证，一联特种转账贷方凭证。会计分录为：

借：保证金存款——出票人户

活期存款——出票人户

其他贷款——出票人逾期贷款户

贷：应解汇款及临时存款——出票人户

4. 承兑银行支付汇票款项的处理

承兑银行接到持票人开户行寄来的委收凭证及汇票后，与专夹保管的汇票卡片和承兑协议副本核对，审查无误后，应于汇票到期日或到期日之后的见票当日，按照委托收款付款的手续办理。会计分录为：

借：应解汇款及临时存款——出票人户

贷：联行往来

或：××科目

在收到委托收款登记簿上注明转账日期，另填制银行承兑汇票表外科目付出凭证，销记表外科目登记簿。

（付出）：银行承兑汇票

5. 持票人开户行收到汇票款项的处理

持票人开户行收到承兑银行发报或划回的委托收款凭证，按照委托收款款项划回手续办理。会计分录为：

借：联行往来

或：××科目

贷：活期存款——持票人户

商业承兑汇票将商业信用票据化，办理手续较简便，较能发挥持票人与承兑人之间相互监督的作用；银行承兑汇票是商业信用与银行信用的完美结合，且具有较强的融资功能。商业承兑汇票使用范围受到一定的限制，付款的保证程度视企业的信誉高低而定；银行承兑汇票手续繁杂，付款期限长，容易产生信用风险。

第三节　信用卡及其结算方式

一、信用卡的概念及适用范围

信用卡是指商业银行向个人和单位发行的，可凭以向特约单位购物、消费和向银行存取现金，且具有消费信用的特制载体卡。此种结算方式同城、异地均可使用。信用卡在减少现金使用、保证资金安全，方便购物消费、促进商品销售、刺激社会需求，增加银行信贷资金来源，维护信用秩序；推动我国支付结算工具向国际化发展等方面发挥着重要作用。

二、信用卡的种类

（1）按是否向发卡银行交存备用金分为贷记卡、准贷记卡两类。贷记卡是发卡银行给予持卡人一定的信用额度，持卡人可在信用额度内先消费，后还款的信用卡。准贷记卡是指持卡人须先按发卡银行的要求交存一定金额的备用金，当备用金账户余额不足以支付时，可在发卡银行规定的信用额度内透支的信用卡。

（2）按使用对象分为单位卡和个人卡。

（3）按信誉等级分为金卡和普通卡。

从 1987 年中国银行发行我国第一张人民币信用卡——长城卡开始，各商业银行都发行了自己的具有代表性的信用卡。

三、信用卡的有关规定

（1）商业银行未经人民银行批准不得发行信用卡。

（2）凡在中国境内金融机构开立基本存款账户的单位均可申领单位卡。凡具有完全民事行为能力的公民均可申领个人卡。

（3）单位卡账户的资金一律从其基本存款账户转账存入，不得交存现金，不得将销货收入存入单位卡账户，不得用于 10 万元以上的商品交易和劳务供应的核算；个人卡账户的资金以其持有的现金存入或以其工资性款项及属于个人的劳务报酬收入转账存入。严禁将单位的款项存入个人卡账户。

（4）信用卡仅限于合法持卡人本人使用，持卡人不得出租或转借信用卡。

（5）单位卡一律不得支取现金，需要向其账户续存资金的，一律从其基本存款账户转账存入。

四、信用卡的核算

信用卡的核算包括发卡的核算、续存的核算、购物消费的核算、信用卡透支的核算、信用卡销户的核算。

(一) 信用卡发卡的处理

信用卡分为单位卡和个人卡。

1. 单位卡发卡的处理

申请人来行领取信用卡时，应按要求提交有关的凭证办理，并交存备用金和手续费。若申请人在发卡银行开户的，应签发转账支票并填写一式三联进账单；若申请人不在发卡银行开户，则应签发转账支票并填写一式两联进账单，将支票和进账单一并交发卡银行。

发卡银行收到申请人交来的支票和进账单，经审核无误，以支票为借方传票，进账单为贷方传票，另填一联特种转账贷方传票为收取手续费的贷方凭证，进行转账处理。会计分录为：

借：××科目——××单位基本存款户

　　或：存放中央银行准备金或辖内往来

　　贷：××科目——××单位信用卡户

　　　　手续费收入科目——××手续费

转账后，将进账单回单联及信用卡交申请人，不在发卡银行开户的申请人交来的转账支票通过同城票据交换或同城联行转申请人开户行。

2. 个人卡发卡的处理

申请人领取信用卡时，应向发卡银行交足备用金和手续费。申请人以现金交存的，应填写存款凭条连同现金交发卡银行。银行点收现金无误，即可办理账务处理。会计分录为：

借：库存现金

　　贷：活期储蓄存款——××个人信用卡户

　　　　手续费收入科目——××手续费户

转账后将信用卡交申请人。

若申请人以转账方式交存时，其处理与单位卡发卡处理相同。

无论是单位卡还是个人卡，银行发卡后，均应登记信用卡账户开销登记簿和发卡清单，并在发卡清单上记载领卡人的身份证件号码，并由领卡人签收。

(二) 信用卡存入现金的处理

1. 信用卡代理行的处理

持卡人来行存款时，代理行点收现金，审核信用卡无误后，填制一式四联的存款单(第一联回单，第二联贷方传票，第三联贷方传票附件，第四联存根)，在存款单上填明持卡人存款金额、本行名称及代号等内容，由持卡人签名，银行审验其签名与信用卡

签名相符后，填制一联特种转账贷方传票（存款单第三联为附件）作收款处理。会计分录为：

借：库存现金

　　贷：应解汇款——××个人信用卡户

记账后，将存款单第一联加盖现金收讫章后连同信用卡退交持卡人，存款单第二联通过同城票据交换、辖内往来或随全国联行往来转持卡人开户行。会计分录为：

借：应解汇款——××个人信用卡户

　　贷：辖内往来或存放中央银行准备金

　　　　其他应付款项科目——××手续费户（同城免收）

2. 持卡人开户行的处理

持卡人开户行收到同城票据交换、辖内往来或随全国联行报单转来的第二联存款单，经审无误，以存款单为贷方传票进行收款处理。会计分录为：

借：辖内往来或存放中央银行准备金

　　贷：活期储蓄存款——××个人信用卡用户

（三）信用卡支取现金的处理

1. 代理行的处理

持卡人来行支取现金时，应将信用卡及持卡人身份证件交代理行。银行受理时应按规定审核，审核无误后，在取款单上办理压（刷）卡。取款单一式四联，第一联回单，第二联借方传票，第三联贷方传票附件，第四联存根。在取款单上注明持卡人支取金额、身份证号码、代理行名称代号等内容，并由交持卡人签名。经审验无误后办理付款处理。编制一联特种转账贷方传票和一联现金借方传票进行付款的账务处理。取款单第二联通过同城票据交换、辖内往来或全国联行往来转持卡人开户行。会计分录为：

借：辖内往来或存放中央银行准备金

　　贷：应解汇款——持卡人户

借：应解汇款——持卡人户

　　贷：库存现金

　　　　其他应付款项——手续费户（同城免交）

记账后，将取款单回单、信用卡、身份证连同现金交取款人。

2. 持卡人开户行的处理

持卡人开户行收到同城票据交换、辖内往来或随全国联行报单转来的取款单第二联，经审无误，办理转账，会计分录为：

借：活期储蓄存款——××个人信用卡户

　　贷：辖内往来或存放中央银行准备金

（四）信用卡购物消费支付结算的处理

持卡人在特约单位消费时，应填制一式四联签购单，特约单位经审无误后，汇总签购单编制一式三联汇计单及两联进账单，并将进账单、三联汇计单以及签购单第二、第三联一并交开户行办理收款。

1. 特约单位开户行的处理

若交易双方在同一银行开户，银行以汇计单中一联为借方传票，进账单为贷方传票进行转账。会计分录为：

借：××科目——××单位信用卡户

　　或：活期储蓄存款——××个人信用卡户

　　贷：××科目——特约单位户

　　　　手续费收入——信用卡户

转账后将签购单及进账单回单联分别交持卡人和特约单位。

若交易双方不在同一银行开户，受理行则将签购单、汇计单的有关凭证联通过同城交换、辖内往来或全国联行报单转持卡人开户行，然后以进账单为贷方传票进行账务处理。会计分录为：

借：辖内往来或存放中央银行准备金

　　贷：××科目——特约单位存款户

　　　　手续费收入——信用卡户

2. 持卡人开户行的处理

持卡人开户行收到代理行转来的购物消费的各种单证，经审无误后办理转账。会计分录为：

借：××科目——××单位信用卡户

　　或：活期储蓄存款——××个人信用卡户

　　贷：辖内往来或存放中央银行准备金

转账后，将签购单回单联加盖银行专用章并退交持卡人。

若收到代理行转来的有缺陷的凭证，应坚持贷方凭证先查询后记账、借方凭证先记账后查询的原则，不得随意退回凭证。

（五）信用卡注销的处理

发卡银行在确认持卡人具备销户条件时，应通知持卡人来行办理销户，并收回信用卡。有效卡无法收回时应予以止付。按规定销户后的单位卡资金应转该单位基本存款户，个人卡资金可支付现金或按客户要求办理转账。

1. 个人卡销户的处理

持卡人来行销户时，银行核对账务无误后填制转账单，并按规定计付利息，由持卡人签名后结清账户。以转账单第二联为记账传票，另编一联特种转账借方传票为利息支出传票，办理转账。会计分录为：

借：活期储蓄存款——××个人信用卡户

　　利息支出——××利息支出户

　　贷：库存现金

　　　　或：有关科目

销户后，将转账单第四联或现款交持卡人。

2. 单位卡销户的处理

持卡人来行办理销户时，应向银行提交授权单位的销户证明、基本账户开户许可证及单位卡，银行审查无误后，填制转账单，并按规定计付利息，由持卡人签名后，结清账户。其处理与个人卡相同。会计分录为：

借：××科目——××单位卡户

　　利息支出——××利息支出户

　　贷：××科目——申请人基本存款户

若申请人与持卡人不在同一银行开户时，应将转账单第三、第四联通过辖内往来或同城票据交换划转申请人的基本账户。

练习题

1. 名词解释

（1）支付结算　（2）银行汇票　（3）银行本票　（4）汇兑　（5）托收承付

（6）支票　（7）商业汇票　（8）商业承兑汇票　（9）银行承兑汇票

（10）委托收款　（11）信用卡

2. 判断题

（1）银行本票的信誉高于支票。（　）

（2）申请人或收款人是单位的，不能申请签发现金银行本票。（　）

（3）无条件支付的承诺、出票日期、出票人签章等是签发支票必须记载的事项。（　）

（4）银行汇票收款人未填明实际结算金额和多余金额或实际结算金额超过出票金额的，银行不予受理。（　）

3. 单选题

（1）支票出票人的签章应为（　）。

A. 出票人的财务专用章

B. 公章

C. 法定代表人或者授权的代理人的签章

D. 预留银行签章

（2）银行签发的，由其在见票时按实际结算金额无条件支付给收款人或持票人的票据是（　）。

A. 银行本票　B. 银行汇票　C. 银行承兑汇票　D. 银行期票

（3）A 公司需向外省 B 公司预付货款 6000 元，可采用的结算方式是（　）。

A. 银行本票　B. 支票　C. 汇兑　D. 托收承付

（4）商业汇票的提示付款期为（　）。

A. 10 天　B. 1 个月　C. 2 个月　D. 6 个月

4. 多选题

（1）支付结算的原则是（　）。

A. 恪守信用，履行付款　B. 谁的钱进谁的账，由谁支配

C. 银行不垫款　　D. 先收款后记账　　E. 先记账后付款

(2) 在以下结算方式中适用于异地结算的有（　　）。

A. 支票　　B. 银行本票　　C. 银行汇票

D. 汇兑　　E. 托收承付

(3) 我国银行现行支付结算中，票据结算使用的票据包括（　　）。

A. 支票　　B. 银行汇票　　C. 商业汇票

D. 银行本票　　E. 商业本票

(4) 支付结算中的结算方式包括（　　）。

A. 汇兑　　B. 银行汇票　　C. 托收承付

D. 银行本票　　E. 委托收款

5. 简答题

(1) 什么是支付结算？支付结算方式主要有哪几种？

(2) 托收承付与委托收款有什么异同点？

(3) 什么是银行汇票？其核算程序如何？

第五章　外汇业务

【学习目的】通过本章学习，应该能够：了解我国外汇管理的现状及规定以及国际贸易结算方式；熟悉联行间外汇往来业务的结算特点和处理方法；掌握外汇买卖业务、外汇存贷款业务、信用证结算业务的处理方法。

第一节　外汇业务概述

一、外汇与汇率

（一）外汇

1. 外汇的概念

外汇是指以外国货币表示的用于国际结算的支付手段，包括外国货币（纸币、铸币），外国支付凭证（票据、银行存款凭证、邮政储蓄凭证等），外币有价证券（政府证券、公司证券、股票等），特别提款权，欧洲货币单位（欧元已取代欧洲货币单位）以及其他外汇资产。外汇有两个显著的特征，即以外国货币表示和可自由兑换。目前全世界有 40 多个国家和地区的货币是可以自由兑换货币，但最常用的是美元、英镑、日元、欧元、加拿大元、澳大利亚元和港元等。

2. 外汇的种类

（1）按来源和用途分类，外汇可以分为贸易外汇和非贸易外汇。贸易外汇是一国进出口贸易所收付的外汇及与进出口贸易有关的从属费用外汇，如贷款、运输费、保险费、佣金、广告费等。非贸易外汇是指一国进出口贸易以外所收付的各项外汇，如侨汇、旅游、航运、邮电、海关、银行、对外承包工程等收入和支出的外汇等。

（2）按交割期限分类，外汇可以分为即期外汇和远期外汇。即期外汇是指即期收付的外汇，一般来说，即期外汇交易的成交双方在两个营业日内办理交割。远期外汇是指银行同业之间或银行与客户之间预先签订合同，商定外汇买卖数量、汇率和期限，到约定日期进行交割而收付的外汇。交割期限一般为 1~6 个月，最长不超过 1 年。

（3）按照形态分类，外汇可以分为现钞和现汇。现钞是指各种外币钞票、铸币等。

现汇又称转账外汇，是指用于国际汇兑和国际间非现金结算以及清偿国际间债权债务的外汇。

（二）汇率

1. 汇率的概念

汇率又称汇价、牌价、兑换率，是指一个国家货币兑换成另一个国家货币的比率，或是以一种货币表示另一种货币的价格。

2. 汇率的标价方法

折算两种货币的比率，首先要确定以哪一种货币为标准，这就是汇率的标价方法。它有两种标价方法：

（1）直接标价法。直接标价法又称应付标价法，是指以一定单位的外国货币为标准，折算成若干单位本国货币的标价方法，如 USD100=¥687.18。其特点是当汇率发生变化时，作为标准的外国货币不变，用表示外币价格的本国货币的上下浮动来反映变化，即“外币不动本币动”。例如，用 USD100=¥687.03，表示美元汇率下跌，人民币汇率上涨；用 USD100=¥687.32，表示美元汇率上涨，人民币汇率下跌。我国和世界上大多数国家都采用直接标价法。

（2）间接标价法。间接标价法又称应收标价法，是指以一定单位的本国货币为标准，折算成若干单位外国货币的标价方法，如¥100=USD14.8。其特点是当汇率发生变化时，作为标准的本国货币不变，用表示本币价格的外国货币的上下浮动来反映变化，即“本币不动外币动”。例如，用¥100=USD14.9 来表示美元汇率下跌，人民币汇率上涨；用¥100=USD14.79 来表示美元汇率上涨，人民币汇率下跌。现在只有美国、英国、澳大利亚和新西兰等少数国家采用间接标价法。

3. 汇率的种类

从银行买卖外汇的角度划分，汇率可以分为买入汇率、卖出汇率、中间汇率、现钞买入汇率和现钞卖出汇率。

（1）买入汇率。买入汇率又称买入价、汇买价，是指银行向客户买入外汇时使用的汇率，用以计算银行买入外汇时付出的本币数。

（2）卖出汇率。卖出汇率又称卖出价、汇卖价，是指银行向客户卖出外汇时使用的汇率，用以计算银行卖出外汇时收进的本币数。

（3）中间汇率。中间汇率又称中间价，是指外汇买入价和卖出价的平均价。中间汇率通常用作企业的记账汇率。我国从 1994 年开始由中国人民银行公布中间汇率，各外汇指定银行根据中国人民银行公布的中间汇率，自行计算制定本行的汇买价、汇卖价和钞买价。

（4）现钞买入汇率。现钞买入汇率又称现钞买入价、钞买价，是指银行买入外汇现钞时所使用的汇率。

（5）现钞卖出汇率。现钞卖出汇率又称现钞卖出价、钞卖价，是指银行卖出外汇现钞时所使用的汇率。我国现行的现钞卖出汇率与现汇卖出汇率相同。

二、商业银行的外汇业务

商业银行的外汇业务是指用记账本位币以外的货币进行收付、结算的业务。我国加入世界贸易组织后随着国际金融体制改革的不断深入，我国商业银行与各国银行之间的业务往来与日俱增，外汇业务将逐渐成为各商业银行的主要业务之一。目前我国外汇指定银行经营的外汇业务主要有：①外汇存款业务；②外汇贷款业务；③外汇汇款业务；④外汇兑换业务；⑤外汇同业拆借业务；⑥外汇借款业务；⑦发行或代理股票以外的外币有价证券业务；⑧买卖或代理买卖股票以外的外币有价证券业务；⑨外币票据的承兑和贴现业务；⑩贸易和非贸易结算业务；⑪外汇担保业务；⑫自营及代客外汇买卖业务；⑬外汇信用卡的发行和代理国外信用卡的发行及付款业务；⑭资信调查、咨询和见证业务；⑮国家外汇管理局批准的其他外汇业务。

三、外汇业务的记账方法

外汇业务的记账方法主要有两种，即外汇分账制和外汇统账制。

（一）外汇分账制

外汇分账制又称原币记账法或多种货币制，是指经营外汇业务的银行，以原币（各种实际收付的外币）为计量单位，对每种货币的收付，各设置一套明细账和总账，将平时所收到的外币，按照不同原币，分别填制凭证、记账账目，并编制报表的一种记账方法。外汇分账制的主要内容包括：

（1）采用分账制的核算方法。它是指对外汇业务按币别分别建立一套独立的账务系统。对各种外币（有本位币牌价的外币）的收支，平时都以原币为记账货币填制凭证、登记账簿、编制报表，每种货币各自成立账务系统，各有一整套会计账簿和会计报表。

（2）对同一币别、不同性质的货币分别核算。同一货币由于性质不同，有自由外汇和记账外汇之分。自由外汇是指不需经货币发行国家的外汇管理当局批准，可以广泛地在国际金融市场上使用、流通，并能自由兑换成其他国家的货币，同时可以作为支付手段，对第三国办理支付的外汇。记账外汇是指根据两国政府签订的有关贸易支付协定或贸易协定书所开立的清算账户下的外汇。此种外汇不能兑换成其他的货币，也不能支付给第三国，只能用于支付缔约国之间的贸易货款、从属费用和缔约国双方政府同意的其他付款。由于自由外汇和记账外汇是在不同的清算方式下分别使用的，所以它们的性质不同，在本外币的换算率上也不一样。为了准确地反映外币资金的实际周转和储存情况，必须将两者严格区分，分账核算。

（3）设置“外汇买卖”账户。“外汇买卖”账户是外汇分账制下的一个特定账户，遇到买卖外汇而涉及两种货币时，需要使用“外汇买卖”账户，并在本位币账和外币账上同时反映，以联系和平衡不同货币之间的账务。

（4）年终报表。年终结算时，应先按外币种类分别编制外币结算报表，再根据外币结算报表，按总行规定的年终结算牌价分别折成人民币，汇总编制“汇总人民币结算报表”，以综合反映全行的资产负债情况。

实行外汇分账制，各种不同货币分别设账簿报表，能完整反映各类外币资金的变化情况，有利于外汇资金的运用和管理。

（二）外汇统账制

外汇统账制又称本位币记账法、单一货币制，是指以本国货币为记账单位，各国外国货币的收支均按照一定的比价折合成本位币记账，并逐笔注明原币金额和折合率，不专设外币账的一种记账方法。

外汇统账制因折合标准不同，可以分为时价法和定价法两种。时价法是指按外汇业务发生时的汇率折合成人民币记账的一种方法。定价法是按事先规定的固定汇率折合成人民币的一种方法。

在我国，银行因涉及的外汇币种多，核算要求高，所以一般采用外汇分账制记账，其他涉及对外业务的企业（如外贸企业）则一般采用外汇统账制记账。

第二节　外汇买卖业务的核算

外汇买卖亦称外汇兑换，是指按一定的汇率卖出一种外汇或买入一种外汇的行为，即将一国货币兑换成另一国货币的行为。

一、设置账户

在外汇分账制下，买卖外汇需设置“外汇买卖”账户，该账户是资产负债类共同类账户，在买卖外汇业务的账务处理中起联系和平衡作用。当买入外汇时，借记“现金”等有关账户（外币），贷记“外汇买卖”账户（外币）；付出人民币时，借记“外汇买卖”账户（人民币），贷记“现金”等有关账户（人民币）。卖出外汇时，借记“外汇买卖”账户（外币），贷记“现金”等有关账户（外币）；收入人民币时借记“现金”等有关账户（人民币），贷记“外汇买卖”账户（人民币）。“外汇买卖”账户下的外币和人民币在填制传票构成分录和记载账簿时，均应加以完整反映。

二、外汇买卖凭证

银行发生外汇买卖业务时，应填制外汇买卖传票。外汇买卖传票系一式两联套写传票，一联是借方传票，另一联是贷方传票，一联用以登记外汇买卖外币账，另一联用以登记外汇买卖人民币账。传票内容包括币别、外币金额、人民币金额和外汇牌价等。外汇买卖的借、贷方传票分别如表 5-1、表 5-2 所示。

表 5-1　外汇买卖借方传票

（借）现金　　　　2003 年 1 月 18 日　　　　（对方科目）外汇买卖

摘要	外汇金额							牌价	人民币金额						
	万	千	百	十	元	角	分		万	千	百	十	元	角	分
以港钞兑换人民币现钞	1	0	0	0	0	0	0	1.06	1	0	6	0	0	0	0
合计	1	0	0	0	0	0	0	1.06	1	0	6	0	0	0	0

表 5-2　外汇买卖贷方传票

（借）现金　　　　2003 年 1 月 18 日　　　　（对方科目）现金

摘要	外汇金额							牌价	人民币金额						
	万	千	百	十	元	角	分		万	千	百	十	元	角	分
以港钞兑换人民币现钞	1	0	0	0	0	0	0	1.06	1	0	6	0	0	0	0
合计	1	0	0	0	0	0	0	1.06	1	0	6	0	0	0	0

外汇买卖凭证分为三种：外汇买卖借方传票、外汇买卖贷方传票和外汇买卖套汇传票。对同一货币、同一牌价、同一借贷方向和同一结汇单位的多笔业务，可以汇总填制一套外汇买卖传票，凭以转账。

为了简化核算手续，银行使用的外汇买卖传票，通常设计成多联套写的传票，即一套传票中包括了某一类外汇买卖业务所需的所有传票。例如，一份五联式套写传票，其各联的用途为：第一联为收（付）款通知，由客户收执；第二联为外汇买卖外币传票；第三联为外汇买卖人民币传票；第四联为单位活期存款（人民币）收付款传票；第五联为统计卡。一套传票反映了一笔外汇买卖业务的全部情况，既简化了手续，又防止了差错。

三、外汇买卖的账户设置

“外汇买卖”科目既要设置总账，又要设置明细账。

外汇买卖明细账是一种特定格式的账簿，它把人民币和外币金额分别记在同一张账页上，账簿由买入金额、卖出金额、结存金额三栏组成，买入金额、卖出金额栏内各由外币、牌价和人民币三栏组成。买入栏外币为贷方，人民币为借方；买出栏外币为借方，人民币为贷方；结存金额栏则设借或贷外币，借或贷人民币两栏。外汇买卖明细账应按币别设置，其格式如表 5-3 所示。

表 5-3 外汇买卖明细账

币别：港元

2003 年		摘要	买入金额			卖出金额			结存金额			
月	日		外币（贷）	牌价	人民币（借）	外币（借）	牌价	人民币（贷）	借/贷	外币	借/贷	人民币
1	5	兑入	12000	1.06	12720				贷	12000	借	12720
	10	兑出				9000	1.063	9567	贷	3000	借	3153
	18	兑入	10000	1.06	10600				贷	13000	借	13753

买入外币（贷方）× 牌价 = 人民币借方

卖出外币（借方）× 牌价 = 人民币贷方

如果买入外币数大于卖出外币数，则用买入外币（贷）项数减去卖出外币（借）项数，余额为贷方外币结余数，人民币则将买入外币人民币借方数减去卖出外币人民币贷方数，等于人民币借方结余额。结余额以外币和人民币同时反映。由于外汇买卖传票是套写传票，外币联与人民币联内容相同，所以记账时可以凭外币外汇买卖科目传票记账。

外汇买卖总账采用三栏式，它将外币与人民币分别登记。外币的外汇买卖总账应于营业终了根据各户货币的外汇买卖科目日结单借贷方发生额填列，人民币的外汇买卖总账则根据买卖科目日结单借贷方发生额分别登记，然后根据上日余额分别求出本日外币和人民币的余额，记入余额栏。

四、外汇买卖业务的核算

（一）结汇售汇的核算

我国的企业单位通过指定银行收付的外汇必须按照国家外汇管理办法操作。境内企业按规定将外汇收入按当日汇价卖给银行，银行收取外汇，兑给人民币，称为结汇。企业需要外汇，需持有效凭证，如进口合同或境外金融机构的支付通知等，到指定银行用人民币购汇，银行售给企业外汇，称为售汇。结售汇业务在银行外汇买卖业务中占有很大比重。

1. 买入外汇的核算（结汇业务）

买入外汇业务包括买入外币现钞和买入现汇两种，其账务处理的形式是相同的，即借记“现金”（外币）等有关账户，贷记“外汇买卖”（外币）账户；同时按买入价折算后借记“外汇买卖”（人民币）账户，贷记“活期存款”（人民币）等有关账户。但使用的外汇买入汇率有钞买价和汇买价之分，必须予以充分注意。

【例 5-1】 某客户持港钞 10000 元来银行兑换人民币现钞，当天该银行公布的钞买价为 HKD100=¥106.00，办妥兑换手续，作分录如下：

借：库存现金——港元户　　　　　　HKD10000

　　贷：外汇买卖　　　　　　　　　　HKD10000

借：外汇买卖（钞买价 106.00%） ¥10600
　　贷：库存现金 ¥10600

2. 卖出外汇的核算（售汇业务）

卖出外汇业务包括卖出外汇现钞和卖出现汇两种情况，其账务处理形式是相同的。即按卖出价折算后借记“活期存款”（人民币）等有关账户，贷记“外汇买卖”（人民币）账户；借记“外汇买卖”（外币）账户，贷记“现金”（外币）等有关账户。银行卖出外钞和外汇的价格是相同的。

【例 5-2】 按规定兑换给某开户单位出国考察费 USD5000，收到人民币转账支票一张。当天该行公布的卖出价为 USD100=¥690.60，办妥兑换手续，作分录如下：

借：活期存款——某单位 ¥34530
　　贷：外汇买卖 ¥34530
借：外汇买卖 USD5000
　　贷：库存现金——美元户 USD5000

（二）套汇的核算

会计核算上的套汇是指以一种外汇兑换成另一种外汇的业务，我国的套汇做法原则上是通过人民币核算，即通过买入一种外汇，同时卖出一种外汇的方式折算。在账务处理上，对收入的一种外币按买入价折成人民币填制外汇买卖传票，然后将折合的人民币按另一种外币的卖出价折算出另一种外币的金额，填制外汇买卖传票。一般来说，这两套外汇买卖传票的人民币应该相等，如因折算发生尾差，可计入当期损益。套汇有以下两种类型。

1. 不同币种现汇之间套汇的核算

不同币种现汇之间的套汇，是银行将一种外汇兑换成另一种外汇的外汇买卖活动。

【例 5-3】 东风公司来银行要求从其美元账户提取并兑换 30000 港元采取汇出汇款方式对外支付，银行买入美元现汇，卖出港元现汇。该银行当天的美元现汇买入价 USD100=¥678.00，港元卖出价 HKD100=¥109.20，银行会计人员办妥有关手续，作分录如下：

借：活期外汇存款——美元户 USD4831.8
　　贷：外汇买卖 USD4831.8
借：外汇买卖（汇买价 678.00%） ¥32760
　　贷：外汇买卖 ¥32760
借：外汇买卖（卖出价 109.20%） HKD30000
　　贷：汇出汇款 HKD30000

2. 现钞与现汇之间的套汇的核算

同一币种现钞与现汇之间的套汇，是银行对某种外币买进现汇卖出现钞或买进现钞卖出现汇的外汇买卖活动。

【例 5-4】 嘉华公司要求从其美元现汇存款账户支取 10000 美元现钞，银行卖出美元现钞，买入美元现汇。该银行当天现汇买入价为 USD100=¥678.20，卖出价为

USD100=¥679.20，办妥有关手续，作分录如下：

借：外汇活期存款——美元户　　　　USD10000

　　贷：外汇买卖　　　　　　　　　　USD10000

借：外汇买卖（买入价 678.20%）　　　¥67820

　　贷：外汇买卖　　　　　　　　　　　¥67820

借：外汇买卖（卖出 679.20%）　　　USD9985.2

　　贷：库存现金——美元户　　　　　USD9985.2

（三）自营及代客进行的外汇买卖交易

自营外汇买卖是银行以自有和筹措的外汇资金，在国际金融市场按市场汇价进行的，买卖可自由兑换的货币的经营活动，包括银行从事资金管理所进行的外汇买卖交易活动。代客外汇买卖是银行接受客户委托，依据其委托指示买入或卖出外汇，并根据交易金额收取一定比例的手续费的交易经营活动，包括银行代客从事资金管理所进行的外汇买卖交易活动。

第三节　联行外汇往来业务核算

银行办理外汇业务，必然引发行与行之间的外汇资金账务往来，有账务往来，就有资金清单。外汇业务比人民币业务涉及的地域范围更广，往来双方既可能是国内行，也可能是国内行与国外联行，或国内行与外国银行，所以必须根据不同的情况，采取不同的方法清算外汇资金。在国际结算中，外汇资金的往来与清算，不仅要遵循国际惯例，还必须严格遵照有关协议、协定中规定的结算方式和账务处理细则以及所在国家（地区）的有关规定。目前商业银行外汇资金收付划转和清算主要有以下三个途径。

一、全国联行外汇往来

全国联行外汇往来是银行国内总、分、支行之间的外汇资金账务往来，是银行办理外汇资金划转和异地外汇结算的重要工具，也是银行外汇资金清算的重要内容之一。凡在全国联行行号的总、分、支行之间办理异地外汇资金划转往来并通过总行监督清算的，应设置“全国联行外汇往来”账户核算。“全国联行外汇往来”账户是资产负债共同类账户，用以核算全国联行外汇往来业务。发报行发出借方报单，收报行收到贷方报单时，记入借方；发报行发出贷方报单、收报行收到借方报单时，记入贷方；余额由借贷双方共同反映。

全国联行外汇往来采用总行集中销账制，即将账务划分为往户和来户两系统，由两个关系行直接往来，通过划款报单进行核算，由总行凭发报、收报两行寄送的报单销账联，集中办理对账，并进行管理和监督。全国联行外汇往来的基本凭证为联行报单，共

有六种：邮划借方报单、邮划贷方报单、电划借方报单、电划贷方报单、电划借方补充报单和电划贷方补充报单。外汇邮划借方报单和贷方报单均由六联组成。外汇电划借方和贷方报单以及外汇电划借方和贷方补充报单各为三联，由发报行和收报行分别填制。外汇业务发生时，应由发报行填写报单，邮划报单则在第一联报单上加盖联行专用章，连同第二、第三联及附件，用联行专用信封寄收至报行，第四联暂留存，第五联作往户卡片账，第六联作往户传票；电划报单则根据填制报单内容向收报行拍发电文，对一式三联报单的处理如邮划报单四至六联的处理。收报行收到邮划报单第一、第二、第三联及附件后，以第一联作来户传票，第二联作为户卡片账，第三联留存；收到电文，则凭电文填制电划借方或贷方补充报单，并按邮划报单的处理一样处理电划补充报单。

每日营业终了，各行应根据当日本身填制留存的第四联报单及发报行寄来的第三联报单或自填的电划补充报单的第三联，分币种，在借贷方进行整理，并填制“全国联行外汇往来报告表”一式两份，一份随报单第三联、第四联寄总行，一份留底。总行对各行寄来的“全国联行外汇往来报告表”及报单第三联、第四联审查核对无误后，加盖日期戳记，办理逐笔销账，对超过一般处理日期未销讫联，应填制未达查询书及时查询处理。

二、我国港澳及国外联行往来

我国港澳及国外联行往来指国内分、支行和海外分支机构（包括港澳地区）间的外汇资金账务往来。它是国内联行间办理外汇结算和外汇资金调拨的重要工具。凡是与国外联行及我国港澳地区联行开立账户，且一切业务往来都通过核算该账户进行收付时，国内银行用“我国港澳及国外联行往来”账户核算；我国港澳及国外联行使用“联行往来”账户核算。有关银行应严格按照账户开立的审批权限及使用范围执行。“我国港澳及国外联行外汇往来”账户是资产负债共同类账户，用以核算国内联行及国外联行之间的外汇往来业务。国内联行发出借方报单，收到贷方报单时，记入借方；国内联行发出贷方报单，收到借方报单时，记入贷方；余额借贷双方共同反映。

我国港澳及国外联行往来，如在我方开立账户，应以国外联行为申请开户行，国内联行为接受开户行；如在对方开立账户，则以国内联行为申请开户行，国外联行为接受开户行。开户时，双方都以对方行名立户。开户后，相互寄发报单，直接往来。我国港澳及国外联行往来报单分为借方报单和贷方报单两种，并根据发报行的会计分录决定。如果发报行的会计分录为借记“我国港澳及国外联行往来”账户，则填制借方报单；如果发报行的会计分录为贷记“我国港澳及国外联行往来”账户，则填制贷方报单。报单均为一式两联，一联寄对方行，一联作传票凭以记账。接受开户行填制报单时，应注明“已借记”或“已贷记”字样；申请开户行在填制报单时，应注明“请借记”或“请贷记”字样以示区别。定期对账时，由接受开户行寄送对账单，申请开户行核对销账，并按期向接受开户行填发对账回单，表示认可。

三、代理行往来

国外代理行往来是指与建立代理行关系的国外代理行，由于代理国际金融业务而发生的外汇资金账务往来。随着世界经济发展，全球经济一体化程度的提高，国外代理行往来将更为频繁，在国际结算业务中的作用将更加重要。目前，国外代理行往来根据账户设立情况的不同，主要分为存放国外同业、国外同业存款和国外协定银行往来三种情况。

（一）存放国外同业

存放国外同业是指银行存放在境外账户行的外汇款项和往来业务。我国银行可根据业务和资金管理的需要，选择在资信可靠、作风良好的国外代理行开立现金往来账户。日常往来款项应设置“存放国外同业”账户核算。该账户是资产类账户，用以核算本行存放在国外代理行的款项及收付情况。存入外汇资金时，记入借方；支用外汇资金时，记入贷方；余额在借方，表示存放在国外代理行的现汇款项结存数。该账户按国际代理行设分账户。开户时，由总行集中对外办理开户手续，开户后，有关分支行可共同使用该账户。对日常账户往来的核算视经办行与国外代理行关系的不同而采用不同的核算形式。

（1）总行集中记账。一般适用于经办行与国外代理行仅有较少的业务往来，且无账户关系的情况。因与国外代理行无账户关系，故经办行在需要通过此账户收付款项时，必须通过“全国联行外汇往来”账户，逐笔划转账款，由总行办理记账业务。

（2）分散记账。一般适用于经办行与国外代理行有印押关系，有一定的业务量，但无账户关系的情况。这种情况一般表现为业务上比上者更为紧密，并能验证来电来函的真实性，故经总行同意，经办行可以以外国代理行的名义立户记账，并根据账户的收付情况，通过“全国联行外汇往来”账户，将头寸按规定比例拨交总行或向总行领用。

（3）开立分户记账。一般适用于经办行与国外代理行有关账户关系，且日常业务量频繁的情况。当经办行与国外账户发生款项收付时，相互直接记账，但分户的每日余额应根据总行与国外账户行的约定，由国外账户行按余额全数或大数拨入总行户，经办行接到国外账户行转拨头寸通知书时，通过“全国联行外汇往来”账户上划总行转入总行户。

其他具体处理手续与我国港澳及国外联行往来的处理手续基本相同。

（二）国外同业存款

国外同业存款是指银行接受国外代理行的外汇款项存放和往来业务。该种形式是银行筹集资金、增加资金来源的重要渠道。我国银行可根据业务和筹集管理的需要，选择受理资信好、经营作风正派，并能接受我国银行制定的有关开户规定的国外代理行开立现汇往来账户。日常往来款项可设置“国外同业存款”账户核算。该账户是负债类账户，用以核算国外代理自由兑换货币存入的款项及收付情况。国外代理行存入外汇资金时，记入贷方；支取外汇资金时，记入借方；余额在贷方，表示国外银行存入现汇款项的结存数。

“国外同业存款”账户按国外银行设立分账户，其开户与记账由总行统一掌握，以便全面了解通过此账户办理资金结算的情况并控制账户的透支，有关分支行可共同使用总行账户。经办行如与国外银行在总行开立的账户发生收付款项，应按款项划转的有关规定通知总行，由总行逐笔通过“全国联行外汇往来”账户划转。总行应按月或按旬向对方行寄送对账单，对方行应寄回对账单回单，表示双方账户核对无误。年终，不论“国外同业存款”账户，是存款还是透支，均应本着互惠互利的原则并按照账户管理的有关规定计算利息，并及时通知国外开户行。

（三）国外协定银行往来

国外协定银行往来是指缔约国双方银行根据双方政府签订的贸易和支付协定或贸易协定书开立双边或单边清算货币账户，办理协定项下贸易和非贸易账务处理业务和资金结算业务。对协定项下的日常往来款项可设置“国外协定银行往来”账户核算。该账户是资产负债共同类账户，用以核算政府间签订的贸易和支付协定项下或贸易议定书项下的协定记账结算的资金。发生应收债权时，记入借方；发生应付债务时记在贷方；余额在借贷双方分别反映。本账户使用记账外汇，不能自由支付使用，不能转让给第三国使用，只能用于双边结算。银行利用该账户可以了解各协定的执行情况和平衡情况，并为政府协定清算提供依据。

协定账户又称清算账户。清算账户应按照双方签订的有效协议，统一在国家指定的清算银行和对方国家银行或指定的银行开立，并由清算银行集中记账。清算银行在开户时，应通知国内各有关银行；账户结束时，清算银行应与对方银行同时确认，并及时通知国内有关银行。经办行需要使用该账户收付款项时，应填写报单逐笔通过“国外协定银行往来”账户进行核算。协定银行往来业务使用的报单有“已借记请贷记通知书”和“已贷记请借记通知书”两种。对于协定账户的资金清算，应严格按照有关规定，通过结转其他协定（协议）或现汇结清等形式办理。

第四节 外汇存、贷款业务的核算

外汇存、贷款业务是银行外汇业务的重要组成部分，开办外汇存款，是筹集外汇资金、扩大外汇资金来源的重要渠道；而外汇贷款则是运用外汇资金的重要形式，二者对国民经济的发展起着不可低估的作用。

一、外汇存款的核算

（一）外汇存款的意义及种类

(1) 外汇存款的意义。外汇存款是银行经营外汇的一项主要业务，它是单位和个人将其所有的外汇资金，包括国外汇入汇款，外币以及其他外币票据等存入银行，并可随时或约期支取的一种存款。

外汇存款是银行存款业务的重要组成部分。它是外汇信贷资金的主要来源，是银行适应市场经济需要扩大贷款规模的重要保证，是各单位间办理转账结算的前提。任何单位的转账支付，都必须在银行存款账户中拥有足够的余额才能实现。因此，从某种意义上来讲，没有存款就没有结算，没有存款就没有贷款，对银行来说，具有最重要意义的始终是存款。银行要发挥更多的金融杠杆作用，必须积极吸收外汇存款，扩大外汇信贷资金来源，支持国内经济建设的发展。

(2) 外汇存款的种类。外汇存款分为甲、乙、丙三种。甲种存款主要对象是外国驻华机构和中国境内的侨资、外资、合资机构等；乙种存款主要对象是外国人、华侨、港澳同胞等；丙种存款主要对象是境内居民。甲、乙、丙三种外汇存款均分定期和活期两种。

(二) 外汇活期存款的核算

1. 单位外汇活期存款的核算

单位外汇活期存款是指不受存款期限限制，可以随时办理存取的一种存款。单位活期存款的起存金额为不低于人民币 1000 元的等值外币。

(1) 外汇存款的存入。单位活期外汇存款一般开立的是现汇户，如存入现钞，应通过“外汇买卖”科目进行钞买汇卖处理。

例如，某外交机构开立美元外汇户，存入美元现钞 5000 元（当日美元钞买价为 USD100=¥675.8，汇卖价为 USD100=¥684.0）。其会计分录如下：

借：库存现金　　　　　　　　USD5000.00
　　贷：外汇买卖　　　　　　　　USD5000.00
借：外汇买卖　　　　　　　　¥33790.00
　　贷：外汇买卖　　　　　　　　¥33790.00
借：外汇买卖　　　　　　　　USD4940.06
　　贷：吸收存款——××活期存款　　USD4940.06

存款单位存入现汇，即将国外汇入汇款存入，如存入同种货币，则可以直接存入。

假定上述存款单位以国外汇入汇款 30000 美元存入。会计分录如下：

借：汇入汇款　　　　　　　　USD30000
　　贷：吸收存款——××活期存款　　USD30000

如存入其他可自由兑换货币，则应通过套汇办理。

(2) 外汇存款的支取。单位外汇活期存款可以支取人民币现金，也可以用原币折成其他可自由兑换的货币汇往国内及世界各地，还可以酌情支取现钞。

例如某进口公司开立加拿大元活期存款户，其签发支票提取加元 6000 元，兑取人民币现金（当日加元汇买价 661.35%）。其会计分录如下：

借：吸收存款——××活期存款　　CAD6000.00
　　贷：外汇买卖　　　　　　　　CAD6000.00

借：外汇买卖 ¥39681.00

贷：库存现金 ¥39681.00

假定上述进口公司向多伦多汇款400000加元，则可直接汇出。其会计分录如下：

借：吸收存款——××活期存款 CAD400000.00

贷：汇出汇款 CAD400000.00

如果该公司要求向境外汇款70000美元（当日加元汇买价为CAD100=¥661.35，美元汇卖价为USD100=¥684），其会计分录如下：

借：吸收存款——××活期存款 CAD72397.37

贷：外汇买卖 CAD72397.37

借：外汇买卖 ¥478800.00

贷：外汇买卖 ¥478800.00

借：外汇买卖 USD70000.00

贷：汇出汇款 USD70000.00

（3）外汇存款的计息。单位外汇活期存款不论是支票户还是存折户均需计息，每季末月20日为结息日。其利息计算方法通常采用积数法，与人民币活期存款利息计算方法相同。对于计付的利息，以原币入账，加入余额生息。

2. 个人外汇存款的核算

个人外汇存款分现汇户和现钞户。凡从港澳地区或国外汇入、携入以及国内居民持有的可自由兑换的外汇，均可存入。对不能立即付款的外币票据，经银行托收，收妥后方能存入。个人外汇存款可以支取外汇现钞或人民币现金，也可以汇往港澳地区或国外。

（1）开户。存款人填写“外币存款开户申请书”，写明户名、地址、存款种类、金额等，连同外汇或现钞一并交存银行。银行认真审核申请书、外币票据或清点外币现钞，同时按规定审查开户人的有关证件，如身份证、护照等，经核对无误后，即为其办理开户手续。

例如以外币现钞存入，其会计分录如下：

借：库存现金 外币

贷：吸收存款——活期储蓄存款 外币

如果以国外汇入汇款存入，其会计分录如下：

借：汇入汇款 外币

贷：吸收存款——活期储蓄存款 外币

客户如来行续存，其会计分录与开户时相同。

（2）支取。存款人从外币现钞户支取同币种现钞，可以直接支取。其会计分录如下：

借：吸收存款——活期储蓄存款 外币

贷：库存现金 外币

由于银行无外币的辅币，如支取的外币中有辅币，则要将辅币对换成人民币支付。

例如某客户来行支取外钞256.68美元，银行没有美元辅币，因此要将0.68美元按当日钞买价 USD100=¥675.8 折成人民币 4.59 元支付给客户。其会计分录如下：

借：吸收存款——活期储蓄存款　　　　USD256.68

　　贷：库存现金　　　　　　　　　　　USD256.00

　　　　外汇买卖　　　　　　　　　　　USD0.68

借：外汇买卖　　　　　　　　　　　　¥4.59

　　贷：库存现金　　　　　　　　　　　¥4.59

如果存款人要求从现汇户或现钞户取款并兑换成人民币现金，应按当日牌价折算。其会计分录如下：

借：吸收存款——活期储蓄存款　　　　外币

　　贷：外汇买卖　　　　　　　　　　　外币

借：外汇买卖　　　　　　　　　　　人民币

　　贷：库存现金　　　　　　　　　　人民币

（3）计息。外币活期储蓄存款结息日为每年的 12 月 20 日，全年按实际天数计算，以结息日挂牌的活期储蓄存款利率计算利息，其方法与人民币活期储蓄存款计息方法相同。

（三）外汇定期存款的核算

1. 单位外汇定期存款的核算

（1）存入的处理。客户办理活期存款转定期时，须填制外汇支付凭证一式两联交经办行，经办行审核无误后，一联记账，一联作为客户回单。并填制外汇定期存单一式三联：第一联为定期存款存单，盖章后交给单位；第二联为卡片账，专夹保管；第三联为贷方凭证，以单位支付凭证代替借方凭证。其会计分录如下：

借：吸收存款——××活期存款　　　　外币

　　贷：吸收存款　单位定期存款　　　　外币

客户也可以将境外汇入的外汇汇款直接存入定期存款。其会计分录如下：

借：汇入汇款　　　　　　　　　　　外币

　　贷：吸收存款——单位定期存款　　　外币

（2）到期支取的处理。单位定期存款到期，银行抽出专夹保管的卡片账，经核对无误，填制利息计算清单和特种转账凭证，将到期的利息和定期存款一并转入该单位的活期存款账户。其会计分录如下：

借：吸收存款——单位定期存款　　　　外币

　　利息支出　　　　　　　　　　　　外币

　　贷：吸收存款——××活期存款　　　外币

（3）单位外汇定期存款的利息计算与人民币定期储蓄存款的利息计算方法相同。

2. 个人外汇定期存款的核算

（1）开户。存款人申请开立外汇存款账户，其要求和核算手续与开立活期外汇存款账户相同，经银行审核后，开立定期存款存折或外汇定期存款存单一式三联。经复核后，将存折或第二联存单交存款人；第三联存单代替分户账，凭以登记“开销户登记簿”后专夹保管；第一联代转账贷方传票凭以记账。其会计分录如下：

如开立现钞户：

借：库存现金　　　　　　　　　　　外币

　　贷：吸收存款——定期储蓄存款　　　　外币

如开立现汇户：

借：汇入汇款　　　　　　　　　　　外币

　　贷：吸收存款——定期储蓄存款　　　　外币

（2）支取。存款人凭存单或存折支取到期外汇存款，经银行审核无误后，办理付款手续。其会计分录如下：

借：吸收存款——定期储蓄存款　　　　外币

　　利息支出　　　　　　　　　　　外币

　　贷：库存现金或其他科目　　　　　　外币

（3）计息。个人外汇定期存款的利息计算与人民币定期储蓄存款的利息计算方法相同。

二、外汇贷款业务的核算

（一）外汇贷款的意义和种类

1. 外汇贷款的意义

外汇贷款是指银行办理的以外币为计量单位的放款，是银行外汇资金的主要运用形式之一。外汇贷款是指在国家的方针、政策和贷款原则、贷款风险管理办法的指导下，根据国民经济建设的需要，把吸收的外汇存款和国外引进的外汇资金，以有偿的方式发放给需要用汇的企业，支持国家重点建设和企业引进国外先进技术设备或购买国内紧缺的原材料，或以办理买方信贷的方式支持机械、船舶和专有技术的进出口，以此促进技术改造，发展生产，扩大对外经济技术交流，提高产品质量，改善包装装潢和增加产品在国际市场上的竞争能力，扩大出口和增加外汇收入。因此，外汇贷款是加速经济增长的一个重要的资金注入渠道，对于加速企业资金周转，发展外向型经济，促进企业改善经营管理等都具有重要意义。

2. 外汇贷款的种类

外汇贷款按照不同的标准可以划分为不同的种类：

（1）按贷款的期限划分，可分为短期外汇贷款和中长期外汇贷款。

（2）按贷款的性质和用途划分，可分为固定资产贷款和流动资金贷款。

（3）按贷款的发放条件划分，可分为信用贷款、担保贷款和抵押贷款。

（4）按贷款的资金来源划分，可分为现汇贷款、“三贷”贷款和银团贷款（后两者又称转贷贷款）。现汇贷款可按利率不同分为浮动利率贷款、固定利率贷款、优惠利率贷款、贴息贷款、特优利率贷款、短期周转外汇贷款等；“三贷”贷款包括买方信贷、政府贷款和混合贷款；银团贷款是国际金融机构贷款的一种形式，亦称辛迪加贷款。

（二）现汇贷款

1. 短期外汇贷款

短期外汇贷款是银行将外汇资金贷给有偿还能力并具备贷款条件的企业单位，用以进口国内短缺的原材料和先进技术设备，发展出口商品生产，并以外汇收入归还的一种贷款。

（1）贷款的发放。短期外汇贷款的发放是与借款单位实际对外支付外汇同时进行。借款单位无论是通过信用证、进口代收和汇款方式办理结汇，均需填具短期外汇借款凭证，由银行核准后，予以发放。其会计分录如下：

借：贷款——短期外汇贷款　　　　　　　　外币

　　贷：港澳及国外联行往来或其他科目　　　　外币

如用不同于贷款货币的货币对外付汇，应通过套汇处理。

（2）贷款的偿还。短期外汇贷款必须按期偿还，也可提前全部或分批偿还。银行收回贷款时，须将最后一个结息期至还款日尚未计算的利息与本金一并收回。如借款单位以现汇偿还，其会计分录如下：

借：吸收存款——单位外汇活期存款　　　　外币

　　贷：贷款——短期外汇贷款　　　　　　　　外币

　　　　利息收入　　　　　　　　　　　　　　外币

如借款单位用人民币购买外汇偿还，其会计分录如下：

借：吸收存款——进出口企业活期存款　　人民币

　　贷：外汇买卖　　　　　　　　　　　　　人民币

借：外汇买卖　　　　　　　　　　　　　　外币

　　贷：贷款——短期外汇贷款　　　　　　　　外币

　　　　利息收入　　　　　　　　　　　　　　外币

2. 出口押汇

出口押汇是指出口商在发运商品后，以提货单据为抵押，签发向进口商或其委托承兑银行为付款人的汇票，向银行融通资金的一项业务。

出口押汇是银行垫款先行买入一笔尚未收妥的外汇，银行担负一定的风险，因此，审核单证时一定要注意国外银行的资信，有选择地承做出口押汇。承做出口押汇时，从出口单位应收外汇金额（即票面金额）中扣收押汇利息后，对出口单位办理结汇。

押汇利息 = 票面金额 × 估计收到票款所需日数 × 日利率

实际结汇金额 = 票面金额 – 押汇利息

上述算式中，日利率参照国际市场有关利率拟定，估计收到票款所需日数参照过去议付日起至结汇日止所需天数。承做出口押汇时的会计分录如下：

借：出口押汇　　　　　　　　　　　　　　外币

　　贷：利息收入　　　　　　　　　　　　　　外币

　　　　外汇买卖　　　　　　　　　　　　　　外币

借：外汇买卖　　　　　　　　　　　　　人民币

贷：吸收存款——进出口企业活期存款 人民币

当收到国外联行或代理行“已贷记”报单或“请借记”报单时，即转销出口押汇。其会计分录如下：

借：港澳及联行往来或其他科目 外币

贷：出口押汇 外币

3. 进口押汇

进口押汇是指进口商申请银行开发信用证，通知出口商所在地的联行或代理行按规定条件，购进出口商签发的、以进口商为付款人的跟单汇票，再由开证银行转向进口商收回汇票本息的一种业务。由于进口押汇是企业以物权作抵押向银行申请的短期周转资金的融通，因此，银行必须按信贷资产风险管理原则实施风险控制。

进口商申请进口押汇时，必须在提交“开证申请书”的同时提交“进口押汇申请书”，经开证行审核同意后，按规定先由进口商交存一定比例的保证金，然后再由开证行对外开证。其会计分录如下：

借：吸收存款——单位外汇活期存款 外币

贷：存入保证金 外币

借：应收开出信用证款项 外币

贷：应付开出信用证款项 外币

当开证行收到国外议付行寄来的信用证项下汇票、单据及报单，经核对单单一致、单证一致后，做信用证项下进口押汇，即对外付款。其会计分录如下：

借：进口押汇 外币

存入保证金 外币

利息支出——保证金利息 外币

贷：港澳及国外联行往来 外币

同时，转销应收、应付开出信用证款项科目。

借：应付开出信用证款项 外币

贷：应收开出信用证款项 外币

当进口单位来行偿付押汇本息、赎取单据时，银行要计收自进口押汇日起单位赎单还款日止的利息，即：

进口押汇利息 = 押汇金额 × 押汇天数 × 日利率

如进口单位用现汇偿还，其会计分录如下：

借：吸收存款——单位外汇活期存款 外币

贷：进口押汇 外币

利息收入 外币

如进口单位用人民币购买外汇偿还，其会计分录如下：

借：吸收存款——进出口企业活期存款 人民币

贷：外汇买卖 人民币

借：外汇买卖 外币

贷：进口押汇　　外币

利息收入　　外币

（三）买方信贷的核算

买方信贷是出口方银行直接向进口商或进口方银行提供的贷款，是出口国政府为了支持该国商品出口而提供的，以便进口企业利用这项贷款向提供贷款的国家购买技术设备，以及支付有关劳务费用。

买方信贷项下向国外银行的借入款，由总行集中开户，使用“借入买方信贷款”科目核算。各地分行对使用贷款的企业发放买方信贷外汇贷款，由有关分行开户，使用“买方信贷外汇贷款”科目核算。买方信贷项下国外借入款的本息，由总行负责偿还，各分行发放的买方信贷外汇贷款的本息，由分行负责按期收回。

1. 对外签订协议

买方信贷总协议，由总行统一对外签订，并通知分行和有关部门。在总协议下，每个项目的具体信贷协议或贸易合同可由总行对外签订，亦可由总行授权分行对外谈判签订，不论总行还是分行对外谈判签订，均由总行按协议商定的金额，用“买方信贷用款限额”表外科目进行控制。其记账如下：

（收入）买方信贷用款限额　　外币

使用贷款时，逐笔转销此表外科目。

2. 支付定金

根据买方信贷的不同协议的规定，进口单位需要以现汇支付不低于贷款金额5%的定金。支付时，应按照情况的不同分别进行处理。具体如下：

（1）进口单位以自有外汇支付，其会计分录如下：

借：吸收存款——单位外汇活期存款　　外币

贷：港澳及国外联行往来或其他科目　　外币

（2）进口单位用人民币购汇支付，其会计分录如下：

借：吸收存款——进出口企业活期存款　　人民币

贷：外汇买卖　　人民币

借：外汇买卖　　外币

贷：港澳及国外联行往来或其他科目　　外币

（3）进口单位申请短期外汇贷款支付，其会计分录如下：

借：贷款——短期外汇贷款　　外币

贷：港澳及国外联行往来或其他科目　　外币

3. 贷款的使用

（1）进口单位有现汇，用现汇办理付汇手续，由银行利用买方信贷资金并承担买方信贷项下利息。

如进口单位在总行营业部开户，其会计分录如下：

借：吸收存款——单位外汇活期存款　　外币

贷：借入买方信贷款——国外银行户　　外币

同时：（付出）买方信贷用款限额　　　　　　　　外币

如进口单位在分行开户，分行的会计分录如下：

借：吸收存款——单位外汇活期存款　　　　　　　外币

　　贷：资金清算往来　联行外汇往来　　　　　　　外币

总行收到分行上划报单后，其会计分录如下：

借：资金清算往来——联行外汇往来　　　　　　　外币

　　贷：借入买方信贷款——国外银行户　　　　　　外币

同时：（付出）买方信贷用款限额　　　　　　　　外币

（2）进口单位无现汇，向银行取得买方信贷外汇贷款，到期由进口单位偿还贷款本息。

如进口单位在总行营业部开户，其会计分录如下：

借：买方信贷外汇贷款——借款（即进口）单位户　　外币

　　贷：借入买方信贷款——国外银行户　　　　　　外币

同时：（付出）买方信贷用款限额　　　　　　　　外币

如进口单位在分行开户，分行的会计分录如下：

借：买方信贷外汇贷款——借款（即进口）单位户　　外币

　　贷：资金清算往来——联行外汇往来　　　　　　外币

总行收到分行上划报单后，其会计分录如下：

借：资金清算往来——联行外汇往来　　　　　　　外币

　　贷：借入买方信贷款——国外银行户　　　　　　外币

同时：（付出）买方信贷用款限额　　　　　　　　外币

4. 贷款本息的偿还

向国外借入的买方信贷外汇贷款本息的偿还，由总行统一办理。总行对国外寄来的计息清单进行核对后，办理买方信贷款本息的偿还手续。其会计分录如下：

借：借入买方信贷款——国外银行户　　　　　　　外币

　　利息支出　　　　　　　　　　　　　　　　　外币

　　贷：存放国外同业或其他科目　　　　　　　　　外币

对国内借款单位，按照借款契约规定计算借款利息并按期收回贷款本息。如借款单位用人民币买汇偿还贷款本息，其会计分录如下：

借：吸收存款——进出口企业活期存款　　　　　　人民币

　　贷：外汇买卖　　　　　　　　　　　　　　　　人民币

借：外汇买卖　　　　　　　　　　　　　　　　　外币

　　贷：买方信贷外汇贷款——借款单位户　　　　　外币

　　　　利息收入　　　　　　　　　　　　　　　　外币

如借款单位不能按期归还贷款本息，应将贷款本息转入“短期外汇贷款”科目进行核算，并按短期外汇贷款利率计息。转入短期外汇贷款科目后，借款单位逾期未能偿还贷款本息的，应采取有效措施，督促借款单位还款。

第五节 国际贸易结算业务的核算

一、国际贸易结算业务

国际贸易结算是指不同国家（地区）之间，通过银行相互间由于商品交易而引起的货币收支或债权债务的清算。它是银行外汇业务的重要组成部分。

银行办理国际贸易结算可分为现汇结算和记账清算两类，以现汇结算为主。具体可分为三种方式，即信用证、托收和汇款。

二、国际贸易结算业务的核算

我国对外贸易进出口业务，采用记账结算和现汇结算两种方式。记账结算是按两国政府签订的支付协定的有关规定，双方贸易往来采取相互记账方式进行货款结算。现汇结算是以两国贸易部门签订的贸易合同为依据，双方贸易往来用现汇逐笔清算，现汇结算在资金运用上具有一定的优越性，即这种结算方式取得的外汇，可以自由转移、调拨、兑换和使用。所以目前进出口贸易业务的结算，以现汇结算为主。

（一）信用证结算方式

信用证是由开证银行根据申请人（进口商）的要求和指示，向受益人（出口商）开立的标明一定金额，并在一定期限内凭规定的符合要求的单据付款或作付款承诺的书面保证文件。信用证结算是进出口商在贸易合同基础上，以信用证项下单据为依据办理进出口以后，清算双方债权债务的一种结算方式。信用证结算的基本特点主要有：第一，信用证是一种银行信用，是开证行以其信用作出有条件保证付款的承诺，一旦交易完成，只要单据符合信用证条件，开证行就必须对受益人承担第一性的付款责任；第二，信用证是银行一项独立文件，虽然开证时可能以贸易合同为依据，但信用证一旦开立，就不受贸易合同的约束，对贸易合同也不负担任何责任；第三，银行办理信用证业务，仅对信用证负责，只认单据不认商品，只要单据符合信用证条款的规定，开证行就必须履行付款责任。所以，在跟单信用证结算中，银行处理的是单据，而不是货物。

1. 信用证项下出口业务的处理

信用证项下的出口业务，是出口商根据国外进口商通过国外银行开立的信用证，按照条款规定，将出口单据送交开户银行，由银行办理审单议付，并在向国外银行收取外汇后，向出口商办理结汇的一种结算业务。

（1）信用证的受证与通知。对国外银行开来的信用证能否受理，取决于来证行的资信，以及信用证内容和能否安全收汇等。审证并核对印鉴，认为可以受理后，银行当即编列信用证通知流水号，并加盖通知章，将信用证通知有关出口商，以便备货出运，然后银行根据信用证留底联，编制国外开来保证凭信记录卡，共四联：第一联系国外来证记录卡；第二、第三联分别代“国外开来保证凭信”表外科目收、付传票；第四联代“国外开来保证凭信”表外科目卡片账，按国家、地区登记。记账如下：

（收入）国外开来保证凭信　　　　　　　　　　外币

在接到国外开证行通知修改信用证金额或信用证受益人申请将信用证金额的部分或全部转往其他行时，除按规定办理信用证的修改通知或转证手续外，其增减的金额应通过“国外开来保证凭信”表外科目核算。增加信用证金额与受证相同，记账如下：

（收入）国外开来保证凭信　　　　　　　　　　外币

在减少或转出信用证金额时，采用同方向冲减办法用红字记入收入栏，以冲减原收方发生额。记账如下：

（收入）国外开来保证凭信　　　　　　　　　　外币（红字）

按照国际惯例，国外开来信用证是凭借其银行信用，一般不预收押金，但在特定情况下，可要求国外银行在开出信用证时，预先汇入信用证项下全部或部分押金，在受益人向国内议付行交单议付时，将预收的押金直接扣抵出口款项，如不足，再向国外开证行索偿其差额。国内议付行收到押金时，其会计分录如下：

借：存放国外同业或其他科目　　　　　　　　外币

　　贷：存入保证金　　　　　　　　　　　　　外币

（2）审单议付。国内出口商根据信用证条款将货物运出，并备妥单据交银行审单议付，银行应按信用证条款认真逐项审核，做到单证一致，单单一致，以保障及时安全收汇。银行审核无误后，应在信用证上批注议付日期，并计算向国外开证行收取的手续费，如受益人申请办理出口押汇，还应编列出口押汇编号，然后填写套写格式的“出口议付寄单通知书”，将通知书有关各联连同全套单据寄送国外开证行，索偿货款及银行费用，通知书其余各联按地区、币别，分即期、远期，或按出口押汇编号顺序排列，归档备查。

议付行向国外开证行寄出代表物权的货运单据后，议付行和开证行之间便构成债权债务关系，因此，在核销表外科目的同时，应通过有关表内科目进行核算。其会计分录如下：

（付出）国外开来保证凭信　　　　　　　　　　外币

借：应收即期（或远期）信用证出口款项　　　　外币

　　贷：代收即期（或远期）信用证出口款项　　　　外币

“应收即期（或远期）信用证出口款项”与“代收即期（或远期）信用证出口款项”两科目互为对应科目，前者属资产类科目，反映议付行对国外开证行拥有的权益。后者属负债类科目，反映议付行对国内出口商负的责任。

（3）出口结汇。所谓出口结汇，就是议付行在收妥出口货款外汇的同时，对出口商办理人民币结汇，也即是议付行按当日汇买价买入外汇，再折成相应的人民币支付给出口商，以结清代为收妥的出口外汇。转账时须凭国外联行或代理行的已贷记报单、电报

或请借记授权书办理。其会计记录如下：

借：存放国外同业或其他科目　　　外币

　　贷：手续费收入　国外银行费用收入　　　外币

　　　　外汇买卖　　　外币

借：外汇买卖　　　人民币

　　贷：吸收存款——××活期存款　　　人民币

借：代收即期（或远期）信用证出口款项　　　外币

　　贷：应收即期（或远期）信用证出口款项　　　外币

信用证项下出口业务举例如下：

假定某分行收到美国某代理行（设该行在总行开有"国外同业存款"美元账户）开来的不可撤销即期信用证 USD300000.00，其付款方式为"单到国外授权借记"，购买纺织品进出口公司地毯。该出口公司在备货出运前，由于资金不足，于 4 月 5 日持信用证正本按规定手续向该分行取得"打包放款"人民币 500000 元，利率为 5.73%。该公司备货出运后，交来跟单汇票 USD300000.00，该分行经审单业后，并加计通知议付费 USD250.00 一并寄单索汇。开证行收到信用证项下单据，经审核单证相符，即授权总行借记该行账户。总行收到授权书后，当即通过"联行外汇往来"下划议付行。议付行于 5 月 10 日对该出口公司结汇（设结汇日美元汇买价为 USD100=¥777.26）。

议付行和总行会计分录如下：

议付行：

来证通知时：

（收入）国外开来保证凭信　　　USD300000.00

办理打包放款时：

借：打包放款　　　¥500000.00

　　贷：吸收存款　进出口企业活期存款　　　¥500000.00

审单议付，寄单索汇时：

（付出）国外开来保证凭信　　　USD300000.00

借：应收即期信用证出口款项　　　USD300250.00

　　贷：代收即期信用证出口款项　　　USD300250.00

总行收到国外开证行授权借记通知书下划分行时：

借：国外同业存款　　　USD300250.00

　　贷：资金清算往来　联行外汇往来　　　USD300250.00

议付行收到总行下划报单，对出口公司办理结汇时，首先要计算打包放款利息，然后从结汇款项中收回打包放款本息。其处理手续如下：

打包放款计息天数从 4 月 5 日至 5 月 10 日，共计 35 天（按实际天数计算）。

打包放款利息 = 500000 × 35 × 5.73% ÷ 360 = 2785.42

借：资金清算往来　联行外汇往来　　　USD300250.00

　　贷：手续费收入　　　USD250.00

外汇买卖 USD300000.00

借：外汇买卖 ¥2331780.00

贷：打包放款 ¥500000.00

利息收入 ¥2785.42

吸收存款——进出口企业活期存款 ¥1828994.58

借：代收即期信用证出口款项 USD300250.00

贷：应收即期信用证出口款项 USD300250.00

2. 信用证项下进口业务的处理

信用证项下进口业务，是银行同意国内进口商的要求，向国外出口商开立信用证，凭国外银行寄来信用证项下规定的单据，审核后，对国外付款并向国内进口商办理结汇的一种结算方式。

（1）信用证的开立。国内进口商对外签订进口合同后，应在合同规定的时间内，根据合同中有关条款填制开证申请书，向银行申请开立信用证。开证申请书构成进口商与开证银行之间的契约关系，它是银行开立信用证的依据。银行收到开证申请书，经审核后，即根据开证申请书内容开立信用证，并由对外有权签字人员双签后寄发。然后凭信用证留底联编制传票进行转账。其会计分录如下：

借：应收开出信用证款项 外币

贷：应付开出信用证款项 外币

“应收开出信用证款项”属资产类科目，反映开证行对国内进口商拥有的权益；“应付开出信用证款项”属负债类科目，反映开证行对国外议付行所负的责任。

按照国际惯例，银行在开出信用证时，除凭保函免交保证金的进口单位外，一般须向开证申请人收取一定数额的进口保证金，收取保证金的比例视开证申请人的资信情况而定。开证申请人以原币交存保证金，其会计分录如下：

借：吸收存款——单位外汇活期存款 外币

贷：存入保证金 外币

开证申请人用人民币交存保证金，为了避免汇率浮动的风险，以开证日汇率结汇交存保证金，其会计分录如下：

借：吸收存款——××活期存款 人民币

贷：外汇买卖 人民币

借：外汇买卖 外币

贷：存入保证金 外币

（2）信用证的修改和注销。银行开出信用证后，进口商有时因种种原因，或应受益人的请求，需要对原开信用证条款加以适当修改，可向开证银行提出书面申请，经银行审核后方能办理。如系增减信用证额度，须经有关部门批准后办理，增额时会计分录同开证；减额时，其会计分录如下：

借：应付开出信用证款项 外币

贷：应收开出信用证款项 外币

同时将修改或增减金额情况在开出信用证款项卡片账上逐项记载。

开出信用证逾期时，注销逾期未付金额，应经进口商确认后转销，会计分录与减额时相同。

(3) 进口单据的审核和付款。进口单据是否与信用证规定的条款一致，是银行对外履行付款责任的主要依据。国内开证行接到国外议付行寄来的单据后，经审核，只要单证一致，单单一致，就应该按约定的支付方式，对外履行付款责任。

信用证付款方式主要分为即期信用证项下单到国内审单付款，国外审单主动借记和远期信用证项下承兑付款三种。

1）即期信用证项下单到国内审单付款。单到国内，经进口单位审查相符确认付款，开证行按信用证条款规定，以信汇或电汇对国外付款时，须填应收、应付开出信用证款项科目传票，以及付款报单办理转账。如进口单位已经预交外汇保证金，则将保证金本息扣抵进口货款，剩余款项用人民币买汇付款。其会计分录如下：

借：吸收存款——××活期存款　　　人民币
　　贷：外汇买卖　　　　　　　　　　人民币
借：外汇买卖　　　　　　　　　　外币
　　存入保证金　　　　　　　　　外币
　　利息支出　　　　　　　　　　外币
　　贷：港澳及国外联行往来或其他科目　　外币
借：应付开出信用证款项　　　　　外币
　　贷：应收开出信用证款项　　　　　外币

2）即期信用证项下国外审单主动借记。国外审单主动借记我账这种支付方式是指受益人将其出口单据交由议付行审单后，主动借记我银行在该行所开立的账户，并将单据连同借记报单一并寄开证行的支付方式。开证行收到国外寄来已借记报单及单据，审核无误后，即可凭以向进口商办理结汇，但须加计国外议付行借记我行账户之日起到向国内进口商收取货款日之间的外币垫款利息。其结汇分录除与上述单到国内审单付款分录相同外，对计收的外币垫款利息，如进口商用外汇存款支付，其会计分录如下：

借：吸收存款——单位外汇存款　　　外币
　　贷：利息收入——外币垫款利息收入　　外币

如进口商用人民币买汇支付，其会计分录如下：

借：吸收存款——××活期存款　　　人民币
　　贷：外汇买卖　　　　　　　　　　人民币
借：外汇买卖　　　　　　　　　　外币
　　贷：利息收入——外币垫款利息收入　　外币

3）远期信用证项下承兑和付款。远期信用证是进口商为了获得远期付款的条件，对国外出口商提供银行担保，保证在国外出口商提交远期跟单汇票时，国内开证行审查单证相符后承兑，并承担所开立信用证到期付款的责任。

银行在办理远期汇票承兑手续时有两种通知方式：一种是将已承兑的汇票寄给国外

议付行，对方应在汇票到期日前一个邮程寄还承兑行，以便在汇票到期日凭以付款。另一种方式是经双方约定，承兑时不寄汇票，承兑行另行编制“承兑通知书”寄发国外，确认远期汇票已经承兑并到期付款。

已承兑的远期信用证项下单据应通过“应收承兑汇票款”和“承兑汇票”科目核算，并转销应收、应付开出信用证款项科目。其会计分录如下：

借：应付开出信用证款项　　　　　　　　外币

　　贷：应收开出信用证款项　　　　　　　　外币

借：应收承兑汇票款　　　　　　　　　　外币

　　贷：承兑汇票　　　　　　　　　　　　　外币

远期承兑汇票到期付款。在远期汇票承兑到期日，应即办理对国外付款和对进口商结汇的手续。其会计分录与上述即期信用证付汇相同，所不同的是应转销“应收承兑汇票款”和“承兑汇票”两科目。

现将信用证项下进口业务举例如下：

假定总行营业部应某进口商的申请，于 7 月 12 日向香港汇丰银行（该行在总行开有“国外同业存款”港元账户）开出不可撤销即期信用证 HKD800000.00，预收 50%的外币保证金，保证金利率 2.25%，并按开证金额的 1.5‰计收等值人民币开证费。货款的支付方式为：单到国内审单付款。总行营业部收到汇丰银行寄来的进口单据，货款连同通知议付费共计 HKD801560.00 一并向进口商索汇。总行营业部经审单证相符，于 8 月 21 日对外付汇同时对进口商办理结汇，除将保证金本息扣抵货款外，剩余款项用人民币买汇支付（设结汇日港元汇卖价 100.05%）。

其全套会计分录如下：

收取保证金：

借：吸收存款——单位外汇活期存款　　　　HKD400000.00

　　贷：存入保证金　　　　　　　　　　　　　HKD400000.00

收取开证费：

开证费 = 800000 × 1.5‰ × 1.0005 = 1200.60

借：吸收存款——进出口企业活期存款　　　　¥1200.60

　　贷：手续费收入　　　　　　　　　　　　　　¥1200.60

对外开证：

借：应收开出信用证款项　　　　　　　　HKD800000.00

　　贷：应付开出信用证款项　　　　　　　　HKD800000.00

付汇并结汇：

保证金天数从 7 月 12 日至 8 月 21 日，共计 40 天。

保证金利息 = 400000 × 40 × 2.25% ÷ 360 = 1000（元）

借：吸收存款——进出口企业活期存款　　　　¥400760.28

　　贷：外汇买卖　　　　　　　　　　　　　　¥400760.28

借：外汇买卖　　　　　　　　　　　　　HKD400560.00

存入保证金 HKD400000.00

利息支出 HKD1000.00

贷：国外同业存款 HKD801560.00

借：应付开出信用证款项 HKD800000.00

贷：应收开出信用证款项 HKD800000.00

（二）托收及代收结算方式

托收是债权人签发汇票，委托银行向国外的债务人代为收取款项的一种结算方式，分光票托收和跟单托收两种。光票托收是指债权人签发不附带任何货运单据的汇票，委托银行收款的托收方式。这种方式主要用于非贸易结算，在贸易结算方面一般用于收取货款尾数、代垫费、佣金、样品费及其他贸易从属费用。跟单托收是出口商根据贸易合同规定发货后，签发以进口商为付款人的汇票，连通货运单据一并交当地银行，由当地银行委托国外银行代向进口商收取货款的一种结算方式。由于跟单托收没有信用证作保证，通常又称为无证托收，是无证出口结算的主要方式。

1. 出口托收

出口托收是出口商根据贸易合同的规定，在货物发运后委托银行向国外进口商收取货款的一种结算方式。银行受理国内出口商委托后，其处理手续分为交单寄单和收妥结汇两个核算阶段。

（1）交单寄单。出口商备妥单据，填制“出口托收申请书”连同出口单据一并送交银行办理托收。银行审单后，根据出口托收申请书的内容打印“出口托收委托书”，编列出口托收号码，经复核无误后随附全套单据寄代收银行委托收款。

托收银行发出委托书及有关跟单汇票后，代表“物权”的单据已寄出，但货款尚未收妥，托收银行对出口单位（委托人）承担代收货款的责任，同时，对代收银行拥有收取货款的权利。因此，应通过有关或有资产、或有负债账户进行记录，以明确权责关系。其会计分录如下：

借：应收出口托收款项 外币

贷：代收出口托收款项 外币

另外还应向出口商收取托收手续费，其会计分录如下：

借：吸收存款——××活期存款 人民币

贷：手续费收入 人民币

（2）收妥结汇。出口托收一律实行收妥结汇方式。根据代收行的化收报单或授权借记书办理结汇。其会计分录如下：

借：存放国外同业或其他科目 外币

贷：外汇买卖 外币

借：外汇买卖 人民币

贷：手续费收入 人民币

吸收存款——××活期存款 人民币

现将出口托收业务举例如下：

假定广州分行3月12日收到土畜产进出口公司交来托收申请书及有关单证一份，金额EUR58600，向法国一家公司收取货款，付款条件为“付款交单，进口代收费用由出口商承担”。分行审核后随即填制托收委托书连同有关单证一并寄法国巴黎银行委托代收款项。巴黎银行收妥款项，扣减进口代收费用EUR86.25后，将净额贷记广州分行在该行的存款分账户。广州分行于4月5日收到已贷记报单，按托收金额的2.5‰计收托收手续费后，对土畜产进出口公司办理结汇。设结汇日欧元汇买价为EUR100=¥1004.94，其会计分录如下：

3月12日：

借：应收出口托收款项　　　　　　　EUR58600.00

　　贷：代收出口托收款项　　　　　　　EUR58600.00

4月5日：

借：存放国外同业　　　　　　　　　EUR58515.75

　　贷：外汇买卖　　　　　　　　　　　EUR58515.75

借：外汇买卖　　　　　　　　　　　¥588028.08

　　贷：手续费收入　　　　　　　　　　¥1472.24

　　　　吸收存款——进出口企业活期存款 ¥586555.84

借：代收出口托收款项　　　　　　　EUR58600.00

　　贷：应收出口托收款项　　　　　　　EUR58600.00

2. 进口代收

进口代收是指国外出口商根据贸易合同规定，不经银行开立信用证，在货物装运出口后，通过国外托收银行寄来单据，委托国内银行代其向进口公司收款的一种结算方式。

进口代收一般都附有单据。通常分为付款交单和承兑交单两种方式。付款交单，就是代收银行必须在进口商付清票款后，才能将货运单据交给进口商。承兑交单，就是在进口商承兑汇票后，代收银行即可将货运单据交给进口商。承兑交单一般只适用于远期汇票托收。

（1）收到进口代收单据。银行收到国外寄来的进口代收单据后，须按委托书上单据类别与份数认真清点、审核和编制顺序号，缮打进口代收单据通知书，通知进口公司。同时通过或有资产、或有负债账户反映代收行与进口商以及托收行之间的权责关系。其会计分录如下：

借：应收进口代收款项　　　　　　　　外币

　　贷：进口代收款项　　　　　　　　　　外币

（2）确认付款及对外划款。进口公司审核进口单据同意确认付款后，填妥贸易进口付汇核销单并提交有关的报关单供银行审查，代收行审查无误后，应当即办理对外划款手续。其会计分录如下：

借：吸收存款——××活期存款　　　　人民币

贷：外汇买卖　　　　　　　　　　　　　　　人民币

借：外汇买卖　　　　　　　　　　　　　外币

贷：手续费收入　　　　　　　　　　　　　外币

存放国外同业或其他科目　　　　　　　外币

借：进口代收款项　　　　　　　　　　　外币

贷：应收进口代收款项　　　　　　　　　外币

进口商付款后，即可拿到正本单据，凭以提货。

现将进口代收业务举例如下：

假定上海分行 6 月 12 日收到香港分行寄来的进口代收单据一份，金额 HKD800000，支付方式为交单付款，委托向上海机电设备进出口公司收取货款，上海分行接到单据审核后即通知机电公司，该公司于 6 月 15 日确认付款，银行当即办理售汇手续，从货款中扣收代收手续费 HKD800 后，将净额划给委托行。设售汇日港元汇卖价为 HKD100=¥100.05，其会计分录如下：

6 月 12 日：

借：应收进口代收款项　　　　　　HKD800000.00

贷：进口代收款项　　　　　　　　HKD800000.00

6 月 15 日：

借：吸收存款——进出口企业活期存款　¥800400.00

贷：外汇买卖　　　　　　　　　　　¥800400.00

借：外汇买卖　　　　　　　　　HKD800000.00

贷：手续费收入　　　　　　　　　　HKD800

港澳及国外联行往来　　　　　HKD799200

借：进口代收款项　　　　　　　HKD800000.00

贷：应收进口代收款项　　　　　HKD800000.00

（三）汇款结算方式

汇款结算，是进出口双方通过银行用汇款来结算货款的一种结算方式。根据货款汇付和货物运送时间的先后不同，先付款后交货的称为预付货款，先交货后付款的称为货到付款。

预付货款是指进口商将货款在出口商发运货物前汇交出口商，出口商收到货款后，按和约规定立即或在一定时间内备货出运的一种结算方式。预付货款有利于出口商，不利于进口商。因为预付货款不但积压进口商资金，而且使其担负着出口商不交货的风险。因此，进口商为了保障权益，就规定了解付汇款的条件，如收款人取款时须提供书面保证，保证在一定期间内将货运单据交银行，转寄汇款人等。

货到付款，是出口商先发货，进口商在收到货物后，按规定的价格、期限将货款通过银行汇付出口商的一种结算方式。这种结算方式在国际贸易上有售定和寄售两种。售定是买卖双方成交条件已商妥，合同已签订，进口商收到货物后，将货款汇给出口商。寄售是出口商将货物运至国外，委托国外特约商人在当地市场代为销售，货物出售后，被委托人将货款扣除佣金后汇交出口商。货到付款，不但积压了出口商的资金，而且负有进口商收货后不按期付款的风险。因此，在国际贸易上除非特殊需要，一般很少采用这种结算方式。

汇款结算的处理手续在非贸易结算中的国际汇兑中讲述。

1. 旅行信用证的处理

旅行信用证是银行为了便利往国外旅行者，为避免携带现钞的不便和风险，以本国货币交与银行对换成外汇，委托银行开出旅行信用证，旅行者至外国各地，可凭旅行信用证向指定的银行，在限定金额内填具收据交银行提取现款的一种业务。

汇款人申请开出旅行信用证时，应填具申请书，填明支款地点及金额等项，据以计算汇费和填制旅行信用证。为了便于国外付款行验付，汇款人通常应在“印鉴证明书”上预留印章样本，经开证行有权签字人员在“印鉴证明书”上签字后，与旅行信用证正本一并交汇款人收执。如对国外付款行已约定或信用证上已注明可以凭护照付款的，可以不填“印鉴证明书”。如以原币申请办理旅行信用证时，其会计分录如下：

借：吸收存款——××活期存款　　　　外币
　　贷：手续费收入　　　　　　　　　　外币
　　　　汇出汇款　　　　　　　　　　　外币

接到国外联行或代理行支付旅行信用证款项的报单时，其会计分录如下：

借：汇出汇款　　　　　　　　　　　外币
　　贷：存放国外同业或其他科目　　　　外币

2. 代售旅行支票的处理

旅行支票是银行为了便利旅行者发售的一种定额的不指定国外付款地点、付款银行付款的一种银行票据。旅行支票实质上是一种票汇汇款，因此，国外银行委托我国银行代为出售的旅行支票，也是一种汇款业务。

国外银行委托我行代为出售旅行支票，在收到空白旅行支票时，以“代保管的有价值品”表外科目核算。其记账如下：

(收入）代保管的有价值品　　　　　外币

售出旅行支票使用“汇出汇款”科目核算，同时核销“代保管的有价值品”表外科目。其会计分录如下：

借：吸收存款——××活期存款　　　　外币
　　贷：手续费收入　　　　　　　　　　外币
　　　　汇出汇款　　　　　　　　　　　外币

(付出）代保管的有价值品　　　　　外币

同时将头寸贷记委托行账，其会计分录如下：

借：汇出汇款　　　　　　　　　　　外币
　　贷：存放国外同业或其他科目　　　　外币

3. 国外汇入汇款的处理

国外汇入汇款是指港澳和国外联行及代理行委托解付的汇入款。国外汇入汇款分为贸易项下汇款和非贸易项下汇款。

国外汇入汇款，原则上一般应以汇款头寸收妥后解付。如代理合约规定，汇入行在接到汇出行委解通知时，不论是否已收到汇出行汇来的头寸，经批准可先垫款解付。

（1）电汇、信汇的处理。接到汇出行的汇款电传或信汇支付委托书正本时，应核对密押或验对印鉴，无误后填制汇款通知书，通知收款单位或收款人领取汇款。

如汇款头寸已收到或根据协定、代理合约规定即可借记汇款行账户时，其会计分录如下：

借：存放国外同业或其他科目　　　　　　　　外币

　　贷：汇入汇款　　　　　　　　　　　　　　　外币

如汇款头寸尚未收到，但需要提前解付时，其会计分录如下：

借：其他应收款　　　　　　　　　　　　　　外币

　　贷：汇入汇款　　　　　　　　　　　　　　　外币

待收到汇款头寸时，其会计分录如下：

借：存放国外同业或其他科目　　　　　　　　外币

　　贷：其他应收款　　　　　　　　　　　　　　外币

汇款解付时，如收款人要求存外币存款时，其会计分录如下：

借：汇入汇款　　　　　　　　　　　　　　　外币

　　贷：吸收存款——××活期（定期）存款　　外币

（2）票汇的处理。汇入行收到票汇通知书，银行核对印鉴及各项内容无误后，凭以转入“汇入汇款”科目，待持票人前来兑取。其会计分录如下：

借：存放国外同业或其他科目　　　　　　　　外币

　　贷：汇入汇款　　　　　　　　　　　　　　　外币

当持票人持已背书的汇票来行取款时，经核对出票印鉴、签发有效期、付款金额及收款人背书等各项内容无误，并与票汇通知书核对相符后，办理结汇。其会计分录如下：

借：汇入汇款　　　　　　　　　　　　　　　外币

　　贷：现金或其他科目　　　　　　　　　　　　外币

（3）转汇的处理。凡收到国外的汇入汇款，收款单位或收款人不在本地，应办理转汇，委托收款人所在地银行解付。如转汇外汇分账行，其会计分录如下：

借：存放国外同业或其他科目　　　　　　　　外币

　　贷：资金清算往来——联行外汇往来　　　　外币

如转汇非外汇分账行，其会计分录如下：

借：存放国外同业或其他科目　　　　　　　　外币

　　贷：外汇买卖　　　　　　　　　　　　　　　外币

借：外汇买卖　　　　　　　　　　　　　　人民币

　　贷：清算资金往来——同城票据清算　　　人民币

4. 买入外币票据

买入外币票据也称买汇，是银行买入客户的由其他银行付款的票据，同时扣收利息并保留追索权的一种业务。为了加强外汇管理，增加国家外汇收入，并便利外币票据持有者的资金融通，促进国际交往，对符合下列三个条件的外币票据均可按买入票据处理：

（1）与我国国内银行建有往来关系的国外银行签发的外汇票据。

（2）签发的外汇票据属我国订有外汇牌价，票款可转入经办行账户的。

（3）经办行具有鉴别票据真伪的能力和核对印鉴的能力。

外币票据种类繁多，常见的有旅行支票、银行本票、国际限额汇票、养老金汇票、邮政汇票等。银行买入外币票据时，经审核无误后填制一式四联的“外汇兑换水单”，第一联作为兑换证明交给顾客，第二联和第三联分别作外汇买卖的贷方传票和借方传票，第四联则作银行买入外汇统计卡。

兑换水单按规定内容填写并在摘要栏内注明票据内容以及申请人的姓名、地址和有关证件名称及号码。除旅行支票、旅行信用证外，买入其他外币票据都须在水单上加盖“票据如发生退票，本行具有追索权”戳记，然后将第一联交顾客收执。其会计分录如下：

借：买入外币票据　　　　外币

　　贷：利息收入　　　　外币

　　　　外汇买卖　　　　外币

借：外汇买卖　　　　人民币

　　贷：现金或其他科目　　　　人民币

买入的外币票据要尽快寄往国外收款。办理托收时，填制一式四联的托收委托书，第一联正本随买入的外币票据寄国外代收行，第二联、第三联分别作买入外币票据科目借方传票和贷方传票，第四联留底。票据收妥后要进行销账。其会计分录如下：

借：存放国外同业或其他科目　　　　外币

　　贷：买入外币票据　　　　外币

5. 外币票据托收

根据规定，凡不能以买入外币票据处理的各种外币票据，未列入外汇收兑牌价表内的各种外钞或是已列入外汇收兑牌价表内，但无法鉴别其真伪或残损破旧的外钞，以及代收港澳或国外的存款或有价证券本息等均按托收处理。

客户申请托收外币现钞或外币票据时，应填具“托收款项申请书”一式两联，写明有关内容如委托人姓名、地址，并预留印鉴以收妥取款。第一联由银行留存，第二联银行盖章后退委托人作为托收依据，以备收妥时凭以取款。同时，应按规定收取托收手续费。其会计分录如下：

借：现金　　　　人民币

　　贷：手续费收入　　　　人民币

银行受理业务后应填制“票据托收委托书”，连同外钞或外币票据寄代收行。发出托收时，其会计分录如下：

借：应收非贸易托收款项　　　　　　　　　　外币
　　贷：代收非贸易托收款项　　　　　　　　　　外币

对于无牌价的外钞、外币票据、外币有价证券以及其他外汇托收均以登记簿登记。

银行收妥托收款项后，经审核无误，即通知委托人携带托收收据来行取款。其会计分录如下：

借：存放国外同业或其他科目　　　　　　　　外币
　　贷：其他应付款　　　　　　　　　　　　　　外币
借：代收非贸易托收款项　　　　　　　　　　外币
　　贷：应收非贸易托收款项　　　　　　　　　　外币

委托人持托收收据来行取款时，抽出有关凭证批注付款日期办理付款手续。其会计分录如下：

借：其他应付款　　　　　　　　　　　　　　外币
　　贷：现金或其他科目　　　　　　　　　　　　外币

练习题

1. 名词解释

(1) 外汇　(2) 外汇买卖　(3) 套汇　(4) 进口押汇　(5) 代理行往来

2. 填空题

(1) 外汇买卖业务分为（　　）和（　　）。

(2) 外汇分账制又称为（　　）。

(3) 外汇汇率有（　　）标价法和（　　）间接标价法两种。

3. 单选题

(1) 境内居民可在银行开立（　　）外汇存款账户。

A. 甲种　　B. 乙种　　C. 丙种　　D. 丁种

(2) 境外联行往来采用的核算形式是（　　）。

A. 集中制　　B. 分散制　　C. 并账制　　D. 并表制

(3) 信用证的开证人是（　　）。

A. 出口商　　B. 进口商　　C. 出口商开户行　　D. 进口商开户行

(4) 下列属于银行现汇贷款的是（　　）。

A. 浮动利率贷款　　B. 买方信贷　　C. 政府贷款　　D. 银团贷款

4. 会计分录题（根据下列命题所给资料，分别编制有关会计分录）

(1) 武汉分行收到伦敦分行贷方报单 GBP10000，审核无误当即将报单款项转入国内某出口单位英镑账户。请作出武汉分行的会计分录。

(2) 总行营业部收到美国花旗银行（该行在总行开有美元账户）借方报单 USD20000，审核后确认该款项付款人为在本行开户的某外资企业，当即从该企业美元账户转出款项。请作出总行的会计分录。

（3）某外国游客持港币现钞 30000 元，要求汇往香港，银行扣收 2‰的人民币汇费，将款项汇出。请作出该行汇款的会计分录。

（4）某客户持 4000 欧元现钞，要求兑换澳元现钞，银行无澳元辅币。请作出该行兑换澳元辅币的会计分录。

第六章　现金出纳业务

【学习目的】通过本章学习，你能够：掌握开户单位现金使用的范围、任务、现金出纳工作的基本规定，掌握营业现金出纳工作和金库现金出纳工作的内容，掌握营业现金出纳核算和金库现金出纳核算的内容。

第一节　现金出纳业务概述

现金是指具有现实购买力或清偿力的货币，我国法定的货币为人民币。银行通过支付工资、奖金、个人劳务报酬和其他零星支出等将现金付出，又通过单位将商品销售和劳务收入款项缴存银行以及财政回笼和储蓄等方式将流向社会各界的现金收回。这样，银行一方面付出现金，另一方面又将现金收回，构成了银行的现金出纳活动。

一、商业银行现金出纳业务的意义

根据国家的方针政策和现金管理的有关规定，商业银行对机关、团体、部队、学校、国营企业和集体经济等单位支付工资、资金、采购农副产品和其他零星开支以及收兑个人金银等付出现金；同时，通过企业组织商品零售和劳务供应、财政税收以及银行吸收人民储蓄等方式收回现金。这样，商业银行在调节货币流通和满足市场正常现金需要的基础上，成为现金投放和回笼的唯一渠道，成为全国范围的现金出纳中心。

商业银行的现金出纳工作是体现银行基本职能的重要环节，是银行的一项基础性工作，同国民经济各部门、各单位及广大城乡人民生活有着密切的联系。因此，必须根据党和国家的方针政策、金融法令和制度，认真做好现金出纳的核算工作，监督现金合理收付。这对加速现金周转，加强现金管理和调运，保护国家财产安全，实现国家现金出纳计划，调节社会经济生活，促进我国社会主义现代化建设，更好地服务于人民生活，都有重大的作用。

1. 现金出纳业务是商业银行业务的重要组成部分

银行的各项业务都是通过货币的收付来实现的。银行在组织结算中，大部分业务是以转账方式进行的，还有些业务要通过现金收付来办理。例如，储蓄业务是通过现金收

付办理的，企业、机关的结算业务，有的也是通过现金收付来完成的，其他存款、代理财政金库、收兑金银等业务都是涉及到现金收付的。因此，银行工作离不开现金出纳。它是银行业务的重要组成部分。

2. 现金出纳业务是服务于生产、商品流通、组织人民经济生活的重要手段

国家规定国民经济各部门应把暂时闲置的资金存入银行，需要时再到银行支取。因此，在国民经济活动中，各部门、各单位都要使用现金，并通过现金收付活动来完成它们的任务。人民群众也要通过现金收付活动，合理地安排他们的经济生活。例如，各部门、各单位发放工资、采购农副产品、零星开支都要使用现金，又通过零售商品、劳务供应收取现金。广大城乡居民的结余款、待用现金存入银行，需要时则向银行支取。这样，银行就成为全国的现金管理部门。银行的现金出纳业务对于发展生产和商品流通、组织人民经济生活起着重要的作用。

3. 现金出纳业务是加速资金周转、实现现金出纳计划的重要环节

为了适应社会主义市场经济发展的需要，我国对货币实行计划管理，由银行集中统一投放和回笼人民币，控制现金流通渠道。出纳部门在保质保量地完成任务的基础上，不断地提高工作效率，加速对票币的整理和清点，使回笼款不在出纳部门发生积压，有利于加速资金周转和现金出纳计划的实现。

二、商业银行现金出纳工作的原则和要求

（一）现金出纳工作的原则

办理现金出纳，必须认真执行国家规定的金融法令和制度。出纳工作必须坚持以下原则：

（1）钱账分管、双人临柜、双人管库、双人押运、严禁一人对外办理现金出纳业务。

（2）现金收入必须坚持“先收款后记账”，付出现金必须坚持“先记账后付款”的原则。

（3）坚持复核制度，做到收款要复点、付款要复核。

（4）坚持交接手续和查库制度。

（二）现金出纳工作的基本要求

（1）办理现金出纳业务的，银行应编制年度现金计划，报开户人民银行发行库（或发行保管库，下同），并报上级行逐级汇总报总行，由总行汇总报人民银行总行。执行中如需要超出计划安排，报请追加计划。经办行在年度现金计划内，在月前 5 日向开户人民银行发行库报送月度现金计划和最高投放额以及月度分券别的用款计划。

（2）办理现金出纳业务的银行，应根据现金周转的正常需要设立业务库。根据业务情况确定一个 3~5 日周转必须保留的最低库存额，并按规定于月后 5 日向开户人民银行发行库报送分券别的业务库存月报。

（3）各级银行必须加强对现金出纳工作的管理，认真做到：①要根据业务量的需要配备专职出纳员和出纳复核员。②要选派忠诚老实、责任心强的同志承担出纳工作。除

特殊情况外，一般不要轻易调动他们的工作。③要建立检查辅导制度和岗位责任制。管辖行要经常深入基层检查辅导，总结交流经验，解决存在的问题。④要从政治上、工作上、生活上关心出纳人员，尊重他们的劳动，同时要注意劳逸结合，并按规定发给劳保用品。

(4) 出纳人员要加强政治学习，提高思想觉悟，刻苦钻研业务技术，做到又红又专；要热爱本职工作，发扬廉洁奉公、遵守财经纪律的良好作风；要维护国家财产安全；提高服务质量，全心全意为客户服务。

第二节　现金出纳业务的核算

一、现金收入的处理

商业银行收入现金的业务主要包括到人民银行提取现金和收到客户缴存现金两种。

(一) 到人民银行提取现金的处理

商业银行到人民银行提取现金，必须填写人民银行的现金支票，在人民银行存款账户余额内提现，不得透支。账务会计分录为：

借：库存现金

　　贷：存放中央银行款项

(二) 客户缴存现金的处理

商业银行的客户在向银行缴存现金时，应填制一式两联的现金缴款单，连同现金交银行出纳部门，收款员收到缴款单和现金后，应先审查凭证日期、账号、户名、款项来源填写是否齐全，大小写金额是否一致。审核无误后，即当面点收款项，先点大数，再清点全部细数。现金收妥后，收款员在两联缴款单上分别加盖名章，然后交复核员进行复点。经复核无误后，在凭证上加盖“现金收讫”章及复核员名章。然后，将第一联(回单联) 退还客户，第二联由收款员登记现金收入日记簿并按规定程序送有关会计专柜代现金收入传票。会计部门收到第二联缴款单后，凭以记入缴款单位分户账。会计分录为：

借：库存现金

　　贷：活期存款——××单位存款户

二、现金付出的处理

为了保证对外现金支付，在每日营业开始前，银行的出纳付款员应填写出库票，向现金库房管理员领取一定数额的备付现金，以便对客户办理付款。在向库房管理员领取

现金时，双方都应将金额登记在各自掌管的款项交接登记簿中，并互相签章证明。对领出的金额则应会同复核员共同验收。

提取现金的客户应将现金支票（或其他支取凭证）交给银行的会计专柜，会计人员收到支取凭证后，审查其日期、账号、户名及背书是否齐全，款项用途是否符合有关规定，大小写金额是否相符，审查无误后，将现金支票右下角的“出纳对号单”撕下或以铜牌交给取款人，凭以向出纳部门领取现金。然后，会计部门将留下的现金支票（或其他支取凭证）代替现金付出凭证进行账务处理。会计分录为：

借：××存款——取款人户

　　贷：库存现金

经复核员审核无误后，将凭证转到出纳部门凭以付款。出纳员接到会计部门转来的凭证后，复审凭证填写内容，并检查记账员、复核员是否已盖章，有无记录差错等。然后，付款员登记现金付出日记簿，再按凭证金额配款。并在凭证上加盖“现金付讫”章及出纳员名章。现金和凭证一并交复核员复点。复核员复点相符后，叫对号单或铜牌号，问清所取款项数额，收回对号单或铜牌，再将款项点交取款人，凭证分批送回会计专柜。

以上现金付出程序，遵循了先记账、后付款的原则。款项付出后，须由付款人当面点清，银行封签出门无效。

三、营业终了现金收付的汇总核对

每日营业终了，收款员应将当日所收的现金，按票币种类进行汇总，计算出现金总数，并同现金收入日记簿的总数及会计部门现金科目总账的借方发生额核对相符，然后填写入库票，登记款项交接登记簿，将现金交管库员审核入库。

付款员应用当日领取的备付现金总数，减去未付出的剩余现金，轧出当日实付现金总数，并同现金付出日记簿总数及会计部门的现金科目总账的贷方发生额核对相符，再填写入库票，登记款项交接登记簿，交管库员审核入库。

管库员收到收款员和付款员交来的现金，经同现金收付登记簿及入库票核对相符后，将现金入库保管，同时登记现金库存登记簿，将昨日库存加减今日收付的现金总数后，结出今日库存，并同业务库的实存现金相核对。会计部门现金科目的总账余额，应同管库部门的现金库存簿余额核对相符。

四、出纳长、短款的处理

出纳现金长、短款是指在盘点和核对库存现金时，发现的除挪用现金、白条抵库、超限额留存现金等原因导致的现金日记账余额与库存现金数额不符。

（一）出纳长款的处理

发生出纳长款，当天应及时查找原因，力争退还原主。如当天未能查明原因，应先由出纳部门出具证明，经会计主管批准后，由会计部门填制现金收入传票暂列“其他应付款”科目。其账务处理的会计分录如下：

借：库存现金

贷：其他应付款——待处理出纳长款户

查明原因后，若客户多交或银行少付，应及时退还失主。其会计分录为：

借：其他应付款——待处理出纳长款户

贷：库存现金

经查找无法确定原因的，经批准，可将此款作银行收益处理，会计分录为：

借：其他应付款——待处理出纳长款户

贷：营业外收入——出纳长款收入

（二）出纳短款的处理

若发生出纳短款，银行应及时查找收回。如当天未能查清收回的，可先由出纳部门出具证明，经批准，会计部门填制现金付出传票，通过“其他应收款”科目处理，其账务处理的会计分录为：

借：其他应收款——待处理出纳短款户

贷：库存现金

经查明原因，收回短款时，会计分录为：

借：库存现金

贷：其他应收款——待处理出纳短款户

若确实无法查明原因，无法收回的，按规定的制度报损，作银行损失处理。其会计分录为：

借：营业外支出——出纳短款支出

贷：其他应收款——待处理出纳短款户

因有章不循、玩忽职守造成的短款，应追究责任，给以责任适当的纪律处分；如属监守自盗、侵吞巨款，应按贪污论处，并追回全部赃款。

第三节　库房管理及款项移送的核算

一、现金库房和现金尾数箱管理的要求

（一）现金库房管理的要求

（1）现金库房安全防范设施的要求与标准。现金库房（以下简称“库房”）安全防范设施必须坚固、适用，并要有通风、防虫、防潮、防火和报警等设施。

（2）凡现金、贵重物品都必须入库保管，有账记载。入库保管的现金按币别、券别

整齐存放。库内设置保险柜或铁皮柜，凡开箱开包的现金均要入保险柜或铁皮柜保管，不得暴露摆放。

（3）对库存现金实行限额管理。省、自治区、直辖市分行外币现金的库存限额由总行核定，其辖内机构现金库存限额由省、自治区、直辖市分行核定权限。各行应根据时间和情况的变化随时对库存限额进行调整。

（4）凡库存物品出入库须凭出入库票办理，代保管物品须经出纳主管领导批准后方能入库保管。

（5）管库员进出库房时，必须 2 人同进同出，禁止 1 人进出库房或在库内工作。2 名管库员对库内物品共同承担责任，禁止管库员对库内物品实行分管，互不监督、制约。在节假日和夜间，任何人不得进入库房。如遇特殊情况必须进入库房时，应须领导批准，并通知保卫部门。

（6）设立定期或不定期的查库制度。查库时不仅要查对库存实物，还要检查库房管理制度的贯彻执行情况等。

（二）现金尾数箱管理的要求

1. 尾箱现金实现限额管理

各行要根据不同情况分别核定各尾箱的现金限额，并根据时间和实际情况的变化及时调整。收款专柜的尾箱实行空箱上柜，即营业终了将其现金全部交回库房；与库房同在一营业厅内的尾箱现金限额要尽量压低，做到勤入库、勤出库；与库房不在同一地的储蓄网点的尾箱现金限额，原则上以保证当天支付为标准进行核定。尾箱现金限额一经核定，尾箱经办人必须严格遵守，无特殊情况，或未经参加管库的出纳处、科、股长同意，不得超限额保存现金。尾箱较多的营业场所可设立总出纳，营业终了将各尾箱的现金交总出纳，由总出纳核定后交回库房。尾箱不保存残损钞票和不经常支付的钞票。

2. 实行尾箱责任人制

凡设置尾箱的机构网点均应指定尾箱责任人，尾箱责任人由尾箱所在的科、股或组的负责人担任。尾箱责任人的职责是：每星期至少要对尾箱现金进行一次清点、核对，防止尾箱现金短少和被挪用；每天营业终了监督尾箱经办人和复核员需双人盘点库存，并检视尾箱内现金的大数，监督尾箱加锁加封入库保管；督促尾箱经办人将超过限额的现金交回库房；对尾箱的交接予以监交；监督、检查尾箱经办人和复核员执行有关规章制度的情况。

3. 尾箱的运送

没有库房机构网点的尾箱，每天必须派专人专车武装押运接送，押运员在运送途中要注意不要损坏锁头和封条。押运员应设立“尾箱交接登记簿”，每次交接时，由交接双方签字认可。

4. 尾箱的交接

凡尾箱经办人工作调动、出差、请休假，尾箱必须办理交接。尾箱的移交，必须经部门主管负责人同意，在尾箱责任人的监交下，交接双方将尾箱现金、实物当面点交清楚后，由交接双方及监交人在“尾箱交接登记簿”上签章认可，所交接的现钞、实物必须在“尾箱交接登记簿”上准确登载。“尾箱交接登记簿”要妥善保管，以备查核。交接后尾箱锁头应由接管人另行配置，必须做到专人专锁。凡未办妥交接手续的，不得擅离工作岗位，更不得随意将尾箱交与他人。

5. 尾箱的结账和库存盘点

每个尾箱应设立“尾箱库存登记簿”，每天营业终了，尾箱经办人盘点尾箱内的库存现金、有价证券等实物。复核员根据收付凭证轧出当天库存余额，并在“尾箱库存登记簿”上登记，然后对尾箱现金、有价证券等实物进行复核。无误后，尾箱经办人和复核员在“尾箱库存登记簿”上共同签章认可。最后，双方将尾箱加锁加封入库保管。

二、款项的移送

银行的现金收入、付出业务，就某一地区、某一时期来说，是不平衡的，这就导致有些行暂时现金过多，有些行处暂时现金不足，需要进行现金的调剂，这就是现金的调动业务。

银行运送现金、金银等贵重物品，应由两人以上负责押运，不得委托他人捎带。

运出行在收到调剂函件时，应确定调运现金的数额和券别，由出纳部门填制“送款单”转账，会计分录为：

借：辖内往来

　　贷：库存现金

出纳登记现金付出日记簿，将第一、第二联送款单随同联行报单交送送款员办理出库，送交收款银行。

运入行接到联行报单、送款单和现金，经查点无误后，登记现金收入日记簿，填制“入库券别明细表”，在送款单回单联上加盖银行业务公章及负责人章，交送款员带回。然后，填制现金收入凭证，以送款单作为附件记账，会计分录为：

借：库存现金

　　贷：辖内往来

练习题

1. 名词解释

（1）长款　　　　（2）短款

2. 判断题

（1）营业终了，发现现金账面数少于实有数，是出纳短款。（　　）

（2）发生出纳长款不能查明原因时，可以计入“其他业务收入”。（　　）

3. 单选题

（1）出纳短款挂账时，应记作（　　）。

A. 借：其他应付款　　　　B. 借：其他应收款

C. 贷：其他应付款　　　　D. 贷：其他应收款

(2) 储蓄所和管辖行之间的现金往来使用（“　　”）科目核算。

A. 同业存款　　B. 存放中央银行款项

C. 辖内往来　　D. 联行往来

(3) 现金收付业务中，应做到（　　）。

A. 收款记账同时进行　　B. 先收款后记账

C. 先记账后收款　　D. 先付款后记账

4. 多选题

(1) 现金出纳的原则有：（　　）。

A. 钱账分管　　B. 双人经办

C. 付款时先付款后记账　　D. 坚持查库制度

(2) 库款管理中应做到：（　　）。

A. 严格出入库制度　　B. 单独专人管库

C. 库房坚固　　D. 设备齐全

5. 问答题

(1) 现金出纳的原则是什么？为什么要坚持这些原则？

(2) 现金出纳错款按什么规定处理？是如何进行核算的？

6. 实训题

目的：练习现金出纳的核算。

资料：2004 年 6 月份甲银行发生如下现金业务：

(1) 6 月 2 日，新兴百货销售商品收到现金总计 154000 元，填制现金送款单，连同现金送往银行，银行审核无误后记账。

(2) 6 月 10 日，银行营业终了发生出纳短款 500 元，当日未查明原因，经批准挂账。

(3) 6 月 15 日，银行营业终了发生出纳长款 200 元，当时未查明原因，经批准挂账。

(4) 6 月 30 日，确实无法查明以上长款、短款的原因，按规定制度处理。

第七章　联行往来业务

【学习目的】通过本章学习，你能够：了解联行往来的意义、管理体制以及核算要求；熟悉全国联行往来及电子联行往来的基本原理和日常核算；掌握联行往来的资金清算办法。

第一节　联行往来业务概述

一、联行往来业务的意义

银行是国民经济各部门资金活动的枢纽，各单位因商品交易、劳务供应而发生的货币资金结算，以及银行系统内部资金的划拨、拆借等，一般都要进行资金的划拨清算。这些资金的划拨清算既有在同一行处办理的，又有在同一地区或不同地区的银行之间进行的，这就涉及银行与银行之间的业务往来和账务处理。同一银行系统内的不同分支机构通常互称为联行，而联行往来则是指同一银行系统内各行处之间由于办理结算和资金调拨等业务而发生的资金账务往来。它是办理结算业务和资金划拨业务的重要工具。由于联行往来和国民经济各部门具有广泛的联系，而且发生时间、地点和办理的行处不同，因此，做好联行往来的凭证传递和账务处理，对加速资金周转，活跃商品经济，促进国民经济发展，以及正确及时地实现银行的有关业务，真实、完整地反映联行往来情况，都有着重要的意义。

二、联行往来的管理体制

当前我国的银行按经济区域设置网点机构，为了与这一组织体系结构相适应，银行系统的联行往来管理体制遵循“统一领导、分级管理、各行自成联行系统”的原则，由人民银行和各商业银行各自建立了系统内联行往来体系。按联行管理的辖属范围和会计核算主体在同一系统银行内划分总行、分行、支行三级管理的联行往来体制，分别采取全国联行往来、分行辖内往来、支行辖内往来三种核算方式。

1. 全国联行往来

全国联行往来，适用于全国系统范围内不同省、市、自治区各分行辖属的不同行处之间的资金账务往来。凡参加全国联行往来的行处，需经总行核准，由总行发给全国联行行号和联行专用章，按总行规定的全国联行往来制度办理联行账务，并由总行负责清算。

2. 分行辖内往来

分行辖内往来，适用于同一分行下不同的省、市、自治区范围内各行处之间的资金账务往来。凡参加分行辖内往来的行处，需经分行核准，由管辖分行发给分行辖内往来行号和专用章，按分行辖内往来制度办理联行账务，并由分行负责监督清算。

3. 支行辖内往来

支行辖内往来，适用于支行范围内各行处之间的资金账务往来。凡参加支行辖内往来的行处，需由管辖支行发给支行辖内往来行号和专用章，按支行辖内往来制度办理联行账务，并由管理支行负责监督管理和资金清算。

联行往来之所以采取三级管理的联行体制，是因为我国幅员辽阔，各地区经济金融发展水平有较大差异，有的资金运动涉及全国范围，有的只涉及一个分行（或省、市、区），根据资金运动的范围采用不同的核算方式，可以缩短联行凭证的传递过程，加速资金周转，也有利于各管辖行明确责任，加强对辖内行处资金账务的监督。目前全国性的商业银行都全部采用了全国联行往来模式，即申请全国联行行号、联行专用章和联行密押均需要逐级上报，经总行批准后由总行统一颁发；联行报单和联行往来报告表等专用凭证由总行统一印制，由各联行机构向上级行领用。各管辖分行对辖属行处的联行工作，要加强日常管理，经常进行检查、监督、指导，并及时处理联行间存在的问题。

三、联行往来业务的核算要求

联行往来是资金在同一银行系统内的纵向流动与融通，为了保证各项资金流动的及时和顺畅，联行往来业务应当按照上级行统一的规定办法办理，具体应遵照以下主要核算要求：

1. 树立全局观念

联行往来的各行处之间不仅要保证正确及时的本身账务处理，而且还要关心对方行的核算工作。填写凭证要清晰正确，对联行间发生的问题要及时查询、查复并联系解决，不能自行其是，擅自退凭证，更不能一方自行作废报单，以免造成账务错误。

2. 及时处理凭证，加速资金周转

同城的各家银行要共同制定清算办法，对跨系统银行间的汇入、汇出款项和相互代收、代付的结算凭证。定时定点按一定程序迅速传递，及时办理转账，以加速资金周转。

3. 相互清算资金，按期计算利息

各商业银行之间的资金占用，要及时清算；同业资金拆借，到期应及时归还，并支付利息。

4. 遵守各项规定，维护金融秩序

人民银行对商业银行的存款账户，应严格控制在存款余额内，不得透支；计划内借款不得超过人民银行核定的贷款额度；商业银行间的短期拆借，应通过双方在人民银行的账户办理，不得支取现金；商业银行50万元以上跨系统的汇划款项，应通过人民银行办理转汇并清算资金。

四、联行往来的核算类型

由于联行往来采取的是各行自成联行系统的办法，所以，各金融机构制定的联行往来制度差异较大，主要差异在于对账的方法不同。其核算类型归纳起来，主要有：

（1）集中监督，分散对账。即传统手工联行做法。

（2）集中监督，集中对账。农行、中行、建行等行现行的做法。

（3）集中监督，当时对账。现行人行的电子联行。

（4）实存资金，同步清算，头寸控制，集中监督。即现行工行的做法。

（5）互设往来户，逐笔核对与定期复对相结合。即现行境外联行和过去建行的做法。

（6）集中监督，定日报告，总行对账。即过去中国银行的做法和现行省辖、县辖的做法。

本章以集中监督、集中对账的做法为重点，介绍联行往来的基本做法和日常核算。

第二节　全国联行往来的核算

一、基本做法

无论是哪一级联行往来，均应采取直接划报，分别核算，双向报告，轧计汇差，划分年度，查清结平的做法。

1. 划分往账和来账两个系统，往来分别核算

联行间的资金账务往来一律以报单为依据。当联行往来发生时，由发报行编制报单，处理往账，记载发出报单的内容并直接寄发报单给收报行；收报行按照报单所列内容处理来账，记载收到报单内容。联行往来账务处理分为往账和来账两个系统，发报行和收报行直接往来，各自用往账和来账进行核算，这样有往有来，金额相等，构成了联行账务处理的对应关系。各个办理联行往来的行处，既是发报行又是收报行，既要处理往账又要处理来账，这就要求往账和来账必须严格划分清楚，分别进行核算。

2. 往来双向报告，分行录磁传输

各发报行和收报行于营业终了，根据当天的往账和来账业务分别填制往账报告表和来账报告表，并报告管辖分行，管辖分行通过计算机录磁并传输给总行对账中心。

3. 总行集中监督，逐笔配对核销

总行对账中心根据各分行报送的往来账信息，按月设账，将报单第二、第三联内容逐笔配对核销。

4. 年度查清未达，结平上年账务

联行往来账务应分清年度，不得混淆。新的年度开始后，应划分本年账和上年账并分别处理。待上年联行账务全部查清后，各行应将上年度联行账务余额逐级上划或反方冲销，由总行汇总结平上年度联行账务。

二、全国联行往来的日常核算

（一）会计账户与会计凭证

联行往来的会计账户和会计凭证是组织和实现联行往来核算的工具，也是处理联行账务的依据。

1. 会计账户

银行为核算各项往来业务的资金清算款项，应设置“联行往来——往户”和“联行往来——来户”两个共同类账户。

2. 会计凭证

联行往来的基本凭证是联行报单，它是联行间办理资金划拨和账务核算的重要依据，贯穿于整个联行往来核算过程。联行报单是由总行统一规定格式，并统一编号印发，它的联次和用途都有严格的规定，不能互相代用。由于寄递方式不同，联行报单分为邮划报单和电划报单两类。又由于划拨款项的性质不同，邮划报单分为邮划借方报单和邮划贷方报单，电划报单分为电划借方报单和电划贷方报单，以及电划借方补充报单和电划贷方补充报单。以上六种报单除电划借方（或贷方）补充报单由收报行根据发报行电报译电编制外，其余都由发报行填制。

邮划借方（或贷方）报单一般为一式四联：第一联来账卡片（见表7-1），寄收报行转账后作来账卡片；第二联来账报告卡，随来账报告表寄管辖分行；第三联往账报告卡，随往账报告表寄管辖分行；第四联往账卡片，发报行留作往账卡片账。

电划借方（或贷方）报单一式两联：第一、第二联缺，第三联往账报告卡，随往账报告表寄管辖分行；第四联往账卡片，发报行留作往账卡片账。

电划借方（或贷方）补充报单一式四联：第一联来账卡片，收报行转账后作来账卡片；第二联来账报告卡，随来账报告表寄管辖分行；第三联转账借、贷方凭证，收报行作转账借、贷方传票；第四联收付款通知，收报行给单位的收付款通知。

联行报单应严格按照规定使用，不准相互串用，也不能任意更改。联行报单要按重要空白凭证妥善保管，报单号码和份数每天必须在“联行报单使用登记簿”上进行登

表 7-1　邮划借方报单第一联

发报行	行号		编制	年　月　日	收报行	行号		转账日期	
	行号					行号			

付款单位账号或名称	收款单位账号或名称	千	百	十	万	千	百	十	元	角	分	合计金融	亿	千	百	十	万	千	百	十	元	角	分
												事由											
												附件											

备注：	发报行	（发报行联行专用章）	发报行	核对印鉴 复核　　记账 转账日期　　年　　月　　日

记，以记录报单使用情况。

（二）日常账务核算

1. 发报行往账的核算

发报行是联行往账的发生行。它的任务是正确、及时地填发联行报单；按期向管辖分行编报联行往账报告表，以便管辖分行对联行账务逐笔监督。

（1）报单的编制。联行业务发生时，发报行应以已办妥资金收付手续的有关结算凭证和业务凭证为依据，并根据“联行往来——往户”账户的记账方向填制联行报单。“联行往来——往户”账户的记账方向为借方（代对方行付款），应编制借方报单；“联行往来——往户”账户的记账方向为贷方（代对方行收款），应编制贷方报单，同时根据单位要求和通讯条件确定邮划报单或电划报单。

代对方行付款时，其会计分录为：

借：联行往来——往户

　　贷：吸收存款——××存款人户

代对方行收款时，其会计分录为：

借：吸收存款——××付款人户

　　贷：联行往来——往户

发报行编制联行报单必须一次套写或打印，报单上的日期、行号、行名、收（付）款单位账号或名称以及金额，都要填写得正确清晰、字体端正、易于识别，收（付）款单位的账号、名称填错，可以更改，但要加盖联行专用章证明。金额填错不得更改，应另行编制报单。

联行报单按每笔业务编制，但为了减少报单份数，对同一收报行性质相同的多笔邮划凭证，可以并笔填制邮划报单（应编和免编密押的不得填在同一份报单内）；全额承

付同一收款人而且每笔均有托收号的，可并笔填制电划贷方报单。报单需加编密押的，应按总行规定编制密押。

（2）报单的审查与寄发。为了防止出现差错，联行报单必须经过复核才能寄发。复核时要认真核对报单的日期填写是否正确；收报行和发报行的行号与行名是否正确；收付款人名称或账号以及金额与附件是否一致；并笔填制的报单、各笔金额相加是否与合计金额一致；该编密押的是否齐全正确以及报单有否用错等。对电划报单，还要注意电稿内容是否与报单相符，是否已加盖“业务电报专用章”。复核后的报单第一联和规定的结算凭证应加盖联行专用章。核对无误后，将邮划报单第一联和第二联连同附件装入联行专用挂号信封内，寄交收报行。电划报单则凭以拍发电报或通过网络传送。

（3）编制联行往账报告表。联行往账报告表（见表 7–2）是反映当日或一定时期“联行往来——往户”账户发生额和余额的总括记录，是总行对账中心监督联行往账的工具，同时还可用来控制联行往账卡片账。每日营业终了，发报行应将第三联报单按借方、贷方分开，再按收报行行号顺序整理（电划在前，邮划在后），并分别在借方、贷方加计笔数和金额，然后凭以编制联行往账报告表一式两份。报告表经与“联行往来——往户”的当日发生额及余额核对相符后，第一联往账报告表后附第三联报单寄管辖分行，第二联往账报告表与第四联报单留存。

表 7–2　联行往账报告表

年　月　日

摘要	借方											贷方										
	笔数		金额									笔数		金额								
月日余额	电寄	邮寄	亿	千	万	千	百	十	元	角	分	电寄	邮寄	亿	千	万	千	百	十	元	角	分
本月发生额																						
本日余额																						
自年初累计发生额																						
备注																						

（4）联行往账的结束工作。每日营业终了，发报行将留存的第四联报单按借、贷方分别加计总数，汇总编制“联行往来”科目的转账借方、贷方传票，再根据传票编制“联行往来”科目日结单，据以登记总账，结出余额，同联行往账报告表余额核对相符。第四联报单附第二联联行往账报告表，定期装订保管。

2. 收报行来账的核算

收报行是联行报单的收受行。它的任务是认真审核报单；迅速办理转账；正确编制联行来账报告表寄管辖分行。在整个联行往来过程中，做好收报行工作是正确处理联行往来账务，及时办理异地资金划拨的关键。

（1）审查联行报单。收报行收到发报行寄来的联行专用信封后，应先根据邮电部门送交的收信记录单，逐件验收。经检查无误签收拆封后，将信封上的填报单笔数与信封内实装报单份数进行核对，如有不符，除在信封上注明实收报单笔数和报单号码外应立即向发报行查询，同时，为了防止漏拆信封、漏抽报单等差错的发生，收报行应指定专人认真检查。收到联行电划报单，应认真审查电报挂号及其内容，对编有密押的电报应核对密押，确认无误后，再编制电划借方（或贷方）补充报单。收报行对邮划报单和电划补充报单，应注意审查收报行行名、行号是否相符，是否为本行受理的报单；报单与附件的收、付款人名称或账号、金额是否一致；联行专用章与密押是否正确等。

（2）办理转账。联行报单经过收报行审核后，有的是完整、正确的报单；有的是有缺陷的但可以转账的报单；有的是不能转账的错误报单。应分别针对不同情况，采取不同的处理方法。

1）完整、正确的报单的处理。收报行收到完整、正确的报单，应根据邮划报单附件和电划补充报单及时办理转账手续，并在联行报单转账日期栏上加盖转账日期戳记。具体账务处理如下：

如收受发报行寄来的借方报单，其会计分录为：

借：开出汇票（或其他账户）

　　贷：联行往来——来户

如收受发报行寄来的贷方报单，其会计分录为：

借：联行往来——来户

　　贷：吸收存款——×收款人户

2）有缺陷报单的处理。有缺陷的报单是指填写不完整，但能肯定其正确性的报单，因此是可以转账的报单。它包括：报单上的行号是本行，附件是他行的；行号是他行，附件是本行的；行号及附件是本行，行名是他行的；以及报单内容清楚但缺少附件的。对于前两种情况，收报行应坚持以报单上收报行行号和附件为准进行处理，以便管辖行集中核对账务。其处理方法如下：

第一，行号是本行，附件是他行的。经收报行审查，发现报单上的收报行行名、行号是本行的，但附件内容是他行的。应将报单留下按本行报单处理，同时发出查询，对于非本行的附件上所列收报行，另填同方向报单办理划转手续。

例如：武汉市青山支行收到南京分行营业部的邮划贷方报单一份，金额20万元，经审查行号、行名均为本行，但所附托收凭证是海南省海口支行的。武汉市青山支行办理划转手续时，根据附件内容向海口支行填发贷方报单，并在备注栏注明“南京分行营业部报单误划本行，现转你行”。原附托收凭证作为转划报单的附件一并寄海口支行。同时还应填制联行往来查询书分别寄原发报行和正确的收报行。武汉市青山支行的会计分录如下：

借：联行往来——来户　　　　200000

　　贷：联行往来——往户　　　　200000

如收到的缺陷报单是借方报单，其会计分录与上例相反。

第二，行号是他行，附件是本行的。经收报行审查，发现报单上的收报行行号非本行，但附件内容肯定是本行的。应将报单留下先向发报行查询，要求更改原收报行行

号，待查复后，按正确的行号代为更正，按本行报单处理。同时编制查询查复书，随来账报告表抄报管辖分行，注明“请按解付行行号××对账”字样。

如果收报行收到非本行行号的报单，而联行行名行号簿上查无此行号，收报行如能肯定该笔业务确属本行时，可以按本行行号代为更正。更正后，必须通知管辖行和发报行，以便作相应的更正。

第三，收到报单仅收报行行名非本行，行号及附件均是本行的，收报行可以更正行名后，按本行的报单处理。同时向发报行发出查询，以便防止今后出现同类错误。

第四，收报行收到的报单内容清楚具体，仅缺附件的，收报行可以代为补制报单抄本，办理转账。

3）不能转账错误报单的处理。不能转账的错误报单是指收报行收到报单后发现：收付款单位账号、户名不清楚，报单与附件金额不符，漏编密押或密押不符，漏盖联行专用章等。收报行对不能转账的错误报单，应登记“未转账错误报单登记簿”，并及时发出查询。错误报单连同附件专夹保管，待接到查复后，再分不同情况处理，并销记登记簿。但如遇防汛、救灾、抢险等特殊情况，经领导批准，也可以一面转账，一面查询，并在报单上注明错误报单情况及查询日期。

（3）编制联行来账报告表。每日营业终了，收报行应将第二联报单按借方、贷方分开，再按发报行行号顺序整理，并分别借方、贷方加计笔数和金额，然后凭以编制联行来账报告表（见表 7–3）一式两份。报告表经审查并与“联行来账”账户的当日发生额及余额核对相符后，第一联联行来账报告表附第二联报单寄管辖分行；第二联联行来账报告表与第一联报单留存。

表 7–3　联行来账报告表

年　月　日

摘要	借方											贷方										
	笔数		金额									笔数		金额								
月日余额	电寄	邮寄	亿	千	万	千	百	十	元	角	分	电寄	邮寄	亿	千	万	千	百	十	元	角	分
本月发生额																						
本日余额																						
自年初累计发生额																						
备注																						

（4）联行来账的结束工作。每日营业终了，收报行应将留存的第一联报单按借、贷分别加计总额，汇总编制“联行往来”的转账借方、贷方转票，再根据传票编制“联行往来”科目日结单，据以登记总账，结出余额，同联行来账报告表余额核对相符。第一联报单附第二联联行来账报告表，定期装订保管。

（三）管辖分行的处理

管辖分行的主要任务是审查辖内各行处报来的联行往、来账报告表及报告卡，然后

运用计算机录磁，并通过专用通讯线路向总行对账中心传输数据信息。全国联行往来通过分行录磁传输，有利于加强管辖分行对全国联行往来的监督管理，使联行往来中存在的问题能够得到及时解决，同时也相应减轻了总行对账的压力和工作量。

管辖分行的主要工作内容有：

1. 建立登记簿

管辖分行收到所辖联行机构上报的全国联行往、来账报告表及所付报告卡后，应逐户登记“全国联行往（来）账报告表登记簿”。

2. 审核输入

管辖分行对联行往、来账报告表及报告卡要认真审核，并输入计算机。具体输入内容有：

（1）报告表。行号，日期，编号，上日余额，借、贷方发生额及本日余额。其中借、贷方（电及邮）笔数不需输入，由计算机根据报单发生数自动生成。

（2）往、来账报告卡。发（收）报行行号、日期、报单种类、报单号码、报单金额。其报单的本方行号不需输入，由计算机根据报告表行号自动生成。

报告表及所附报告卡进出计算机房，必须履行交接手续，严防遗漏、丢失等差错发生。

3. 复核传送

管辖分行对输入报告表及报告卡的各项数据必须换人复核无误后，才能通过专用通讯线向总行传送。为了保证数据传送准确、完整、安全，各管辖分行应分别汇总所辖往账、来账借方、贷方总发生额、余额同时传送总行核对。

对录磁后的报告表及报告卡，应按规定装订保管，以备查询。

（四）总行对账中心的处理

总行对账中心负责全辖范围的账务监督与账务核对工作，根据各管辖分行传输的往、来账报告表及所附报告卡信息，进行逐笔配对核销，以监督全国联行往账和全国联行来账。总行对账中心运用计算机核算，有严密的账务组织、账务处理和账务核对系统。

1. 账务组织

建立全国联行往账、全国联行来账两大计算机对账体系。对账体系内部按往账、来账分别以管辖分行和经办行为对象，设立报告表登录系统和报告卡登录系统。根据“逐日配对、分月查清”的要求，往、来报告卡登录系统均应按报告卡的日期分月设置“未配对”、“已配对”、“待查对”三个账户进行核算。同时分别设置相应的“全国汇总总账”、“管辖分行汇总分户账”、“经办行明细账”。三者之间应相互制约、控制和保持平衡。

2. 账务处理

对账中心接收各管辖分行传输的往账、来账报告表以及所附报告卡信息，经检查核对无误，后转入相应的总账、分户账、明细账，经过核算平衡后，方可进行往账与来账报告卡的逐笔配对，并根据配对的情况调整“未配对”、“已配对”、“待查对”三个账户的发生额和余额。

3. 账务核对

总行对账中心的账务核对包括每日核对和定期核对。

每日核对包括：每天必须将全国汇总、管辖分行汇总、经办行的往（来）账报告表登录系统与报告卡登录系统的借、贷方发生额和余额核算平衡；每天必须将接收的报告表及报告卡按管辖分行分别累计往账、来账借、贷方发生额和余额的总额，与各管辖分行传输的总额核对相符。

定期核对，指定期检查往（来）账按月分设的"未配对"、"已配对"、"待查对"三个账户的核算情况，当"未配对"和"待查对"已经结平并全部转入"已配对"账户时，应通知各管辖分行该月联行未达账项已查清。

集中监督，集中对账的核算过程如图 7–1 所示。

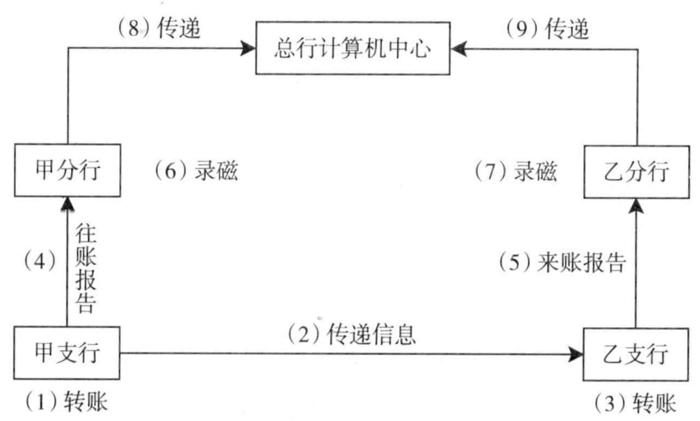

图 7–1　集中对账的核算过程

三、联行往来的年度结清

联行往来单就一个行处来说，其往账和来账一般不会平衡，但从全国范围来看，往账系统与来账系统应是平衡的。当然，由于联行往来账务在发报行双方处理账务的时间和空间上的不一致或存在差错等原因，所以往账系统和来账系统会出现不平衡的情况，从而形成了联行往来中的未达账项。为了验证一个年度内联行账务的正确与否，除了每天或者定期加强账务核对外，每年年度终了，各行还必须对上年度的联行账务做彻底的清查，解决联行往来中遗留的问题，使全国范围内的往账与来账达到最后的平衡。

（一）上年与本年联行账务的划分

新年度开始后，各级行处既要处理新年度发生的联行账务，又要处理上年度的账务，为了防止新旧年度联行往来账务混淆，影响上年未达账项的查清，应将上年联行往来账务结转，即以每年的 12 月 31 日为界限划分上、下年度，并将联行往账、来账进行结转。

（二）联行汇差的轧计与清算

联行汇差，是指本系统各行处委托和代理联行收付款项相互轧抵后的差额，表示联

行间所发生的相互存欠资金关系。联行资金汇差分为应收汇差和应付汇差。当借方发生额大于贷方发生额时为应收汇差，反映为联行垫付了资金；当贷方发生额大于借方发生额时为应付汇差，反映占用了联行资金。汇差资金是银行信贷资金的一个重要组成部分，准确轧计汇差，逐日清算联行资金，对加强信贷资金集中管理、防止联行之间计划外互占资金具有重要意义。

1. 联行汇差的轧计

办理联行往来的行处，在每日营业终了前，将当天“联行往来——往户”和“联行往来——来户”的借方发生额和贷方发生额合计后进行比较，当借方发生额大于贷方发生额时为应收汇差，反之为应付汇差。

2. 联行汇差资金清算

联行汇差资金由主管行统一负责清算，全国联行汇差由总行统一管理清算；分行辖内往来由省分行统一管理清算；支行辖内往来由县（市）支行统一管理清算。各商业银行汇差资金的轧计与清算方法各不相同。时间上有按月、按旬、按5天和按日计算四种，清算形式上有汇差资金抵拨、汇差资金实拨和汇差资金实存并逐级清算等几种方式。本书以汇差资金实拨介绍其账务处理。

汇差资金实拨是指由应付汇差行向主管行汇缴汇差资金，再由主管行将汇差资金拨付给应收汇差资金行。应付汇差资金行通过人民银行调出汇差资金时，其会计分录为：

借：汇差资金划拨

　　贷：存放中央银行款项——××备付金存款户

省分行收到应付资金行的汇差资金时，其会计分录为：

借：存放中央银行款项——××备付金存款户

　　贷：汇差资金划拨

省分行再根据应收资金行的应收差额，将汇差资金下拨给应收汇差资金行，其会计分录为：

借：汇差资金划拨

　　贷：存放中央银行款项——××备付金存款户

应收汇差资金行收到省分行下拨的应收汇差时，其会计分录为：

借：存放中央银行款项——××备付金存款户

　　贷：汇差资金划拨

（三）联行账务的年度结清

联行往来就其全过程来看，发报行记往账、收报行记来账、往账与来账之间必然是相互对应而且平衡一致的。但由于往账与来账发生的时间、地点不同，而且收报行不可能在发报行发出报单的同一时间转账，加之工作上的差错，所以会出现发报行已经记往账，而收报行尚未记来账的现象，称之为未达账项。而且由于联行往来账务是连续不断发生的，所以如果不划分时间界限，那么联行未达账项将永远无法结清。因此，为了划清联行账务在新旧年度之间的界限，保持同一年度内往账与来账的平衡和统一，所以我们以年终12月31日为界限，划分上下年度，进行年度范围内的联行账务平衡和结清。

1. 新旧年度联行账务的处理

新年开始，将上年度“联行往来——往户”和“联行往来——来户”账户的余额转入“上年联行往来——往户”和“上年联行往来——来户”，继续核算上年度的联行账项。新年度发生的联行往来记入“联行往来——往户”和“联行往来——来户”账户，以区分新旧年度的联行账务，便于结清上年度的联行账务。

收报行新年度开始后，处理来账账务时，必须严格划分上、下年度，分别记入上年联行账户和本年联行账户。期末根据上年度联行来账报告卡编制上年度联行来账报告表，其内容应与上一份报告表内容相衔接，本年度的来账报告表是根据本年度的来账报告卡进行编制的。

新年度开始后，联行汇差的轧计与清算也必须划分上、下年度，分别进行汇差资金的轧计与清算。

2. 上年联行账务查清的标志

（1）管辖行、经办行的联行往、来账发生额、余额已核对相符。

（2）联行往账与来账报告卡全部配对，联行往账和来账“已配对”账户的余额相等，“未配对”、“待查对”账户无余额。

（3）全国汇总的“上年联行往来——往户”和“上年联行往来——来户”全部累计发生额及余额完全一致。

3. 上年联行账务的划转结平

上年联行账务在达到上述账务查清标志以后，即表示上年度联行账项已全部核对相符，至此，就可进行上年度联行账务的划转结平。

经办行将“上年联行往来——往户”和“上年联行往来——来户”逐级上划总行或反方结平。

总行根据往账和来账两大系统各账户余额反其方向划转结平。

第三节 电子联行往来的核算

全国电子联行往来，简称电子联行，是指中国人民银行系统内发有电子联行行号的行与行之间通过计算机网络系统和卫星通信技术进行异地资金划拨的账务往来。

运用现代化的计算机网络和卫星通信技术处理联行汇划业务，实现清算手段的现代化，简化了核算手续，缩短了资金在途时间，加速了资金周转。

一、电子联行的基本做法

根据“加强资金管理，加速资金周转，严密联行监督，简化业务手续”的原则，电子联行星形结构、纵向往来、随发随收、当时核对、每日结平、存欠反映的基本做法为：

1. 电子联行组织结构

在中国人民银行总行设立资金清算总中心，在九大区域分行、北京、重庆营业管理部和省会中心支行设立资金清算分中心。各分中心受理联行汇划业务，直接发送到总中心。各分中心之间不发生直接的横向联系，所有分中心之间汇划业务的往来都要通过总中心转收转付。每日营业终了，总中心和分中心核对无误后，结平当日电子联行账务。

2. 账务划分为来账和往账两个系统

办理电子联行往账的行称电子发报行（简称发报行）；办理电子联行来账的行称电子收报行（简称收报行）；清算总中心称电子联行转发行（简称转发行）。各金融机构受理异地汇划业务，发出汇划业务的行称汇出行，收到汇划业务的行称汇入行。汇出、汇入资金由人民银行当即清算，汇划款项与清算资金同步进行。

3. 凭证信息需要确认

总中心和分中心之间的信息交换，必须经过确认后才能作为有效信息。汇出行与发报行、收报行与汇入行之间，可采用交换纸凭证、交换磁介质、联网三种方式处理汇划业务，电子信息与纸凭证信息具有同等法律效力。纸凭证转化为电子信息，电子信息生效（必须经过确认），纸凭证信息失效；电子信息转化为纸凭证，纸凭证有效（必须经过确认），电子信息失效。

二、会计科目和会计凭证

（一）会计科目

1.“电子联行往账”科目

发报行通过转发行向收报行汇划资金时，用本科目核算，代收业务记本科目的贷方，代付业务记本科目的借方，余额双方反映，不得轧差。在正常情况下与转发行核对后，当日结平。

2.“电子联行来账”科目

收报行收到转发行转来发报行的资金汇划业务时用本科目核算，代收业务记本科目的借方，代付业务记本科目的贷方，余额双方反映，不得轧差。与转发行核对后，当日结平。

3.“电子清算资金往来”科目

各清算分中心和总中心之间的电子联行资金存欠用本科目核算。每日电子联行往账、来账科目余额分别对清后全额转入本科目，余额轧差反映。在中央银行把全国电子联行报表汇总后本科目借、贷方余额应相等。

（二）会计凭证

电子联行使用的会计凭证有四种：电子联行转汇贷方（借方）清单、电子联行往账贷方（借方）清单、电子联行来账贷方（借方）清单、电划贷方（借方）补充报单。

三、电子联行往账的核算

（一）汇出行的账务处理

汇出行根据开户单位提交的异地汇划凭证，按规定审核无误，并确认开户单位存款账户余额足够支付后，逐笔填制转汇清单一式三联，并汇总填制两联划款凭证，办理转账。对于贷记业务，会计分录为：

借：××存款

　　贷：存放中央银行款项

如系借记业务，则会计分录相反。

转账后，将一联划款凭证连同三联转汇清单和有关汇划凭证一并提交开户的发报行。

（二）发报行的账务处理

发报行收到汇出行提交的划款凭证、三联转汇清单及有关汇划凭证，经审核无误并确认汇出行账户中存款足够支付后，在第三联汇划清单上加盖转讫章退汇出行，将划款凭证代转账传票（转汇清单第二联及汇划凭证作附件）进行账务处理。

对于往账贷记业务，会计分录为：

借：××银行存款

　　贷：电子联行往账

如系转账借记业务，则会计分录相反。

转账后，在转汇清单第一、第二联上逐笔加填收报行行号和加编密押，第二联作有关传票附件留存，将第一联用签收簿提交录入员签收后凭以输入电子联行计算机系统，输入后每笔业务由计算机打印出电子联行往账清单一式两联交会计部门，分别作为传票附件和卡片账。

录入计算机的往账信息，经审核无误后，通过通信网络发往转发行，并根据转发行发回的收电回执，由计算机累计已发妥往账贷、借记业务笔数及金额。

每日营业终了，发报行与转发行核对当日往账笔数和金额累计数，收到对账正确回执后，即打印电子联行往账科目日结表，核对无误后，根据表中转账数填制转账传票，办理转账，将电子联行往账科目的余额转入电子清算资金往来科目。对于往账贷记业务，会计分录为：

借：电子联行往账

　　贷：电子清算资金往来

如系借记业务，则会计分录相反。

转账后，电子联行往账科目余额结平。

（三）转发行的账务处理

转发行收到发报行送来的往账信息，经确认无误后，向发报行发送收电回执，然后再按收报行行号清分，分批将其连同贷、借记业务笔数，金额的合计数等信息转发收报行，待收报行发回收电回执后予以验证。

每日营业终了，转发行与发、收报行对清账务并轧平之后即打印电子联行往来平衡表，表内反映的电子联行的上存、借用资金余额合计数应当相等。转发行收到发报行的往账信息，当日因故无法将该信息转发收报行时，应通过待转发户过渡，但该户余额年终必须查清结平。

每月由转发行与各发、收报行使用传真或邮寄对账表的方式核对“电子清算资金往来”各账户的余额，发现不符应立即查明更正。

四、电子联行来账的核算

（一）收报行的账务处理

收报行收到来账信息，经审核无误后，向转发行发送收电回执，并由汇入行打印电子联行来账贷方清单一式三联或逐笔打印来账补充报单及汇总单各一式三联。经逐笔核对后，即按总数填制两联划款凭证进行账务处理。对于贷记业务（应收款项代付），会计分录为：

借：电子联行来账

　　贷：××银行存款

如系借记业务，则会计分录相反。

转账后，将来账清单第一、第二联（或汇总单第一联、补充报单第一联）分别作有关商业银行存款科目传票附件和电子联行来账卡片账，在第三联（或汇总单第三联）上加盖转讫章及有关人员名章后连同一联划款凭证和补充报单第二、第三联转交汇入行，汇总单第二联作电子联行来账科目传票附件。

每日营业终了，收报行通过转发行来账结束包对清当日来账后，即根据当日联行来账累计收到数（即本日发生额）及转账数打印电子联行来账科目日结表，凭表中转账数编制转账传票，将电子联行来账科目余额转入电子清算资金往来科目。对于贷记业务，会计分录为：

借：电子清算资金往来

　　贷：电子联行来账

如系借记业务，则会计分录相反。

转账后，电子联行来账科目余额结平。各经办行的电子联行往、来账余额均转入电子清算资金往来科目，该科目余额轧差如为借方余额，则为上存资金，如为贷方余额，则为借用资金。

（二）汇入行的账务处理

汇入行接到收报行转来的电子联行来账清单第三联（或补充报单与汇总单）及划款凭证，经审核无误，自行编制转账凭证和收扣款通知，进行账务处理。对于贷记业务，会计分录为：

借：存放中央银行款项

　　贷：活期存款

如系借记业务，则会计分录相反。

转账后，将收（付）款通知盖转讫章送交收（付）款人。

第四节　资金汇划与清算的核算

由于电子计算机技术在银行会计核算上的广泛应用，银行的联行业务核算将变得更科学、更快捷和更合理。目前，国有商业银行为了进一步加强资金管理，提高资金使用效率，实现集约经营，都推行了系统内资金汇划清算系统。其中工商银行以“实存资金、同步清算、头寸控制、集中对账”为管理体制的资金汇划清算系统最具代表性。该核算系统利用先进的计算机网络系统，将发、收报行之间横向的资金往来转换成纵向的资金汇划，资金划拨快捷，资金清算及时，大大减少了在途资金，防止了行与行之间出现资金存欠。下面重点介绍该系统的核算程序。

一、资金汇划清算系统的结构

资金汇划清算系统由汇划业务经办行（以下简称“经办行”）、清算行、省区分行和总行清算中心组成，各行间通过计算机网络连接。其结构如图 7–2 所示。

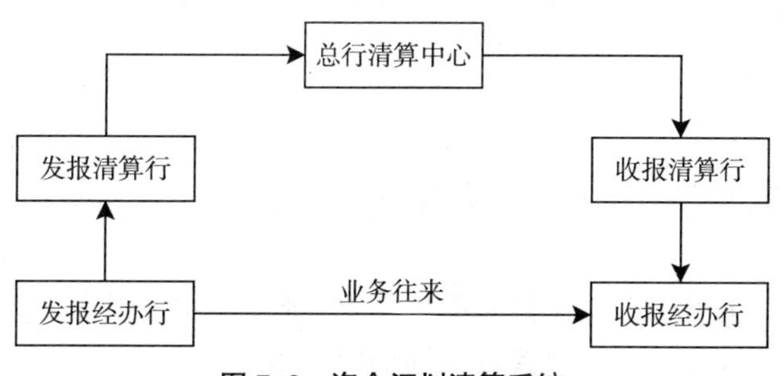

图 7–2　资金汇划清算系统

经办行是具体办理资金结算和内部资金汇划业务的行处。汇划业务的发生行是发报经办行，汇划业务的接收行是收报经办行。

清算行是在总行清算中心开立备付金存款账户，办理其辖属行处汇划款项清算业务的分行，包括直辖市分行、总行直属分行及二级分行（含省分行营业部）。省区分行在总行开立备付金户，但不用于汇划款项的清算，只能办理系统内资金调拨和内部资金利息汇划业务。

总行清算中心是办理系统内各经办行之间的资金汇划、各清算行之间的资金清算及资金拆借、账户对账等业务的核算和管理的部门。

二、资金汇划与清算的核算要求

资金汇划清算系统是银行的一项整体工作，为保证系统的正常运行，各级行应遵循相关的核算要求。

（一）对经办行、清算行的要求

（1）及时处理资金汇划往来数据，做到不积压、不延误。

（2）汇划业务数据的录入必须换人复核。

（3）严格执行经办、复核、授权相分离的规定。实时资金汇划业务逐笔授权；对于金额在 10 万元（含）以上的批量资金汇划业务须经各经办行会计主管人员授权；发报业务在 1 亿元（含）以上的，经办行必须将原始凭证送交或用加押传真送至管辖清算行，由清算行会计主管人员办理特大金额发报授权。

（4）坚持印、押、证三人分管分用的原则。

（5）经办行应将对账数据送至清算行或省区分行进行“辖内往来”的逐笔配对对账。

（二）对省区分行的要求

（1）办理资金的借出、借入、归还等手续，计收计付内部资金利息。

（2）接收并负责处理总行发送的对账差错信息，并对辖属各行的对账业务进行管理。

（三）对总行清算中心的要求

（1）根据汇划业务信息，办理资金清算，更新备付金账户。

（2）根据计划资金部门的调拨通知，及时办理清算资金调度，计收计付内部资金利息，办理资金的借出和归还手续。

（3）及时核对账务，查清未达款项。

三、资金汇划清算的基本做法和基本程序

资金汇划清算系统承担汇兑、托收承付、委托收款、商业汇票、国内信用证、银行汇票、银行卡、储蓄旅行支票、内部资金划拨以及其他经总行批准的款项汇划及资金清算业务，承担对公、储蓄、银行卡异地通存通兑业务的资金清算工作，同时办理相关的查询、查复业务。

（一）基本做法

资金汇划清算的基本做法是：实存资金，同步清算，头寸控制，集中监督。

（1）实存资金。是指以清算行为单位，在总行清算中心开立备付金存款账户，用于汇划款项时资金清算。

（2）同步清算。是指经办行汇出、汇入资金要同时进行清算，即当发报经办行在通过其清算行经总行清算中心将款项汇划至收报经办行的同时，总行清算中心每天根据各行汇出、汇入资金的情况，从各清算行备付金存款户中付出或存入资金，从而实现各清算行之间的资金清算。

(3) 头寸控制。是指各清算行在总行清算中心开立的备付金存款账户，必须保证足够的存款余额以便总行清算中心对各行汇划的资金实行集中清算。

清算行备付金存款余额不足，二级分行可向管辖省区分行借款，省区分行和直辖市分行、直属分行头寸不足可向总行借款。

(4) 集中监督。是指在资金汇划清算体系中，总行清算中心对汇划往来数据发送、资金清算、备付金存款账户资信情况和行际间查询、查复情况进行管理和监督。

(二) 基本核算程序

(1) 各发报经办行根据发生的各结算资金汇划业务录入数据，全部及时地发送至发报清算行。

(2) 发报清算行将各发报经办行的资金汇划信息传输给总行清算中心。所有经办行的资金汇划，查询、查复全部通过清算行进出，清算行控制辖属经办行的资金清算。

(3) 总行清算中心将发报清算行传输来的汇划数据及时传输给收报清算行，并当日更新各清算行备付金存款。

(4) 收报清算行当日或次日将汇划信息传输给收报经办行，从而实现资金汇划业务。实时业务由收报清算行及时传输至收报经办行，批量业务由收报清算行次日传输到收报经办行。

清算行处在信息中转站有着举足轻重的地位，既要向总行清算中心传输发报经办行的汇划信息，又要向收报经办行传输总行清算中心发来的汇划业务信息，资金汇划的出口、入口均反映在清算行，使其可以控制辖属经办行的资金汇划与清算。

四、资金汇划清算的会计科目与会计凭证

(一) 会计科目

1.“存放系统内款项”科目

该科目用于核算下级行存放上级行的资金，反映各清算行存放在总行的清算备付金、省区分行存放在总行的备付金和二级分行存放在省区分行的调拨资金。该科目为省区分行、直辖市分行、总行直属分行、二级分行使用，属资产类科目，余额反映在借方。

2.“系统内存放款项”科目

该科目是各上级行用于核算下级行备付金存款和调拨资金的科目，反映各清算行在总行的清算备付金存款、省区分行在总行的备付金存款以及二级分行在省区分行的调拨资金存款。该科目为总行、省区分行使用，属负债类，余额反映在贷方。

3.“辖内往来”科目

该科目反映各经办行与清算行之间的资金汇划往来款项及清算情况，属共同类科目，余额轧差反映。

(二) 会计凭证

系统内资金清算汇划采用的凭证分为“资金汇划借方补充凭证”和“资金汇划贷方补充凭证”两种，由收报经办行收到来账数据后打印，是账务记载的依据和款项已入账

的通知，均为一式两联。借方补充凭证一联作有关科目的借方凭证，另一联作有关科目的凭证或附件。贷方补充凭证一联作有关科目的贷方凭证，另一联作收账通知。

辖内往来汇总记账凭证，由发报经办行日终根据当天向清算行发出的汇划业务信息打印，并以打印的“资金汇划业务清单”作附件。

五、资金汇划清算的日常核算

（一）发报经办行的处理

发报经办行是资金汇划业务的发生行，业务发生后，要经过录入、复核和授权三个环节的处理，做到不积压、不延误，快速及时。汇划业务的发出分为实时处理和批量处理，实时处理主要是对紧急款项的划拨与查询、查复事项要即时处理。其他业务作批量处理。

1. 账务处理

客户委托银行办理汇划业务时填写的汇划凭证与有关结算业务凭证提交银行。经办人员按业务种类将汇划业务的内容、用途等录入计算机。并经复核员全面审查、复核。如客户提交的是信汇业务，则先发出“信汇付款指令”，再寄发信汇凭证，即发报经办行通过资金汇划清算系统将款项划出，信汇凭证第三、四联通过邮局寄发。

发报经办行根据汇划业务种类，进行以下账务处理，若属代收业务，则会计分录如下：

借：××科目

　　贷：辖内往来

如为代付业务，会计分录相反。

审核无误后，将有效数据发送到清算行，同时接收业务成功的反馈信息。

2. 凭证处理

（1）电汇、电子汇兑、邮划异地托收承付、委托收款凭证三、四联，在款项从客户账户里扣划后，作“辖内往来”凭证的附件。

（2）银行汇票、银行承兑汇票二、三联，信用卡存（取）款单在款项划回时，作“辖内往来”科目传票的附件。

（3）对作“延时付款指令”处理的信汇业务，应在信汇凭证第三联上加盖“汇划专用章”后连同第四联邮寄收报经办行。

3. 日终处理

为了确保发出资金汇划业务的正确，每日营业终了需进行数据核对：由手工轧计当日原始汇划凭证的笔数和金额、辖内往来汇划凭证的笔数和金额、资金汇划业务量统计表的汇总笔数和金额、汇划发报汇总的笔数和金额、汇划业务清单的笔数和金额等各项核对一致。然后，打印及生成对账数据，打印“汇划业务清单”作“辖内往来”科目汇总传票附件。由计算机自动生成“辖内往来”科目有关账户借方、贷方发生额明细信息，于次日传输给清算行。

（二）发报清算行的处理

发报清算行收到发报经办行传输来的汇划业务的数据后，对于金额在1亿元（含1亿元）以上特点金额汇款应由会计主管授权后进行处理，同时汇划清算系统自动加编密押，进行汇划信息的传输，然后进行账务处理。

1. 跨清算行的汇划业务

对于跨清算行的汇划业务，计算机自动进行账务处理，更新本行上存总行备付金账户，并将汇划信息传输给总行，由总行清算中心转给收报清算行。如收到发报经办行发来的贷报汇划业务，会计分录为：

借：辖内往来

　　贷：存放系统内款项——上存总行备付金户

如为借方汇划业务，则会计分录相反。

2. 同一清算行的汇划业务

对于属于同一清算行所辖的汇划业务，系统直接将汇划信息传输给收报经办行，清算行不需要更新备付金账户余额。

贷报业务会计分录为：

借：辖内往来

　　贷：其他应付款——待处理汇划款项户

借：其他应付款——待处理汇划款项户

　　贷：辖内往来

借报业务会计分录为：

借：其他应收款——待处理汇划款项户

　　贷：辖内往来

借：辖内往来

　　贷：其他应收款——待处理汇划款项户

每日营业终了，集中将账务处理的各种凭证打印出来并核对相符。这些凭证包括：辖内往来汇总记账凭证、备付金汇总记账凭证、应收款汇总记账凭证、应付款汇总记账凭证、汇划业务清单、汇划业务量统计表等。

（三）省区分行的处理

发报省区分行属于资金汇划系统中的信息中转站，其主要处理内容有：收到发报清算行传输来的全国汇划业务，实时传输给总行清算中心；收到发报清算行传输来的省区分行辖内的汇划业务后，实时转发给各收报清算行；日终将日间登记的省内汇划数据信息按清算行汇总后上报总行。汇报业务全部由系统自动完成。

收报省区分行主要是负责将总行传输来的全国汇划信息业务传输给收报清算行，而省区分行对汇划收报业务的传输由系统自动完成。

（四）总行清算中心的处理

总行清算中心收到各发报清算行汇划款项，由计算机自动登记后，将款项传送至收报清算行。每日营业终了更新各清算行在总行开立的备付金存款账户。如为贷方汇划款项，会计分录为：

借：系统内存放款项——发报清算行备付金存款户

　　贷：系统内存放款项——收报清算行备付金存款户

如为借方汇划业务，则会计分录相反。

总行清算中心每日进行日终处理，除向收报清算行传输数据及账务核对外，对生成的传输数据要同时备份保存，防止数据丢失。另外，还须打印“试算平衡表”、“备付金存款分析表”、“资金汇划系统资金流向表”等。

（五）收报清算行的处理

收报清算行收到总行清算中心传输来的汇划业务数据，计算机自动检测收报经办行是否为辖属行处，并经核押无误后自动进行账务处理。实时业务及时处理并传至收报经办行；批量业务处理后次日传至收报经办行。

处理方式分为集中式和分散式两种。集中式即清算行作为业务处理中心，负责全辖汇划收报的集中处理以及汇出汇款等内部账务的集中处理。分散式即各项业务的账务核算均在各经办行处理，汇划业务只需要经过清算行划转。

1. 集中式

（1）收报清算行在收到即时汇划数据时，即代辖属收报经办行记账。

贷方汇划业务会计分录为：

借：存放系统内款项——上存总行备付金户

　　贷：辖内往来

经办行的会计分录：

借：辖内往来

　　贷：××存款——收报经办行××户

如为借方汇划业务，则会计分录相反。

（2）收到批量汇划数据后，日终进行挂账处理，次日确认后予以处理。清算行通过“其他应收款”和“其他应付款”科目进行过渡。如为贷方汇划业务，会计分录为：

借：存放系统内款项——上存总行备付金户

　　贷：其他应付款——待处理汇划款项户

借：其他应付款——待处理汇划款项户

　　贷：辖内往来

借：辖内往来

　　贷：××存款（或应解汇款及临时存款）——收报经办行××户

如为借方汇划业务，会计分录相反。

营业终了，收报清算行打印“辖内往来汇总记账凭证”、“备付金汇总记账凭证”、“资金汇划业务清单”等并核对相符。

2. 分散式

采用分散式的收报清算行，收到总行传来的汇划数据后均传至收报经办行处理。

（1）收到实时汇划数据时，即时传至收报经办行。如为贷方汇划业务，会计分录为：

借：存放系统内款项——上存总行备付金户

　　贷：辖内往来

如为借方汇划业务，会计分录相反。

（2）收到批量汇划数据，由收报清算行挂账，转入“其他应付款”或“其他应收款”。如为贷方汇划业务，会计分录为：

借：存放系统内款项——上存总行备付金户

　　贷：其他应付款——待处理汇划款项户

如为借方汇划业务，会计分录为：

借：其他应收款——待处理汇划款项户

　　贷：存放系统内款项——上存总行备付金户

次日待收报经办行确认后，将汇划数据传至收报经办行记账。如为贷方汇划业务，会计分录为：

借：其他应付款——待处理汇划款项户

　　贷：辖内往来

如为借方汇划业务，会计分录方向相反。

（六）收报经办行

收报经办行收到收报清算行传来的汇划信息后，实时汇划业务，经检查无误，打印“资金汇划（借方）补充凭证”或“资金汇划（贷方）补充凭证”一式两份，并自动进行账务处理。

如为贷方汇划业务，会计分录为：

借：辖内往来

　　贷：××科目

如为借方汇划业务，会计分录相反。

如收到“信汇付款指令”业务，先进行账务处理，会计分录为：

借：辖内往来

　　贷：其他应付款——待处理汇划款项户

待收到发报经办行邮寄来的三、四联信汇凭证，应转夹保管，待汇划业务数据到达后再作账务处理。

收报经办行的日终处理同发报经办行的处理。

练习题

1. 名词解释

（1）联行　　（2）联行往来　　（3）联行汇差　　（4）电子联行

2. 填空题

（1）联行往来的管理体制分为（　　）、（　　）、（　　）三个级别。

（2）联行往来划分（　　）和（　　）两大系统。

（3）发报行代联行支付款项应填发（　　）报单，代联行收取款项则应填发（　　）

报单。

(4) 联行汇差分为（　　）和（　　）。

3. 选择题

(1) 发报行是联行业务的发生行，负责（　　）的处理。

A. 往账　　B. 来账　　C. 对账　　D. 销账

(2) 联行往来账务的年度结清日是（　　）。

A. 每年 12 月 20 日　　B. 每年 12 月 30 日

C. 每年 12 月 31 日　　D. 每年元月 1 日

(3) 采取集中式的资金汇划清算办法下，业务处理中心是（　　）。

A. 经办行　　B. 清算行　　C. 分行　　D. 总行

4. 会计分录题

(1) 新华书店电汇天津市支行某客户货款 900000 元。

(2) 收到西安市分行寄来借方报单汇票解讫通知一份，计货款 50000 元，系结清本行开户单位中国伞厂前开银行汇票款 46000 元。

(3) 收到上海市某支行发来贷方报单一份，附信汇凭证，金额 82000 元，经审核发现收报行行号是本行的，而附件内容是苏州市某支行的。

(4) 收到异地江西省分行贷方报单一份附委托收款凭证，金额 16000 元，经审核发现报单附件内容是本行开户单位五金交电商店，而报单上行号是异地他行的，当即更改行号行名办理转账，并通知发报行及总行对账中心。

(5) 武汉市某行 5 月 10 日联行往账的期初余额为贷方余额 8 万元，联行来账期初余额为借方 6 万元。当日发出：①电汇 2 笔，总金额 2 万元；②信汇 5 笔，总金额 3 万元；③委托收款按期付款 8 笔，总金额 4 万元，其中电划划出 2 笔，金额 1 万元；④解付银行汇票 6 笔，总金额 7 万元。本日收到：①电汇 1 笔，1 万元；②收到信汇 8 笔，总金额 7 万元；③结清银行汇票 4 笔，总金额 9 万元；④委托收款划回 7 笔，总金额 8 万元，其中电汇划回 3 笔，金额 2 万元。要求计算该行当日联行汇差，并作出相关会计分录。

第八章　金融机构往来业务

【学习目的】通过本章学习，你能够：了解金融机构往来的意义和种类；掌握商业银行与中央银行往来的日常处理；熟悉同业往来的账务处理方法和票据交换业务的核算方法。

第一节　金融机构往来概述

一、金融机构往来的概念和意义

金融机构往来是指各金融机构之间因相互代收代付款项而发生的资金账务往来。有广义和狭义之分。广义的金融机构往来包括中央银行与商业银行的往来、各商业银行之间的往来、中央银行与各金融机构之间的往来、商业银行与各金融机构之间的往来、各金融机构之间的往来等，范围较广。狭义的金融机构往来主要包括中央银行与商业银行的往来、各商业银行之间的往来等。本节所涉及的金融机构之间的往来核算，主要指狭义的金融机构往来。

金融是现代经济的核心，而银行则是国民经济资金活动的总枢纽，国民经济各部门、各单位间资金的划拨与清算，都必须通过银行完成。各部门、各单位之间的款项结算除一部分是在同一银行系统内进行外，还有很多是在两个不同系统的银行间进行的，这就引起了银行间的资金账务往来，另外，各商业银行之间也需要进行资金融通，相互拆借，同时，人民银行的货币政策工具如公开市场操作、存款准备金、再贷款、再贴现的运用等，也必然会形成人民银行与商业银行之间的资金账务往来。因此，加强对金融机构往来的管理，对人民银行控制与调节商业银行的资金投向和信贷规模、加速资金周转、促进社会主义市场经济的发展、提高经济效益都具有十分重要的意义。

二、金融机构往来的种类及主要内容

1. 商业银行与中央银行的往来

是指各商业银行与中央银行之间，由于办理缴存存款、汇划款项、资金融通等业务而引起的资金账务往来。其主要内容包括各商业银行向中央银行缴纳的各项存款准备金、各商业银行向中央银行申请办理的各项贷款、各商业银行通过中央银行办理的异地及跨系统资金汇划、同业拆借、同城票据清算等业务。

2. 同业往来

是指商业银行之间，因办理结算、代收代付款项以及相互融通资金而发生的资金账务往来。

三、金融机构往来的核算要求

金融机构往来是各银行之间的资金账务往来，体现了银行之间的债权债务关系。各商业银行均需在人民银行开立准备金存款账户，其往来所引起的资金变化，都要通过该账户核算，并按照人民银行统一规定和双方协商的办法办理。其核算要求是：

（1）要坚持“资金分开、独立核算”的原则，严格划分各商业银行与中央银行、各商业银行之间的资金界限。

（2）各商业银行在人民银行的存款账户要严格管理，不得透支，要保留足够的备付金存款便于清算使用，如果备付金不足要及时调入资金，计划内借款不得超过人民银行核定的贷款额度，商业银行之间的拆借，应通过双方在人民银行的存款账户办理，不得支取现金。

（3）各商业银行之间临时性的资金占用应及时清算。如临时资金不足，可相互融通资金，进行资金拆借，到期应及时还本付息；相互代收、代付款项的汇划和票据交换的差额应及时办理资金划拨手续。

（4）要体现汇路畅通的要求，核算时必须做到及时、正确、快捷，要迅速传递结算凭证，及时办理转账手续，加速社会资金周转。

第二节　商业银行与人民银行往来的核算

一、商业银行与人民银行往来的核算

商业银行与人民银行往来的业务主要有：各商业银行向人民银行发行库领取现金和

缴存现金；各商业银行吸收的国家金库款以及财政性存款全部缴存中央银行；各商业银行吸收的一般存款按比例缴存中央银行；各商业银行营运资金不足时，向中央银行申请再贷款、再贴现等。

（一）向人民银行存取款项的核算

根据货币发行制度的规定，商业银行需核定各行处业务库必须保留的现金限额，并报开户人民银行发行库备案。当现金超过规定的库存现金限额时，需缴存中央银行发行库；需用现金时签发现金支票到开户人民银行发行库提取。

商业银行存入现金时，会计分录为：

借：存放中央银行款项

　　贷：库存现金

人民银行收到商业银行存入款项时，根据有关凭证处理账务，会计分录为：

借：发行基金往来

　　贷：××银行准备金存款

　　　　（收入）发行基金——直属库户

支取现金时作相反的会计分录。

（二）再贷款的核算

商业银行在经营中发生营运资金不足，可向人民银行借款。人民银行通过对商业银行发放再贷款，既可以支持商业银行业务的发展，又可以通过放松或缩紧贷款调节社会信用规模、影响市场货币供给量、实现对信贷资金的宏观调控。

1. 再贷款的概念与种类

再贷款是指人民银行向商业银行或其他金融机构以多种方式融通资金的总称。它是解决商业银行资金不足、发挥人民银行宏观调控作用的工具。

再贷款按照贷款期限划分为以下三种：

（1）年度性贷款：是指人民银行为解决商业银行因经济合理增长引起的资金不足问题而发放的一种贷款。该种贷款的期限一般为 1 年或 1 年以上。

（2）季节性贷款：是指人民银行为解决商业银行由于信贷资金先支后收或存款季节性下降、贷款季节性上升等原因引起的资金短缺问题而发放的一种贷款。该种贷款的期限一般为 2~4 个月。

（3）日拆性贷款：是指人民银行为解决商业银行由汇划款项未达和清算资金不足等原因而引起的临时性资金短缺问题而发放的贷款。该种贷款的期限最长不超过 20 天。

2. 再贷款发放的核算

再贷款的发放，由商业银行向人民银行提出申请，经人民银行审核同意后办理。商业银行在向人民银行申请再贷款时，应填制一式五联的借款借据送交人民银行计划部门。

（1）人民银行的核算。借款借据经人民银行计划部门核准签批后，留存第四联作贷款记录卡，其余四联送交会计部门。会计部门收到借款借据并审查无误后，以借款借据的第一、第二联分别作转账借方和贷方传票，办理转账。其会计分录为：

借：××银行贷款

　　贷：××银行准备金存款

第三联借款借据盖章后退还借款的商业银行，第五联借款借据按到期日顺序排列妥善保管，并定期与贷款分户账核对，以保证账据一致。

（2）商业银行的核算。商业银行收到人民银行退回的第三联借款借据后，凭以编制转账借、贷方传票办理转账。会计分录为：

借：存放中央银行款项

　　贷：向中央银行借款

3. 再贷款收回的核算

贷款到期，商业银行应主动办理贷款归还手续，由会计部门填制一式四联再贷款还款凭证提交人民银行。

（1）人民银行的核算。人民银行收到商业银行提交的再贷款还款凭证，经审查无误后，以第一、第二联还款凭证分别代转账借方、贷方传票，原借款借据第五联作贷方传票的附件，办理转账。会计分录为：

借：××银行准备金存款

　　贷：××银行贷款

转账后，将还款凭证第三联送计划部门保管，第四联盖章后作支款通知退还借款的商业银行。人民银行再贷款实行定期计息，利息通过“利息收入——金融机构利息收入”账户核算。

（2）商业银行的核算。商业银行收到人民银行退回的还款凭证第四联后，以其作人民银行存款户的贷方传票，同时另编制转账借方传票办理转账。其会计分录为：

借：向中央银行借款

　　贷：存放中央银行款项

再贷款利息由人民银行扣收后，通过“利息支出——人民银行往来利息支出”账户核算。

（三）再贴现的核算

再贴现是指商业银行由于办理票据贴现而引起资金不足，将未到期的已办理贴现的票据向人民银行融通资金的一种方式。人民银行通过这一货币政策，可以促进商业银行票据贴现业务的开展，搞活资金，引导资金流向，提高资金使用效率。

1. 受理再贴现的核算

商业银行持未到期的商业汇票向人民银行申请再贴现时，应根据汇票填制一式五联再贴现凭证，在第一联上签章后，连同汇票一并送交人民银行资金计划部门。

（1）人民银行的核算。人民银行会计部门接到计划部门转来的经审批同意的再贴现凭证和作成背书转让的商业汇票，经审查无误后，按规定的贴现率计算出再贴现利息和实付再贴现金额，将其填在再贴现凭证中，以第一、第二、第三联再贴现凭证代传票办理转账。其会计分录为：

借：再贴现——××银行汇票户

　　贷：××银行准备金存款

　　　　利息收入——再贴现利息收入户

将再贴现凭证第四联作收账通知退还商业银行，第五联后附汇票按到期日顺序排列妥善保管，并定期与“再贴现”账户余额核对相符。

（2）商业银行的核算。商业银行收到人民银行交给的再贴现收账通知后，应填制二联特种转账借方传票、一联特种转账贷方传票，收账通知作存放中央银行款项借方传票的附件。会计分录为：

借：存放中央银行款项

　　利息支出——再贴现利息支出户

　　贷：贴现资产——××汇票户

2. 再贴现到期收回款项的核算

再贴现到期，由人民银行作为持票人填制委托收款凭证连同再贴现的票据向付款人办理收款。收到款项划回时，其会计分录为：

借：联行往来——来户（或其他有关科目）

　　贷：再贴现——××银行汇票户

3. 再贴现到期未收回款项的核算

人民银行收到付款人开户行或承兑银行退回的委托收款凭证、汇票和拒付款理由书或未付票款通知书后，可以向再贴现申请银行追索票款，从再贴现申请银行的准备金账户中直接扣除。

（1）人民银行的核算。人民银行编制特种转账借方传票两联，以其中一联借方传票与再贴现凭证办理转账。其会计分录为：

借：××银行准备金存款

　　贷：再贴现——××银行汇票户

转账后，将另一联借方传票连同汇票和拒付款理由书或付款人未付票款通知书交给再贴现申请银行。

（2）商业银行的核算。商业银行收到人民银行从其存款账户中收取的再贴现票款的通知后，填制特种转账传票进行账务处理。其会计分录为：

借：贴现资产——××汇票户或汇票转贴现户

　　贷：存放中央银行款项

商业银行对人民银行退回的票据，可以继续向贴现申请人追索票款。其账务处理见本书第三章第三节贷款业务的核算。

第三节 商业银行往来的核算

商业银行往来又称为同业往来，就是商业银行之间由办理跨系统汇划款项、相互拆借资金等业务而引起的资金账务往来。

一、商业银行跨系统汇划款项的核算

商业银行大额汇划款项包括两个内容：一是商业银行系统内 50 万元以上（含 50 万元）的款项汇划；二是商业银行跨系统 10 万元以上（含 10 万元）的款项汇划。按规定应通过中央银行转汇和清算资金。随着我国社会支付系统的完善和电子联行业务的扩展，商业银行系统内和跨系统的汇划款项，将全部由中央银行转汇和转划，并同步清算资金。小额款项的汇划（即系统内 50 万元以下和跨系统 10 万元以下）仍维持系统内联行和同业往来的核算办法。

（一）商业银行大额汇划款项的核算

当前商业银行大额款项的汇划通过中央银行转汇有以下三种处理方式：

（1）汇出行和汇入行均位于双设机构地区（指一地区既有商业银行又有中央银行机构），采用“先横后直”的汇款方式。

甲地商业银行汇往乙地商业银行大额款项时应通过当地中央银行转汇。具体核算如下：

1）甲地商业银行会计分录为：

借：××科目

　　贷：存放中央银行准备金

2）甲地中央银行会计分录为：

借：××银行存款（汇出行）

　　贷：联行往来

3）乙地中央银行会计分录为：

借：联行往来

　　贷：××银行存款（汇入行）

乙地商业银行会计分录为：

借：存放中央银行准备金

　　贷：××科目

具体核算程序如图 8–1 所示。

（2）汇出行为单设机构，汇入行为双设机构地区，或汇出行为双设机构，汇入行为单设机构地区，采用“先直后横”的划款方式。

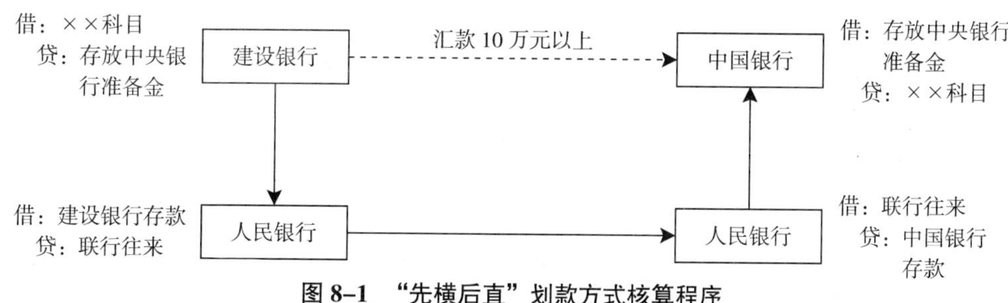

图 8-1　“先横后直”划款方式核算程序

甲地只有一家商业银行，当从甲地商业银行汇往乙地某一商业银行大额款项时，也应通过中央银行转汇。具体核算如下：

1）甲地汇出的商业银行会计分录为：

借：××科目

　　贷：联行存放款项

2）乙地双设机构地区系统内商业银行会计分录为：

借：存放联行款项

　　贷：存放中央银行准备金

3）乙地中央银行转汇行会计分录为：

借：××银行存款（管辖行或代办行）

　　贷：××银行存款（××汇入行）

4）乙地汇入的商业银行会计分录为：

借：存放中央银行准备金

　　贷：××科目

具体核算程序如图 8-2 所示：

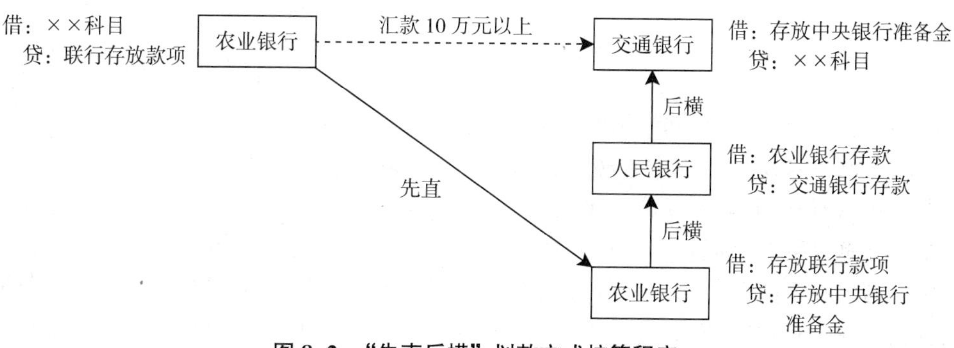

图 8-2　“先直后横”划款方式核算程序

（3）汇出行和汇入行都是单设机构地区，可在第三地双设机构转划，采用“先直后横再直”的划款方式。

1）甲地单设机构地区汇出的商业银行会计分录为：

借：××科目

贷：联行存放款项

2）第三地双设机构系统内商业银行会计分录为：

借：存放联行款项

贷：存放中央银行准备金

3）第三地中央银行会计分录为：

借：××银行存款——汇出行系统内商业银行

贷：××银行存款——汇入行系统内商业银行

4）第三地双设机构系统内商业银行会计分录为：

借：存放中央银行准备金

贷：联行存放款项

5）乙地单设机构地区汇入的商业银行会计分录为：

借：存放联行款项

贷：××科目

具体核算程序如图 8-3 所示：

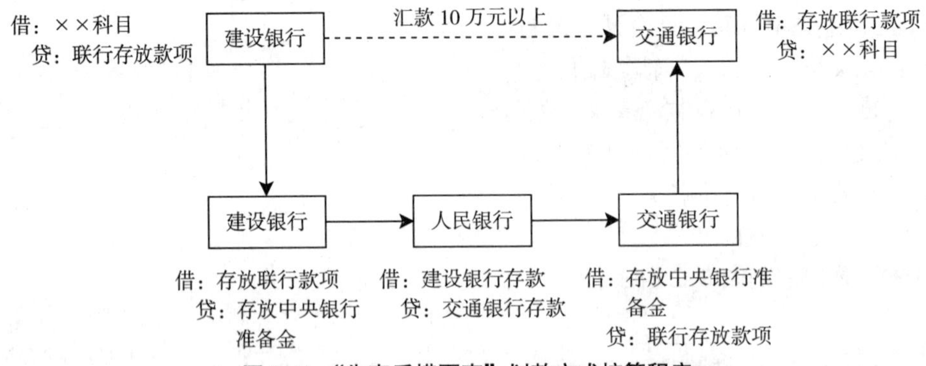

图 8-3 “先直后横再直”划款方式核算程序

（二）商业银行小额汇划款项的核算

1. 汇出地为双设机构地区的转汇，采取“先横后直”的方式办理

汇出地为双设机构是指同一地区设有跨系统汇入行的银行分支机构。在这种情况下，办理异地跨系统转汇时，必须采取“先横后直”的方式办理转汇。即由汇出行根据客户提交的汇款凭证，按照不同系统的汇入行逐笔填制转汇清单，并根据转汇清单汇总编制划款凭证，通过同城票据交换划转汇入行在当地的转汇行，转汇行再通过系统内联行或电子汇划清算系统将款项划入收款人开户行。

（1）汇出行的核算。汇出行根据客户提交的汇款凭证，按不同系统的汇入行逐笔填制转汇清单，汇总后通过同城票据交换，提交同城跨系统转汇行。其划收款项的会计分录为：

借：吸收存款——××付款人户

　　贷：同城票据清算

（2）同城转汇行的核算。同城转汇行收到汇出行的转汇清单和转汇凭证，经审核无误后，据以编制联行报单，通过本系统联行将款项划往异地的汇入行。其划收款项的会计分录为：

借：同城票据清算

　　贷：联行往来——往户

（3）汇入行的核算。汇入行收到同系统转汇行通过联行划转的款项，为收款人办理转账手续。其划收款项的会计分录为：

借：联行往来——来户

　　贷：吸收存款——××收款人户等

如系划付款项，其会计分录与划收款项的会计分录相反。

2. 汇出地为单设机构地区的转汇，采取“先直后横”的方式办理

汇出地为单设机构是指同一地区没有跨系统的汇入行系统的银行机构，但汇入地有汇出行系统的分支机构。在这种情况下，可以采取“先直后横”的方式在汇入地办理转汇。即由汇出行将款项通过本系统联行或电子汇划清算系统办理划转。汇入地联行机构（转汇行）收到有关凭证后通过同城票据交换提交汇入行。

（1）汇出行的核算。汇出行根据客户提交的汇款凭证填制联行报单，通过本系统联行往来将款项划转至汇入地本系统的转汇行。其划收款项的会计分录为：

借：吸收存款——××付款人户

　　贷：联行往来——往户

（2）异地转汇行的核算。异地转汇行收到同系统的汇出行划来的转汇款项，应通过同城票据交换，向跨系统汇入行办理转汇。其划收款项的会计分录为：

借：联行往来——来户

　　贷：同城票据清算

（3）汇入行的核算。汇入行收到跨系统转汇行划转的款项，为收款人入账。其划收款项的会计分录为：

借：同城票据清算

　　贷：吸收存款——××收款人户等

如系划付款项，其会计分录与划收款项的会计分录相反。

3. 汇出地、汇入地均为单设机构地区的转汇采取“先直后横再直”的方式办理

汇出地、汇入地均为单设机构的地区，必须采取“先直后横再直”的方式办理转汇。即要选择就近设有双系统银行机构的地区作为转汇地，首先通过本系统联行或电子汇划清算系统将款项划至转汇地的本系统联行机构（代转行）由其通过同城票据交换将汇划款项转至当地的跨系统转汇行，再由其通过系统内联行或电子汇划清算系统将款项汇至跨系统的汇入行。

（1）汇出行的核算。汇出行根据客户提交的汇款凭证填制联行报单，通过本系统联

行往来将款项划转至转汇地区的本系统联行机构。其划收款项的会计分录为：

借：吸收存款——××付款人户

贷：联行往来——往户

（2）代转行的核算。代转行收到本系统汇出行划来的款项，通过同城票据交换，向转汇行办理转汇。其划收款项的会计分录为：

借：联行往来——来户

贷：同城票据清算

（3）转汇行的核算。转汇行收到本地区跨系统代转行划转的款项，应通过本系统联行往来将款项划转汇入行。其划收款项的会计分录为：

借：同城票据清算

贷：联行往来——往户

（4）汇入行的核算。汇入行收到同系统的转汇行划转的款项，为收款人入账。其划收款项的会计分录为：

借：联行往来——来户

贷：吸收存款——××收款人户

如系划付款项，其会计分录与划收款项的会计分录相反。

二、同业拆借的核算

同业拆借是指商业银行之间临时融通资金的一种短期资金借贷行为。拆借资金主要用于解决由于清算票据存在交换差额、系统内调拨资金不及时等原因引起的临时性资金不足。银行间相互融通资金，有利于充分发挥其横向调剂作用，搞活资金，提高资金的使用效率。

同业拆借可以在人民银行组织的资金市场进行，也可以在同城商业银行间进行，或在异地商业银行间进行，但都必须通过中央银行划拨资金。拆出与拆入的商业银行，应商定拆借条件，如拆借金额、利率、期限等，并签订协议，由双方共同履行。

（一）资金拆借的核算

资金的拆借涉及拆出行、人民银行和拆入行，具体核算如下：

（1）拆出行根据拆借合同签发人民银行转账支票并填制进账单，办理资金划转手续。其会计分录为：

借：拆出资金——××拆入行户

贷：存放中央银行款项

转账后，将支票连同进账单一并交给人民银行或拆入行。

（2）人民银行收到拆出行签发的转账支票和进账单，据以办理转账。其会计分录为：

借：××银行准备金存款（拆出行户）

贷：××银行准备金存款（拆入行户）

以进账单回单联作收账通知交给拆入行。

拆入行收到进账单回单联，据以办理转账。其会计分录为：

借：存放中央银行款项

　　贷：拆入资金——××拆出行户

（二）归还拆借资金的核算

拆借资金到期，原拆入行签发人民银行转账支票并填制进账单，办理本息划转手续。其会计分录为：

借：拆入资金——××拆出行户

　　利息支出——拆借利息支出户

　　贷：存放中央银行款项

转账后，将转账支票和进账单一并交给人民银行。

人民银行收到原拆入行签发的转账支票和进账单，据以办理转账。其会计分录为：

借：××银行准备金存款（拆入行户）

　　贷：××银行准备金存款（拆出行户）

以进账单回单联作收账通知交给原拆出行。

原拆出行收到进账单回单联，据以办理转账。其会计分录为：

借：存放中央银行款项

　　贷：拆出资金——××拆入行户

　　　　利息收入——拆借资金利息收入户

三、转贴现的核算

转贴现又称重贴现，它是指商业银行持已办理贴现、未到期的商业汇票向其他商业银行融通资金的行为。它是解决商业银行因办理票据贴现而引起资金不足这一问题的又一条途径。

（一）办理转贴现的核算

商业银行持未到期的商业汇票向其他商业银行申请转贴现时，应根据汇票填写一式五联转贴现凭证，在第一联上签章后，连同汇票一并送交转贴现银行信贷部门。

转贴现银行会计部门接到信贷部门转来并审批同意的转贴现凭证和作成背书转让的商业汇票，经审查确认无误后，其余手续比照一般贴现办理。其会计分录为：

借：贴现资产——汇票转贴现户

　　贷：存放中央银行款项

　　　　利息收入——转贴现利息收入

转贴现申请银行收到转贴现银行交给的转贴现收账通知书，应填制二借一贷的特种转账传票，将收账通知书作为存放中央银行款项借方传票的附件，办理转账。其会计分录为：

借：存放中央银行款项

　　利息支出——转贴现利息支出

贷：贴现资产——××汇票户

（二）转贴现到期收回的核算

转贴现银行作为持票人向付款人办理收款，可比照贴现到期收回贴现票款处理。在收到款项划回时，其会计分录为：

借：联行往来——来户（或其他科目）

贷：贴现资产——××汇票转贴现户

转贴现票据到期，对向承兑人收款而不获付款的，应向转贴现申请银行进行追索。

第四节　同城票据交换

一、同城票据交换的意义和基本做法

同城票据交换是指在同一票据交换区域内的各银行，按照规定的时间，集中到指定的场所，相互交换代收、代付票据，轧计差额，清算应收应付资金的办法。同城票据交换使得同一票据交换区域的各行处之间不必逐笔划转款项和分头传递结算凭证，从而可以简化核算手续，加快凭证传递，加速资金周转。

参加票据交换的银行均应在中央银行开立备付金存款账户，由中央银行负责对各银行之间的资金存欠进行清算。票据交换分为提出行和提入行两个系统。向他行提出票据的是提出行，提回票据的是提入行。而参加票据交换的银行一般既是提出行又是提入行。各行提出交换的票据可分为代收票据和代付票据两类。凡是由本行开户单位付款，他行开户单位收款的各种结算凭证，称为代收票据（贷方票据），凡是由本行开户单位收款，他行开户单位付款的各种结算凭证，称为代付票据（借方票据）。提出行提出的代收票据表示为本行应付款项，提出的代付票据则表示为本行应收款项；提入行提入的代收票据表示为本行应收款项，提入的代付票据表示为本行应付款项。各行在每次交换中当场加计应收和应付款项，最后由票据交换所汇总轧平各行处的应收、应付差额，由中央银行办理转账，清算差额。

二、同城票据交换的核算

商业银行提出和提入票据的资金，均应通过人民银行的存款账户进行清算。在实际工作中，提出和提入的票据并非每笔都直接通过“存放中央银行款项”账户核算，而是先通过相应的过渡性账户列账，如“其他应收款”、“其他应付款”或“同城票据清算”等账户，最终将交换差额从过渡账户转入“存放中央银行款项”账户。

（一）票据交换的处理

进行票据交换时，票据提出行根据提出的借方和贷方传票，分别逐笔填制票据交换清单，然后根据交换清单汇总编制两联借方凭证或贷方凭证，将一联借方或贷方凭证代传票办理转账。如系代收款项，会计分录为：

借：吸收存款——××付款人户

　　贷：同城票据清算

如系代付款项，会计分录相反。

办理转账后，将另一联借方或贷方凭证连同有关提出凭证交票据交换中心进行票据交换。

票据提回行提回一联借方或贷方凭证及有关提回凭证，办理转账。如系提回贷方凭证，会计分录如下：

借：同城票据清算

　　贷：吸收存款——××收款人户

如系提回借方凭证，会计分录相反。

（二）票据交换差额清算的处理

参加票据交换的各银行于每日营业终了，须计算当日的应收或应付差额，为票据交换差额清算做好准备。清算差额时，由参加票据交换的各银行根据应付或应收差额向人民银行填制有关凭证，办理划款手续。具体会计分录如下：

（1）应付差额行：

借：同城票据清算

　　贷：存放中央银行款项

（2）应收差额行：

借：存放中央银行款项

　　贷：同城票据清算

（3）人民银行：

借：××银行准备金存款（应付资金行户）

　　贷：××银行准备金存款（应收资金行户）

票据交换业务要坚持“先付后收，收妥抵用，银行不垫款”的原则。当提入行提入有错误的票据，如出现账号与户名不符、大小写金额不一致、付款人账户资金不足以支付等情况时，均要办理退票。

三、计算机处理交换票据的基本做法

目前，我国一些大中城市，为了改进票据交换的做法，提高票据交换的效率，引进了相应的计算机设备，对原手工操作的票据交换做法进行了根本性的变革，现将计算机处理交换票据的基本做法概述如下：提出行将要提出交换的票据先经打码机打码处理。这些数码根据票据或凭证填写的有关要素打印，其中包括：票据号码、交换行号、单位账号、借（贷）方代码及金额，打在每张票据或凭证的末端，并由打码机打印出提出交换的票据的明细清单（即主清单）。为了便于分批处理提出的交换票据，在每批（不超过100张）票据打码处理后，另打制“批控卡”用于控制该批票据金额的平衡。提出行根据“批控卡”的借方（贷方）总额填入“交换提出报告单”，结计总数并与打码机的总数核对相符，连同本场交换提出的全部票据及主清单，一并装袋由送票公司送交清算中心。交换场工作人员在规定的交换时间将交换凭证陆续投入清分机进行清分，由清分机自动按提回行进行清分、读数，打印出票据清单，直至最后把提回的票据、凭证输送各提回行的箱夹，由送票公司送各提回行进行账务处理，同时由交换场计算机打印出“交换差额报告表”送人民银行营业部办理资金清算。

练习题

1. 名词解释

（1）金融机构往来　（2）再贷款　（3）再贴现　（4）同业拆借

2. 填空题

（1）狭义的金融机构往来主要包括（　）、（　）等。

（2）再贷款按照贷款期限划分为（　）、（　）、（　）三种。

（3）汇出地为双设机构地区的转汇，采取（　）的方式办理；汇出地为单设机构地区的转汇，采取（　）的方式办理。

（4）票据交换分为（　）和（　）两个系统。

3. 选择题

（1）同业往来是指（　）。

A. 商业银行与人民银行之间的往来　B. 商业银行与商业银行之间的往来

C. 金融机构之间的往来　D. 同一银行系统之间的往来

（2）再贷款的借款人是（　）。

A. 金融企业　B. 中央银行　C. 商业银行的客户　D. 自然人

（3）可以申请再贴现的票据是（　）。

A. 支票　B. 银行汇票　C. 商业汇票　D. 银行本票

4. 会计分录题

（1）黄石市工商银行开户单位灯泡厂提交信汇凭证一份，金额为60000元，收款单位系福州市中国银行开户单位机械厂。黄石无中国银行，采用“先直后横”的汇划方式。请分别作出汇出行、转汇行和汇入行的会计分录。

（2）沙市工商银行开户单位电池厂提交信汇凭证一份，金额为30000元，汇往宜昌市华夏银行开户单位化工厂，沙市、宜昌都是单设机构，采用“先直后横再直”的汇划方式。请分别作出汇出行、转汇行和汇入行的会计分录。

（3）云梦县工商银行发生临时性资金短缺，向该县农业银行拆借资金2500万元。请分别作出拆出行、拆入行和人民银行的会计分录。

（4）交通银行上海市支行3月12日持银行承兑汇票一份（承兑银行为武汉市招商

银行）向人民银行申请再贴现，汇票金额为 900000 元，该汇票 3 月 1 日签发，3 月 8 日贴现，6 月 10 日到期。经审查人民银行同意办理再贴现。假定再贴现月利率为 4.5‰。请列出算式计算再贴现利息和实付再贴现额，并分别作出上海市交通银行和人民银行的会计分录。

（5）某日票据交换完毕后，各行交换差额为：工行应收差额为 30 万元；农行应付差额为 40 万元；中行应收差额为 20 万元；建行应付差额为 10 万元。各行分别填交转账支票或进账单，由人民银行据以转账清算。请分别作出工、农、中、建四家商业银行和人民银行的会计分录。

第九章 投资业务

【学习目的】通过本章学习，你能够：了解银行投资业务的内容及规定；掌握债券的面值、溢价、折价发行的核算方法；掌握银行短期投资、长期投资的会计处理方法。

第一节 投资业务概述

一、投资的特点

投资是指企业为了通过分配来增加财富，或为谋求其他利益，而将资产让渡给其他单位而从中获得的另一项资产。投资具有以下两个特点：

（一）投资是通过让渡其他资产而换取的另一项资产

银行以支付现金购买债券、以债权向其他单位投资而取得其他单位的股权等。银行通过将其所拥有的现金、债权等让渡给其他单位使用，以换取债权投资或股权投资。投资所获得的资产与其他资产一样，能为投资者带来未来的经济利益，这种经济利益能直接或间接地增加流入银行的现金。

（二）投资获取经济利益的形式与其他资产不同

银行所拥有的或者控制的除投资以外的其他资产，通常能为银行带来直接的经济利益。例如，银行的短期贷款、中长期贷款、抵押贷款是为获取利息收入而贷出的款项；又如，为开展经营活动而拥有的固定资产，是银行开展经营活动不可缺少的一部分，其为银行带来的直接经济利益的流入是银行本身经营活动所产生的，因此固定资产也属于能为银行带来直接经济利益的资产。而投资是将银行的部分资产转让给其他单位使用，通过其他单位使用投资者投入的资产所创造的效益后分配取得的。

二、投资的分类

（一）按照投资的性质分类

1. 权益性投资

权益性投资是指投资者为获取另一企业的权益或净资产所作的投资。这种投资有直接投资、普通股股票投资等。

2. 债券性投资

债券性投资是指投资者为取得债权所作的投资。这种投资主要表现为债券投资，如购买国库券、企业债券等。

3. 混合性投资

混合性投资是指既有债权性质，又有权益性质的投资，如购买优先股股票，可转换公司债券等。

（二）按照投资的目的分类

1. 短期投资

短期投资是指能够随时变现并且持有时间不准备超过一年的投资。这种投资的目的是充分利用暂时闲置的资金以获得较高的收益，待需要时即可兑换现金。

2. 长期投资

长期投资是指短期投资以外的投资。这种投资的目的或是积累资金以供特定用途之需，或是控制其他单位或对其他单位实施重大影响等。

三、初始投资成本的确定

银行的投资在取得时应以初始投资成本计量，初始投资成本是指为了获得一项投资而付出的代价，包括买价和其他相关费用。初始投资成本按以下规定确定：

（一）以现金购入的投资

以现金购入的投资应以实际支付的全部价款作为初始投资成本。它包括支付的买价、税金、佣金等相关费用。实际支付的全部价款中包含已宣告但尚未领取的现金股利或已到付息期但尚未领取的债券利息，应将扣除已宣告但尚未领取的现金股利，或已到付息期但尚未领取的债券利息后的差额，作为初始投资成本。

（二）接受债务人以非现金资产抵偿债务方式换入的投资

接受债务人以非现金资产抵偿债务方式换入的投资，应按换出资产的账面价值加上应支付的相关税费，作为初始投资成本。如涉及补价，按下列方法确定换入投资的初始投资成本：

1. 收到补价的情况

将换出资产账面价值加上应确认的收益和应支付的相关税费，减去补价后的余额，作为初始投资成本。

2. 支付补价的情况

将换出资产账面价值加上应支付的相关税费和补价，作为初始投资成本。

（三）以债转股方式取得的投资

以债转股方式取得的投资，按实际债转股应收债权的账面价值加上应支付的相关税费，作为初始投资成本。如涉及补价的，按下列方式确定受让的初始投资成本。

1. 收到补价的情况

将应收债权的账面价值减去补价，加上应支付的相关税费，作为初始投资成本。

2. 支付补价的情况

将应收债权的账面价值加上支付的补价和应支付的相关税费，作为初始投资成本。

第二节　短期投资

一、短期投资收益的确认

因为短期投资一般在一年之内可变现，所以为简化手续，应在收到股票股利或债券利息时确认为投资收益。债权性质投资，如债券投资持有收益的大小与持有时间的长短有直接关系，但因投资时间短，所以在持有期内无需按期预计本期已实现的投资收益，到投资转让或兑付时才作为投资收益的实现，计入当期经营成果。权益性质的投资，如股票投资，因持有收益与持有时间无直接关系，故本期宣告发放的股利，即可作为本期收益的实现，计入本期经营成果。

二、会计科目

为核算短期投资，银行应主要设置：

1.“短期投资”科目

“短期投资”属资产类科目，借方登记购入时的实际成本，其中包括买价、经纪人佣金、手续费及其他相关费用。在债券投资中，其购价若包含有自发售日期已实现的利息，可包括在债券投资的成本中，不需单独反映；在股票投资中其购价如包含有已宣布发放而尚未收取的股利，则应从投资成本中扣除，作“其他应收款——应收股利”核算。

2.“短期投资跌价准备”科目

“短期投资跌价准备”是资产类账户，是“短期投资”的抵减账户，用以核算银行提取的短期投资的跌价准备。我国现行《金融企业会计制度》规定，“金融企业应当在期末时对短期投资成本与市价孰低计量”。因此，计提的市价低于成本的损失准备记贷方，借方登记冲减的跌价准备。

3.“投资收益”科目

该科目核算银行发生的损益，对收到的债券利息、股利以及债权转让时所发生的收入与实际成本之间的差额，用“投资收益”核算。

三、短期投资的核算

1. 购入债券

【例 9-1】工商银行某支行于 2010 年 1 月 30 日按面值购进 900000 元新发的长江公司债券，另以交易金额的 1‰支付佣金，款项以转账支票支付。该债券持有期不超过一年。根据前述科目设置原则，作会计分录如下：

借：短期投资——债券投资　　900900

　　贷：存放中央银行存款　　　　900900

若实际价款中包括已到付息期而尚未领取的债券利息，就应将它列入“应收利息”单独专户核算，不构成短期投资成本。

【例 9-2】某行 2009 年 7 月 1 日从证券市场以 609000 元价格购入 2009 年 1 月 1 日发行的 3 年期政府债券，债券按年付息，到期还本付利，年利率 3%，该债券面值总计 600000 元，另付相关税费 3000 元。该行购入债券不准备长期持有。购入时的会计分录为：

支付的价格中所含应收利息 = 600000 × 3% × 6/12 = 9000（元）

投资成本：609000 + 3000 − 9000 = 603000（元）

借：短期投资——债券投资　　603000

　　应收利息　　　　　　　　9000

　　贷：存放中央银行款项　　　　612000

2. 转让或出售债券的核算

当转让或出售债券取得的实际收入大于账面购入的成本时，其差额记“投资收益”账户的贷方，会计分录为：

借：现金（或存放中央银行存款）

　　贷：短期投资——××债券

　　　　投资收益

若实际收入小于原账面价值，差额则记入“投资收入”的借方。

【例 9-3】上例若该银行于 2010 年 2 月以 650000 元的价格出售给另一家商业银行，其会计分录为：

借：存放中央银行存款　　650000

　　贷：短期投资——债券投资　　612000

　　　　投资收益　　　　　　　　38000

3. 收取利息的核算

银行购入短期债券到计息期时，如原购买时支付价款中不含有尚未支付的利息，则

本次计息收入全部作为利息收入计入“应收利息”账户的贷方；如购买的价款中含有尚未支付的利息，应首先从本次计息收入中扣掉，以冲减原投资成本，其余额为本利息收入。会计分录：

借：现金（或存放中央银行存款）
　　贷：应收利息
　　　　短期投资——债券投资

【例 9-4】承【例 4-2】，2009 年 12 月 31 日，银行收到以现金形式分来的当年的债券利息 18000 元，其中应收利息 9000 元，会计分录为：

借：现金　　18000
　　贷：应收利息　　9000
　　　　短期投资——债券投资　　9000

4. 短期投资期末计价

期末应将短期投资的成本与市价进行比较，如市价低于成本，则其差额借记“投资收益”账户，贷记“短期投资跌价准备”账户；如记入跌价的短期投资的市价以后又回补，按回补增加的数额（其增加数以补足以前入账的减少数为限），借记“短期投资跌价准备”账户，贷记“投资收益”账户。采用成本与市价孰低法计价时，可根据具体情况分别采用投资总体、投资类别或单项投资计算并确定计提的跌价损失。这里只介绍按投资总体计算成本与市价孰低的计算方法。按投资总体计算成本与市价孰低法，是指按短期投资总成本与总体市价孰低计算提取跌价准备的方法。

【例 9-5】某行 2009 年 12 月 31 日短期投资成本合计为 1000000 元，按市价计算短期投资的价值合计为 950000 元，假设以前该行未提取跌价损失准备，则当期应提的跌价准备金额为 50000 元（1000000-950000），会计分录为：

借：投资收益　　50000
　　贷：短期投资跌价准备　　50000

如果当期短期投资市价低于成本金额大于“短期投资跌价准备”科目的贷方余额，则应按其差额提取跌价损失准备；如果当期短期投资市价低于成本金额小于“短期投资跌价准备”科目的贷方余额，则应按差额冲减已计提的跌价准备；如果当期短期投资市价高于成本，则应将已计提的跌价准备金全部冲回。此时，短期投资按成本计价。

【例 9-6】某行 2009 年 12 月 31 日短期投资市价低于成本的金额为 6000 元，“短期投资跌价准备”科目的贷方余额为 4500 元，则当年应提取的跌价准备金额为 1500 元（6000-4500），会计分录为：

借：投资收益　　1500
　　贷：短期投资跌价准备　　1500

如果该行 2009 年 12 月 31 日短期投资的市价高于成本金额，为 6500 元，应将已计提的跌价准备全部冲回，会计分录为：

借：短期投资跌价准备　　6000
　　贷：投资收益　　6000

第三节 长期投资的核算

一、长期投资的特点

长期投资是指一年以上（不含一年）不能变现或不准备变现的投资，它与短期投资相比，既有共同之处，又有明显区别。共同之处是两者都是为谋求经济利益而进行的投资，两者的区别主要有以下两个方面：

1. 投资的目的和性质不同

短期投资主要是利用银行暂时闲置的资金进行投资，目的在于获取闲置资金收益，它购入的主要是一些能随时变现的股票和债券，属于流动资产，具有较强的变现能力；而长期投资的目的不仅仅在于谋求投资收益，更主要的在于影响和控制被投资企业，以实现长远发展目标，它属于非流动资产。

2. 投资持有的时间长短不同

短期投资持有时间一般不超过一年，可以随时变现；而长期投资持有的时间在一年以上，并且不能或不准备随时变现。

目前，商业银行的长期投资主要是购买持有时间超过一年的债券，包括国债、政策性银行和其他企业的期限在一年以上的长期债券，认购时有按面值、溢价、折价三种情况。

二、会计科目

核算长期债券投资业务应设置的科目：

（1）“长期债权投资”科目。用于核算银行持有的各种长期债券的项目。

（2）“长期投资减值准备”科目。按制度规定，银行的长期投资应当在期末时按账面价值与可收回金额孰低计量；对收回金额低于账面价值的差额，应当计提长期投资减值准备。

（3）“投资收益”科目，银行的投资收益单独核算，如在全部收入中所占比重比较大，应在营业利润项目后单独反映。

三、长期投资的核算

（一）按面值购入的债券的核算

按面值购入的债券以实际支付的价款（包括税金、手续费等相关费用）减去已到期但尚未领取的债券利息，作为初始投资成本。如果支付的税金、手续费等相关费用金额较小，可直接计入当期投资收益，不计入初始投资成本。期末应计长期投资减值准备。处置长期债权投资时，将所收的收入与长期债权投资账面价值的差额，作为当期投资收益。

1. 购入

若购入到期一次性还本付息的债券，则会计分录为：

借：长期债权投资——债券投资（面值）
　　投资收益——债券投资（应计利息）
　　贷：现金（或银行存款）

【例 9-7】某银行在 2008 年 7 月 1 日从证券市场购进 2 年期面值为 200000 元的国家重点建设债券，该债券票面利率为 6%，到期一次还本付息。共支付的价款为 206300 元，其中包括经纪人佣金 300 元。此时，支付的价款中包含应计利息 6000 元（200000×6%/12×6），应作会计分录：

	借方	贷方
借：长期债权投资——债券投资	200000	
——债券投资（应计利息）	6000	
投资收益	300	
贷：银行存款		206300

2. 每期确认收益

在每期结账时，应根据持有的面值和票面规定的利率计算当期债券投资的应计利息，并将其确认为收益。计入当期损益。

【例 9-8】以上述例子为例，某行在 2008 年 12 月 31 日，根据债券总额和票面利率计算持有该债券的利息收入 6000 元（200000×6%/12×6）。此时，应作会计分录：

	借方	贷方
借：长期债权投资——债券投资（应计利息）	6000	
贷：投资收益		6000

如果该债券按年付息，则该银行在 2008 年 12 月 31 日收到当年利息 12000 元，其会计分录为：

	借方	贷方
借：银行存款	12000	
贷：应收利息		6000
投资收益		6000

3. 到期收回

债券投资到期收回时，应按全部收回价款，借记“银行存款”账户，按债券投资面额总数，贷记“长期债权投资——债券投资”账户；按债券投资已计利息数额，贷记“长期债权投资——债券投资（应收利息）”账户；按债券投资应计未付利息数额，贷记“投资收益”账户。

【例 9-9】某银行于 2009 年 12 月 31 日收回债券本息 248000 元，该债券投资是 2008 年 1 月 1 日购买的面值为 200000 元的 2 年期一次还本付息债券，年利率为 12%，该行对债券每半年计息一次，在 12 月 31 日进行会计处理时，其会计分录为：

借：银行存款　　248000

　　贷：长期债权投资——债券投资　　200000

　　　　　　　　　　——债券投资（应计利息）　　36000

　　　　投资收益　　12000

（二）溢价购入债券的核算

溢价购入债券是指以高于债券面值的价格购进的债券。溢价是为以后多的利息而预先付出的款项，故对于银行收到的利息收入，采用直线法进行摊销，以冲减投资收益。

【例 9-10】某商业银行于 9 月 30 日购进长江公司 3 年期债券，面值为 240000 元，购进价为 243000 元，该债券年利率为 5%，每年 9 月 30 日支付利息。

（1）9 月 30 日签发转账支票 243000 元购进，计入投资成本，会计分录为：

借：长期债权投资——债券投资（面值）　　240000

　　　　　　　　——债券溢价　　3000

　　贷：银行存款　　243000

（2）年度终了计算利息并摊销溢价

当年应收利息：$240000 \times 5\% \times 3/12 = 3000$

当年应摊销溢价：$3000/3/12 \times 3 = 250$

当年计算利息，摊销溢价的会计分录为：

借：长期债权投资——债券投资（应计利息）　　3000

　　贷：长期债权投资——债券溢价　　250

　　　　投资收益　　2750

（3）次年 9 月 30 日收到长江公司 1 年期债券利息 12000 元，存入本行存款账户，会计分录为：

借：银行存款　　12000

　　贷：应收利息　　3000

　　　　长期投资——债券溢价　　750

　　　　投资收益　　8250

（三）折价购入

折价购入债券是指购进价格低于面值。这主要是由于债券票面利率低于发行债券时的市场实际利率，折价是为了补偿银行少收的利息，所以应在确认收入时，采用直线法进行摊销折价，以作投资收益的一部分。

【例 9-11】工商银行长江支行 6 月 30 日购进加兴公司 3 年期债券，面值为 180000 元，购进价为 177000 元，该债券年利率为 5.4%，每年 6 月 30 日支付利息。

（1）6 月 30 日签发转账支票 177177 元支付债券并按价格的 1‰支付佣金时，会计分录为：

借：长期债权投资——债券投资　　180000

　　　　　　　　——债券折价　　3000

　　投资收益　　177

贷：银行存款　　177177

（2）年度终了计算利息并摊销折价，其分录为：

当年应收利息：180000 × 5.4% × 6/12 = 4860（元）

当年应摊销的折价：3000/3/12 × 6 = 500（元）

当年计算利息，摊销折价的会计分录为：

借：应收利息——债券投资　　4860

长期债权投资——折价　　500

贷：投资收益　　5360

（3）次年 6 月 30 日收到加兴公司债券利息 9720 元，会计分录为：

借：银行存款　　9720

贷：长期债权投资——债券投资（应收利息）　　4860

投资收益　　4860

四、长期投资减值准备

长期投资减值准备是指长期投资未来可收回金额低于账面价值时，发生损失，而计提的减值准备。

长期投资价值下跌并予以确认时，应按确认的减值部分计提减值准备，会计分录为：

借：投资收益——计提长期投资减值准备

贷：长期投资减值准备

【例 9-12】工商银行某支行长期股权投资东海股份有限公司股票 50000 股，每股面值 7 元，2008 年 6 月 30 日，东海股份有限公司股票市价为 6.6 元，确认调账，会计分录为：

借：投资收益——计提长期投资减值准备　　20000

贷：长期投资减值准备　　20000

如果已计提减值准备的长期投资到期收回或处置前其价值回升，应冲减已计提的减值准备并转回所回升的价值，账务处理是：借记“长期投资减值准备”，贷记“投资收益——计提长期投资减值准备”。

【例 9-13】2008 年 12 月 31 日东海股份有限公司股票市价已回补至 7.1 元，调整长期减值准备，会计分录为：

借：长期投资减值准备　　20000

贷：投资收益　　20000

练习题

1. 名词解释

（1）短期投资　　（2）长期投资

2. 填空题

（1）长期投资期末市价持续下跌导致可收回金额低于账面价值的差额应记入（　　）科目。

（2）短期投资期末市价低于成本的部分记入（　　）科目。

3. 选择题

（1）处置短期投资实际收入大于账面价值应记入（　　）科目。

A. 投资收益　　B. 利息收入

C. 营业外收入　　D. 其他业务收入

（2）长期投资可以按（　　）价格购入。

A. 市价　　B. 溢价　　C. 折价　　D. 面值价

4. 会计分录题

（1）某银行 2009 年 1 月 1 日，以 110000 元的价格购回某企业 2008 年 1 月 1 日发行的 3 年期债券，债券利息按半年支付，到期收回本金，债券年利率为 4.5%，该债券面值为 100000 元，另支付相关税费 2000 元，该行购入债券（购入时上年的利息尚未支付）不准备长期持有。该行于 3 月 5 日收到上半年利息，要求计算初始成本和相关分录。

（2）11 月 3 日出售上笔债券投资获 120000 元，作出相关分录。

（3）2009 年某商业银行出售一笔长期债券投资，账面价值 500000 元，出售收回价款 480000 元，作出会计分录。

第十章　固定资产、无形资产业务

【学习目的】通过本章学习，你能够：了解固定资产的基本概念、主要分类方法以及计价方法，掌握固定资产的折旧和无形资产的摊销方法；掌握固定资产增加、减少和发生减值的核算。

第一节　固定资产概述

一、固定资产的概念

固定资产是指使用期限较长、单位价值较高，并且在使用过程中保持原有实物形态的资产。

固定资产与其他资产相比较，具有下列特征：

(1) 使用期限较长。一般在一年以上。这个特征表明，企业为了获得该项资产，必须在把它投入生产经营之前发生支出，这种支出属于资本性支出而不是收益性支出。

(2) 单位价值较大。相对于低值易耗品而言，固定资产普遍价值比较大。

(3) 使用寿命是有限的（土地除外）。这个特征说明了计提折旧的必要性。固定资产随着不断的使用和磨损，会逐渐丧失其服务能力。因此，必须在其有效的使用年限内计提折旧，这不仅是为了使企业将来有能力重置资产，维持再生产，更主要的是为了把购置固定资产的支出分配到各个受益期，实现收入与费用的正确配比。

(4) 用于生产经营活动而不是为了出售，即不是为卖而买。这个特征是区别固定资产与流动资产的重要标志。企业外购的某些资产也可能价值较高，占有时间较长，但只要其购置的目的是为了出售，就不能作为固定资产而应作为流动资产。

在我国的会计实务中，划分固定资产的具体标准是：使用期限在一年以上的房屋、建筑物、机器、设备、运输工具等资产应作为固定资产；不属于生产经营主要设备的物品，单位价值在2000元以上，并且使用期限超过两年的，也应作为固定资产。不符合上述条件的劳动资料，应作为低值易耗品管理和核算。

二、固定资产的计价

为了正确地反映固定资产的增减变动和实际占用额，正确计算固定资产折旧，必须对固定资产按照一定标准进行计价。固定资产的计价包括计价方法和价值构成两个方面。

（一）固定资产的计价方法

1. 按原始价值计价

原始价值，又称原值或历史成本，是指企业购建某项固定资产使其达到可使用状态的一切合理必要的支出，包括固定资产的买价，支付的包装费、运输费和安装成本等。这种计价方法的主要优点是具有客观性和可验证性，按这种计价方法确定的价值，均是实际发生并有凭据的支出，因此它是固定资产的基本计价标准。当然，这种计价方法也有其明显的缺点，即当经济环境和社会物价水平发生变化时，它不能反映固定资产的真实价值。

2. 按重置完全价值计价

重置完全价值，又称重置价值，是指企业在现时的技术条件下，重新购建同样全新的固定资产所需的全部支出。按现时重置成本计价，虽然可以比较真实地反映固定资产的现时价值，但也带来了一系列的其他问题，会计实务操作也比较复杂。因此，这种方法仅在盘盈固定资产的价值时使用，或在对报表进行补充、附注说明时采用。

3. 按折余价值计价

折余价值，又称净值，是指固定资产的原值或重置价值减去已提折旧额后的余额。它是固定资产的现有价值，反映企业固定资产的新旧程度和占用在该项固定资产上的尚未收回的金额。盘盈、盘亏、毁损的固定资产应按其折余价值计算其溢余和损失。

4. 按账面价值与预计可收回金额孰低法计价

期末，若固定资产预计可收回金额低于账面价值，则在资产负债表中按预计可收回金额计价，预计可收回金额与账面价值的差，计提减值准备。

（二）固定资产的价值构成

固定资产价值的构成，是指固定资产价值包括的范围。从理论上讲，应包括企业为购建某项固定资产并使其达到可使用状态前所发生的一切合理的、必要的支出。这项支出既有直接发生的，如固定资产的价款、运杂费、安装费等，又有间接发生的，如应分摊的借款利息、外币借款折合差额以及分摊的其他间接费用等。

由于固定资产的来源不同，其价值构成的具体内容也有所差异，现行会计制度规定：

（1）购入的固定资产，按实际支付的买价、包装费、运输费、安装成本、交纳的有关税金等项目的总和记账。

（2）自行建造的固定资产，按在建过程中实际发生的全部支出记账。

（3）投资者投入的固定资产，按投资各方确认的价值记账。

（4）融资租入的固定资产，应将租赁开始日租赁资产的原账面价值与最低租赁付款额的现值两者中较低者作为入账价值。如果融资租赁资产占资产总额的比例等于或低于

30%，则在租赁开始日，也可按最低租赁付款额，作为固定资产的入账价值。

（5）在原有固定资产的基础上进行改建、扩建的，按原固定资产的账面价值，加上由于改建、扩建而发生的支出，减去改建、扩建过程中发生的变价收入记账。

（6）盘盈的固定资产，按同类或类似资产的市场价格，减去估计损耗后的余额记账。

（7）接受捐赠的固定资产，将捐赠方提供凭据的金额加上相关税费作为入账价值；若捐赠方没有提供有关凭据的，则按同类或类似资产的市场价格，或按接受捐赠资产的预计未来现金流量现值记账。接受捐赠固定资产时发生的各项费用，应当计入固定资产价值。

（8）经批准无偿调入的固定资产，将调出单位的账面价值，加上发生的运输费、安装费等相关费用，作为入账价值。账面价值是指固定资产原值扣除累计折旧和计提的固定资产减值准备后的余额。

已投入使用但尚未办理移交手续的固定资产，可先按估计价值记账，待确定实际价值后，再进行调整。

用借款购建的固定资产，其发生的借款费用（即利息等），在所购建的固定资产达到预定可使用状态前，计入固定资产成本（即在建工程），其后发生的应计入当期损益（即财务费用）。如果固定资产的购建发生非正常中断且时间较长（即中断时间连续超过三个月），其中断期间发生的借款费用，不计入所购建固定资产的成本，应将其计入当期损益，直到购建重新开始为止；但如果中断是使购建的固定资产达到预定的可使用状态所必需的程序，则中断期间所发生的借款费用，仍应计入所购建固定资产的成本。

第二节 固定资产的核算

一、固定资产增加的核算

银行取得固定资产时，应按取得时的成本入账。取得时的成本包括买价、进口关税、运输和保险等相关费用，以及为固定资产达到预定可使用状态前所必要的支出。固定资产取得时的成本应当根据具体情况分别确定。

（一）购置不需要建造即可使用的固定资产

按实际支付的买价、包装费、运输费、安装成本、缴纳的税金等作为入账价值。其会计分录如下：

借：固定资产

　　贷：银行存款（或其他有关科目）

如果以一笔款项购入多项没有单独标价的固定资产，则应按各项固定资产公允价值的比例对总成本进行分配，以分别确定各项固定资产的入账价值。

（二）自行建造的固定资产

应将建造该项资产达到预定使用状态前所发生的全部支出，作为入账价值。

（1）建造阶段各项开支，会计分录如下：

借：在建工程

　　贷：银行存款

　　　　工程物资

　　　　应付工资

　　　　应付账款等

（2）工程完工，验收后交付使用时，会计分录如下：

借：固定资产

　　贷：在建工程

固定资产的入账价值中，还应包含银行为取得固定资产而缴纳的契税、耕地占用税、车辆购置税等相关税费。

（三）收到投资者作为投入资金投入的固定资产

将投资各方确认的价值，作为入账价值，会计分录如下：

借：固定资产

　　贷：实收资本

（四）融资租入的固定资产

将租赁开始日租赁资产的原账面价值与最低租赁付款额的现值两者中较低者作为入账价值。

（1）租赁开始时，会计分录如下：

借：固定资产（租赁开始日租赁资产的原账面价值与最低租赁付款额的现值两者中较低者）未确认融资费用

　　贷：长期应付款——应付融资租赁款（最低租赁付款额）

（2）按期分摊未确认融资费用，会计分录如下：

借：××费用

　　贷：未确认租赁费用

如果融资租赁资产占企业资产总额的比例等于或小于30%，那么在租赁开始日，企业也可将最低租赁付款额，作为固定资产的入账价值，会计分录如下：

借：固定资产

　　贷：长期应付款——应付融资租赁款

（五）在原有固定资产的基础上进行改建、扩建的（包括技术改造、更新改造等）

按原固定资产的账面价值，加上使该项资产达到预定可使用状态前由于改建、扩建而发生的支出，减去改建、扩建过程中发生的变价收入，作为入账价值。

（六）接受债务人以非现金资产抵偿债务方式取得的固定资产

按实际抵债部分的账面价值加上应支付的相关税费，作为入账价值。其会计分录如下：

借：固定资产（应收债权的账面价值加上应支付的相关税费）
　　贷款损失准备
　　坏账准备
　　贷：逾期贷款
　　　　应收利息
　　　　银行存款（支付的相关费用）
　　　　应交税金（支付的相关税金）

如有退价或补价，应相应借记或贷记“银行存款”。

（七）接受捐赠的固定资产

应按以下规定确定其入账价值：①捐赠方提供了有关凭据的，按凭据上标明的金额加上支付的相关税费，作为入账价值。②捐赠方没有提供有关凭据的，按如下顺序确定其入账价值：第一，同类或类似固定资产存在活跃市场的，将同类或类似固定资产市场的市场价格估计的金额，加上应支付的相关税费，作为入账价值；第二，同类或类似固定资产不存在活跃市场的，将该接受捐赠固定资产的预计未来现金流量，作为入账价值。③如受赠的系旧的固定资产，则将按照上述方法确认的价值减去按该项资产的新旧程度估计的价值损耗之后的余额，作为入账价值。接受捐赠的固定资产，其会计分录如下：

借：固定资产（确定的入账价值）
　　贷：递延税款（未来的应交所得税）
　　　　资本公积（确定的入账价值减去未来的应交所得税）
　　　　银行存款等（应支付的相关税费）

（八）盘盈的固定资产

按以下规定确定其入账价值：①同类或类似固定资产存在活跃市场的，按同类或类似固定资产市场的市场价格，减去按该项固定资产的新旧程度估计的价值损耗后的余额作为入账价值；②同类或类似固定资产不存在活跃市场的，按该项固定资产的预计未来现金流量，作为入账价值。

银行对固定资产应当定期或者至少每年实地盘点一次。对盘盈、盘亏、毁损的固定资产，应当查明原因，写出书面报告，并根据银行的管理权限，经股东大会或董事会，或行长（经理）会议或类似机构批准后，在期末结账前处理完毕。盘盈的固定资产，计入当期的营业外收入；盘亏或毁损的固定资产，在减去过失人或者保险公司等给予的赔偿和残料价值之后，计入当期营业外支出。

如盘盈、盘亏或毁损的固定资产，在期末结账前尚未经批准的，在对外提供财务会计报告时应当按照上述规定进行处理；如果批准后处理的金额与已处理的金额不一致，则应按其差额调整会计报表有关项目的年初数。

盘盈固定资产，其会计分录如下：

借：固定资产（同类或类似固定资产的市场价格减去按该项固定资产的新旧程度估计的价值损耗后的余额）

贷：待处理财产损溢

报经批准后，其会计分录如下：

借：待处理财产损溢

贷：营业外收入

（九）经批准无偿调入的固定资产

按调出单位的账面价值加上发生的运输费、安装费等相关费用，作为入账价值。

（1）无偿调入需安装的固定资产，其会计分录如下：

借：在建工程（调入固定资产的原账面价值加上发生的包装费、运杂费等）

贷：资本公积——无偿调入固定资产

银行存款（支付的包装费、运杂费等）

（2）发生的其他安装费用，其会计分录如下：

借：在建工程

贷：银行存款

应付工资

（3）程度达到可使用状态，其会计分录如下：

借：固定资产

贷：在建工程

（十）与固定资产有关的后续支出

如果使可能流入企业的经济利益超过了原先的估计，如延长了固定资产的使用寿命、使产品质量得到了实质性的提高或者使产品的成本得到了实质性降低，则应当计入固定资产账面价值，其增加的金额不应超过该固定资产的可收回金额。

除上述与固定资产有关的后续支出以外，其他支出应当作为费用直接计入当期损益。

二、固定资产减少的核算

固定资产的减少，主要包括投资转出固定资产，捐赠转出固定资产，以非现金资产抵偿债务方式转出的固定资产，无偿调出固定资产，盘亏固定资产及由出售、报废和毁损等原因转出的固定资产。

（一）投资转出固定资产

其会计分录如下：

借：长期股权投资（转出固定资产的账面价值加上应支付的相关税费）

累计折旧（已提折旧）

固定资产减值准备（已计提的减值准备）

贷：固定资产（账面原价）

银行存款（支付的相关税费）

应交税金（应交的相关税金）

（二）捐赠转出的固定资产

（1）转出捐赠固定资产的账面价值和已提减值准备，其会计分录如下：

借：固定资产清理（固定资产净值）
　　累计折旧（已提折旧）
　　贷：固定资产（账面原价）
借：固定资产减值准备
　　贷：固定资产清理

（2）交纳应交税金，其会计分录如下：

借：固定资产清理
　　贷：银行存款等

（3）结转捐赠支出，其会计分录如下：

借：营业外支出——捐赠支出
　　贷：固定资产清理（“固定资产清理”科目的账面余额）

（三）以非现金资产抵偿债务方式转出的固定资产

（1）转出抵偿债务的固定资产的账面价值和已提减值准备，其会计分录如下：

借：固定资产清理（固定资产净值）
　　累计折旧（已提折旧）
　　贷：固定资产（账面原价）
借：固定资产减值准备
　　贷：固定资产清理

（2）交纳应交税金，其会计分录如下：

借：固定资产清理
　　贷：银行存款等

（3）冲减所抵偿的债务，其会计分录如下：

借：××借款等
　　营业外支出——债务重组损失
　　贷：固定资产清理（“固定资产清理”科目的账面余额）
　　　　资本公积

（四）无偿调出固定资产

（1）结转调出固定资产的账面价值和已提折旧，其会计分录如下：

借：固定资产清理（账面价值）
　　累计折旧（已提折旧）
　　固定资产减值准备（已计提的减值准备）
　　贷：固定资产（账面原价）

（2）调出固定资产发生的清理费用：

借：固定资产清理
　　贷：银行存款

应付工资

（3）结转调出固定资产发生的净损失：

借：资本公积——无偿调出固定资产

贷：固定资产清理（“固定资产清理”科目的账面余额）

（五）盘亏的固定资产

盘亏固定资产，其会计分录如下：

借：待处理财产损溢——待处理固定资产损溢（账面价值）

累计折旧（已提折旧）

固定资产减值准备（已计提的减值准备）

贷：固定资产（账面原价）

三、固定资产折旧的核算

（一）固定资产折旧的概念

固定资产的折旧是指随着固定资产的使用而逐渐转移到银行经营成本或费用中去的那部分固定资产价值。固定资产在使用过程中，不断发生损耗，其自身价值也随之逐渐降低，直到最终报废。为了使固定资产损耗的价值从企业的经营中得到补偿，就需要提取折旧。

固定资产在使用过程中的损耗，一种是有形损耗，一种是无形损耗。有形损耗是指企业的固定资产在使用过程中由于运转的磨损和自然侵蚀等原因造成的损耗；无形损耗是由于技术进步致使高效率的新设备出现，或由于生产工艺或方法的改进，致使原有固定资产价值降低而提前报废所发生的损耗。

（二）影响固定资产折旧的主要因素

在计提固定资产折旧时，必须考虑以下基本因素：固定资产原值、预计使用年限、预计残值和预计清理费用。

1. 固定资产原值

固定资产折旧的目的是为了补偿固定资产在使用过程中消耗的价值，而需要补偿的消耗价值正是固定资产的原始价值。因此，固定资产的原始价值是计算固定资产折旧的基础。

2. 预计使用年限

固定资产预计使用年限指固定资产的预计使用寿命。固定资产使用年限的长短，直接影响各期应计提的折旧额。在确定固定资产的预计使用年限时，应根据固定资产的类型和使用方式，在考虑固定资产的有形损耗的同时，也要考虑固定资产的无形损耗。

3. 预计净残值

预计净残值是指固定资产报废时预计可以收回的价值扣除预计清理费用后的数额。该指标在计算固定资产折旧时，应从固定资产原值中扣除。

4. 预计清理费用

(三) 固定资产折旧的计算方法

银行应当根据固定资产的性质和消耗方式，合理地确定固定资产的预计使用年限和预计净残值，并根据科技的发展、环境及其他因素，选择合理的固定资产折旧方法。

固定资产折旧方法可以采用年限平均法、工作量法、年数总和法、双倍余额递减法等。下面分别加以说明。

1. 年限平均法

又称直线法。该方法是用固定资产的原始价值减去预计净残值后，除以该固定资产的预计使用年限，计算出年折旧额。其计算公式如下：

年折旧额 = (固定资产原值 - 预计净残值) / 预计使用年限

年折旧率 = 年折旧额/固定资产原值

月折旧额 = 年折旧额/12

2. 工作量法

工作量法是根据某项固定资产完成的工作量来计算折旧。这种方法适合使用寿命受工作量影响较大的固定资产。其计算公式如下：

单位里程折旧额 = (固定资产原值 - 预计净残值) / 规定总行驶里程

每台班折旧额 = (固定资产原值 - 预计净残值) / 规定的总工作台班数

3. 年数总和法

年数总和法是一种加速折旧方法。它是用变率递减的方法，计算固定资产的折旧。其计算公式如下：

年折旧率 = [2 × (折旧年限 - 已使用年限)] / [折旧年限 × (折旧年限 + 1)] × 100%

月折旧额 = [原价 × (1 - 预计净残值率) × 年折旧率] / 12

4. 双倍余额递减法

双倍余额递减法也是一种加速折旧法。这是一种以年限平均法折旧率的双倍，乘以逐年递减的期初固定资产净值，以求得各期的折旧费用的方法。其计算公式如下：

年折旧率 = 2/年折旧额 × 100%

月折旧额 = 净值 × 年折旧率/12

折旧方法一经确定，不得随意变更。如需变更，应当在会计报表附注中予以说明。

(四) 固定资产折旧的范围

银行的下列固定资产应当计提折旧：①房屋和建筑物；②各类设备；③大修理停用的固定资产；④融资租入和以经营租赁方式租出的固定资产。从银行所建造的固定资产已达到预定可使用状态之日起，按照工程预算、造价或工程实际成本等，将其按估计的价值转入固定资产，并按计提折旧的有关规定，计提固定资产的折旧。待办理了竣工决算手续后再作调整。

对于达到预定可使用状态应当计提折旧的固定资产，在年内办理竣工决算手续的，按照实际成本调整原来的暂估价值，并调整已计提的折旧额，作为调整当月的费用处理。如果在年度内未办理竣工决算的，应当按照估计价值暂估入账，并计提折旧；待办

理了竣工决算手续后，再按照实际成本调整原来的暂估价值，调整原已计提的折旧额，同时调整年初留存收益的各项目。

银行的下列固定资产不计提折旧：①以经营租赁方式租入的固定资产；②已提足折旧继续使用的固定资产；③按规定单独估价作为固定资产入账的土地。

（五）固定资产折旧的账务处理

银行一般应按月提取折旧，当月增加的固定资产，当月不提折旧，从下月起提取折旧；当月减少的固定资产，当月照提折旧，从下月起不提折旧。提取折旧时，其会计分录如下：

借：营业费用

　　贷：累计折旧

固定资产提足折旧后，不论能否继续使用，均不再提取折旧；提前报废的固定资产，也不再补提折旧。所谓提足折旧，是指已经提足该固定资产应提的折旧总额。应提的折旧总额为固定资产原价减去预计净残值；如果已对固定资产计提过减值准备，还应当扣除已计提的固定资产减值准备。

四、固定资产减值的核算

固定资产减值准备是银行根据谨慎性原则的要求，在合理预计固定资产可能发生的损失的基础上，对可能发生的固定资产损失计提的准备金。《金融企业会计制度》规定，如果银行的固定资产实质上已经发生了减值，则应当计提减值准备，列作营业外支出。对存在以下情况之一的固定资产，应当全额计提减值准备：

（1）长期闲置不用，在可预见的未来不会再使用，且已无法转让其价值的固定资产。

（2）由于技术进步等原因，已不可能使用的固定资产。

（3）已遭毁损，以至于不再具有使用价值的固定资产。

（4）其他实质上已经不能再给银行带来经济利益的固定资产。

计提固定资产减值准备时，会计分录为：

借：资产损失

　　贷：固定资产减值准备

银行处置已经计提减值准备的固定资产，应同时结转已经计提的固定资产减值准备。

第三节　无形资产的核算

一、无形资产的特征

无形资产是相对有形资产而言的，是指不具有实物形态而能在较长时期内为企业提供某种权利或有助于企业取得较高收益的资产。它包括：专利权、商标权、版权、土地使用权、专有技术、商誉、特许经营权等。

专利权是指创造发明者对其成果申请注册登记后，对其享受的拥有和获利的权利。专有技术是指生产上未经公开的知识、技术和经验，包括各种资料、图纸、数据、技术规范、工艺流程、原料配方，以及独有的经验和技巧。专利权和专有技术是具有垄断性质的财产权，可以从其他企业或个人购入，也可以转让，还可以作为资本投入。

商标权是指为标明某种商品而对一种特定的名称或图案的专门使用权利。商标必须经政府主管部门批准注册，其专用权才能在一定期限内受法律保护，商标权可以转让。

版权是指艺术品、书籍的作者及其出版单位依法所享有对其著作、艺术品及出版发行物的专有权利。版权有自己创造的，也有购买的。版权成本一般作为当期费用列支，也可以分期摊销。

土地使用权是企业将向政府缴纳的土地使用费作为投入资本处理，从而取得的权利。不作为投资的土地使用费不能作为无形资产处理。

商誉是指由企业在消费者心目中的良好形象形成的一种信誉及其产生的较好收益。商业信誉是由企业历史悠久、地理位置优越、商品价廉物美、服务周到等因素形成的。商誉只能在有偿取得时才能入账。在一般情况下，商誉只能在企业合并或连同企业一起购进时才能作为无形资产。如果企业自己花钱创造商誉（通过广告宣传），那只能作为费用入账，分期摊销。

特许经营权是指获准在一定区域内生产或销售某种特定商标的产品或劳务的专有权利。

无形资产通常具有以下几方面特征：

1. 无实物形态

无形资产不像房屋、设备等固定资产那样具有物质实体，它是企业拥有的具有较大价值的一种特殊权利。

2. 无物质损耗

无形资产因无实物形态，所以不存在物质损耗，也无需折旧。但对取得无形资产的支出，应在其受益期间内摊销。

3. 有效期较长

无形资产能在较长时期内为企业提供经济效益。由于有效期不同，为企业提供的经济效益期限也不一致。

二、无形资产的计价

商业银行的无形资产按原始价值入账。其作价原则为：

（1）投资者作为资本金或合作条件投入的无形资产，按评估确认的或合同、协议及企业申请书约定的金额作价。

（2）购入的无形资产，按实际支付的价款计价。

(3) 通过法律程序认可的由银行自行开发的无形资产，按其过程中发生的实际净支出计价。

(4) 接受捐赠、从境外引进的无形资产，按其所附单据或参照市场同类无形资产价格经评估计价。

(5) 土地使用权的投资价，一般以投资期间应上缴的土地使用费现值确定。

无形资产在计价时，需具备详细资料。包括所有权或使用权证书的复印件，作价的依据和标准。无形资产由于情况变动等原因需要评定重估价值时，应根据购入成本及该项资产的获利能力估价；自创或者自身拥有的未单独计算成本的无形资产（如商誉），根据该项资产的获利能力评定重估价值。

三、无形资产的账务处理

无形资产的核算是通过“无形资产”账户进行的。“无形资产”是资产类账户，用来核算银行的专利权、专有技术、商标权、著作权、土地使用权、商誉等各种无形资产的价值。借方登记因购入、自行创造、接受投资、捐赠而取得的无形资产价值；贷方登记因转让、摊销而减少的无形资产价值，其借方余额表示尚未摊销的无形资产的价值。

（一）无形资产取得的核算

商业企业的无形资产的取得，包括购入、自创、其他单位投资转入和接受捐赠等方面。

(1) 企业购入或自行创造并按法律程序申请取得的无形资产，按实际支出数，作会计分录如下：

借：无形资产——专利权（或其他）

　　贷：银行存款（或其他账户）

(2) 其他单位投资转入的无形资产，应按确认的价值，作会计分录如下：

借：无形资产——商标权（或其他）

　　贷：实收资本

(3) 接受捐赠，按所附单据或市场同类价格入账，作会计分录如下：

借：无形资产——专有技术（或其他）

　　贷：资本公积——接受捐赠

（二）无形资产减少的核算

1. 转让的核算

商业企业转让无形资产有转让所有权和使用权两种方式。不论哪种方式转让，皆通过“其他业务收入”和“其他业务支出”两个账户核算。但其成本的确立和结转的方法有所不同。

转让所有权，取得转让收入时，借记“银行存款”，贷记“其他业务收入”。同时，按无形资产的摊余价值结转成本，注销账面价值。借记“其他业务支出”，贷记“无形资产”。

转让使用权，取得转让收入时，借记“银行存款”，贷记“其他业务收入”；但不注销账面摊余价值，而只对履行转让合同规定义务所发生的服务等费用直接在“其他业务支出”账户中列支，借记“其他业务支出”，贷记“银行存款”。该项无形资产的摊余价值仍保留在账户借方。

【例 10-1】某企业转让一项专利所有权给 A 单位，取得转让收入 40 万元，该项无形资产账面摊余价值为 36 万元。其会计分录如下：

（1）收到转让收入，存入银行。

借：银行存款　　　　400000

　　贷：其他业务收入　　　　400000

（2）同时结转成本。

借：其他业务支出　　　　360000

　　贷：无形资产——专利权　　　　360000

2. 投资的核算

银行的无形资产分为已作价入账和未作价入账两种情况，在用作投资时，其核算方法也有所不同。

（1）用已入账的无形资产投资，应按评估确定的价值，借记“长期投资”账户，按账面价值贷记“无形资产”账户。按评估确定价值与账面价值的差额借记或贷记“资本公积”账户。

【例 10-2】某企业以某项专利所有权对 B 单位投资，此项专利权账面摊余价值为 25 万元，评估确定价值为 30 万元，作会计分录如下：

借：长期投资　　　　300000

　　贷：无形资产——专利权　　　　250000

　　　　资本公积　　　　50000

（2）用未入账的无形资产对外投资，应将账面价值视为零，按投资评估确定数转账。仍以上例，但无账面价值，作会计分录如下：

借：长期投资　　　　300000

　　贷：资本公积　　　　300000

3. 摊销的核算

无形资产应从开始使用之日起，按国家法律、法规、有效的合同、协议或企业申请书的规定期限及有效的使用年限分期按直线法进行摊销。使用期限难以预计的，按不少于 10 年的期限分期摊销。

在有效期内分期摊销数额以管理费用列支。其会计分录如下：

借：营业费用——无形资产摊销

　　贷：无形资产

练习题

1. 名词解释

(1) 固定资产 (2) 固定资产折旧 (3) 长期待摊费用 (4) 双倍余额递减法
(5) 无形资产 (6) 长期待摊费用

2. 判断题

(1) 长期待摊费用主要包括固定资产大修理支出和固定资产改良支出。( )

(2) “固定资产”科目核算的固定资产，均属于本银行的固定资产。( )

(3) 当月减少的固定资产，当月计提折旧；当月增加的固定资产，当月不提折旧。( )

(4) 出售固定资产所得收入，应当作为其他业务收入处理。( )

(5) 平均年限法是根据固定资产原始价值，按照其使用年限每期均衡地计提折旧的一种方法。( )

(6) 固定资产的使用年限，即固定资产的经济使用期限或有效使用寿命。( )

(7) 无形资产在使用终结时无残值。( )

(8) 转让无形资产使用权，应以账面摊余价值作为转让成本。( )

(9) 无形资产的特征是为销售而开发。( )

3. 单选题

(1) 下列固定资产减少业务中，可以不通过“固定资产清理”科目进行的是( )。

A. 企业对外出售固定资产 B. 报废固定资产
C. 固定资产毁损 D. 固定资产盘亏

(2) 不直接服务于业务经营活动的物品，应作为固定资产的是( )。

A. 单位价值在2000元以上
B. 使用年限超过1年的物品
C. 使用年限超过2年的物品
D. 单位价值在2000元以上，使用年限超过2年的物品

(3) 自创的非专利技术发生的研究开发费用应计入( )。

A. 当期费用 B. 无形资产成本 C. 固定资产成本 D. 递延资产

(4) 开办费计入成本时，一般使用的账户是( )。

A. 其他业务支出 B. 营业外支出 C. 营业费用 D. 投资收益

(5) 将固定资产的原值减去预计净残值后的净额，乘以一个逐年递减的折旧率，计算每年折旧额的方法是( )。

A. 平均年限法 B. 工作量法 C. 双倍余额递减法 D. 年数总和法

(6) 因出售、报废、毁损等原因减少的固定资产，会计核算时要通过的科目是( )。

A. 固定资产清理 B. 待处理财产损失 C. 营业外收入 D. 营业外支出

(7) 必须经过财政部门批准，方可使用的折旧方法是( )。

A. 快速折旧法　　B. 平均年限法　　C. 工作量法　　D. 双倍余额递减法

(8) 无形资产所有权转让收入，应作为（　　）。

A. 手续费收入　　B. 汇兑收益　　C. 营业外收入　　D. 其他营业收入

(9) 无形资产价值摊销采用的方法是（　　）。

A. 工作量法　　B. 直线法　　C. 双倍余额递减法　　D. 年数总和法

4. 多选题

(1) 固定资产按实物用途可分为（　　）。

A. 房屋及建筑物　　B. 机器设备

C. 经营用固定资产　　D. 非经营用固定资产

(2) 应计提折旧的固定资产有（　　）。

A. 房屋和建筑物

B. 在用的各种设备

C. 已提足折旧继续使用的固定资产

D. 按规定单独估价作为固定资产入账的土地

(3) 下列固定资产中不计提折旧的有（　　）。

A. 季节性停用的机器设备　　B. 修理停用的机器设备

C. 在建工程尚未完工　　D. 以融资租赁方式租入固定资产

E. 未提足折旧提前报废的固定资产

(4) 加速折旧的方法有（　　）。

A. 年数总和法　　B. 平均年限法　　C. 工作量法　　D. 双倍余额递减法

(5) 下列项目中按规定允许对已入账的固定资产原值进行调整的有（　　）。

A. 将固定资产的一部分拆除　　B. 盘盈的固定资产

C. 根据实际价值调整原来的暂估价值　　D. 现值变动进行调整

(6) 计提固定资产减值准备时，使用的会计科目有（　　）。

A. 固定资产减值准备　　B. 固定资产　　C. 累计折旧

D. 营业外收入　　E. 营业外支出

(7) 影响固定资产折旧的因素有（　　）。

A. 折旧的方法　　B. 大修理的费用

C. 固定资产的原值　　D. 固定资产的净残值

(8) 接受捐赠无形资产，会计核算使用的会计科目有（　　）。

A. 实收资本　　B. 资本公积　　C. 长期投资　　D. 无形资产

(9) 可辨认无形资产包括（　　）。

A. 专利权　　B. 非专利技术　　C. 商标权　　D. 商誉

(10) 商业银行的其他资产是指（　　）。

A. 应收席位费　　B. 长期待摊费用　　C. 无形资产　　D. 抵债资产

5. 问答题

(1) 什么是固定资产？它有哪些分类？目前我国金融企业的固定资产是按什么进行

分类的?

（2）提取折旧的范围是什么?

（3）固定资产的折旧如何计提?

（4）无形资产的受益期如何确定?

（5）无形资产取得的来源主要有哪些?

（6）无形资产具有哪些特征?

第十一章　所有者权益

【学习目的】通过本章学习，你能够：熟悉所有者权益的概念及其构成；了解各项权益的来源及其用途；掌握各项权益的核算方法。

第一节　所有者权益概述

一、权益的概念

所有者权益是指在所有者银行资产中享受的经济利益，其金额为资产减去负债后的余额。银行所有者权益反映了所有者对银行资产的索取权，是银行资产扣除负债后，由所有者享有的部分。

二、所有者权益的构成

所有者权益是银行对金融资产享有的经济利益，它包括银行投资人投入的实收资本或股本、形成的资本公积、盈余公积、未分配利润等。一般而言，实收资本和资本公积是由所有者直接投入的，如所有者投入资本、资本溢价等，而盈余公积是银行从税后利润中提取的，因此，盈余公积和未分配利润又称为留存收益。

（一）实收资本

实收资本是指银行投资者实际投入到银行经营业务活动中的各项目资产物资。这部分是所有者开始投资的财产，具体包括：国家投资、其他单位投资、社会个人投资、外商投资等，我国目前实行注册资本制度，即达到法定注册资本是开设银行的先决条件，法定资本应当与注册资本一致。银行不得擅自改变注册资本金额或抽逃资金。当银行的实际资本比原来的注册资本增减的金额超过20%时，应持资金使用证明或验资证明，向原登记机关申请变更登记。擅自改变注册资本或抽逃资金的行为要受到工商行政管理部门的处罚。

（二）资本公积

资本公积是指银行在经营过程中由投资者投入到银行，所有权属于投资者，并且金额上超过法定资本的部分资本或资产。从形成来源上看，资本公积不是由银行实现的利润转化而来的，从本质上讲应属于投入资本的范畴，因此，它和留存收益有本质区别，与此同时，资本公积又与实收资本有所不同，实收资本一般是投资者投入的、为谋求价值增值的原始投资，而且属于法定资本，与银行的注册资本一致，因此，实收资本无论是在来源上还是在金额上，都有比较严格的限制；资本公积在金额上没有严格的限制，而且在来源上相对比较多样，它可以来源于投资者的额外投入，也可以来源于其他银行或个人的投入，如接受捐赠的资产等。

（三）盈余公积

盈余公积是指银行从税后利润中提取并形成的公积金，它实际上是对银行当期实现的净利润向投资者分配的一种限制。根据其用途的不同，可分为公益金和一般盈余公积金两类。公益金是专门用于银行职工集体福利的支出，如购建职工宿舍、托儿所、理发室等方面的支出。一般盈余公积分为法定盈余公积和任意盈余公积，两者的区别在于法定盈余公积是按照有关法律和行政规章提取的，而任意盈余公积是由银行自行决定的。

（四）未分配利润

未分配利润是指银行留待以后年度分配的利润或待分配的利润。从数量上说，未分配利润是期初未分配利润，加上本期实现的税后利润，减去各种盈余公积和利润分配后的余额。未分配利润有两层含义：一是留待以后年度处理的利润，二是未指定特定用途的利润。如果未分配利润出现负数，就表明年末有未弥补亏损，应该用以后年度的利润或盈余公积来弥补。

通过对所有者权益种类的划分，可以清晰地反映银行资本金的结构：投资者投入银行的初始资金，是银行经营的原动力，是银行发展生存的基础；资本公积是在原始投资基础上连带产生的，它与原始投资共同构成银行经营的运作资金；盈余公积和未分配利润，是银行在经营过程中的资本增值，也称滋生资本是积累资本。在所有者权益中，投入资本的大小，反映了银行所有者对银行权力的大小。而资本增值的多少，则从根本上反映出银行在其经营期间经营状况的好坏。资本增值与投入资本之比可以表示银行在经营期间的经济效益高低和经营水平的高低，以及银行是否具有竞争力。

三、所有者权益与负债的区别

银行的全部资产来自于两个渠道：一是负债，二是所有者投入。因此，债权人和所有者在银行资产上都拥有要求权，但二者有所不同，主要体现在以下几个方面：

（1）负债是银行承担的债务，债权人对银行资产有索偿权，债权人有权到期收取本金和利息；所有者权利是银行的投资者对银行净资产的所有权，即银行资产扣除负债后的剩余资产分配权。银行清算时，债权人对银行资产的索偿权列在投资者之前。

（2）债权人与银行之间的关系表现为债权债务关系，债权人没有参与银行经营管理

的权利，而投资者则有参与管理银行或委托他人管理银行的法定权利，即拥有银行内部决策权。

（3）负债有规定的偿还期限，债务人在规定的时间内必须偿还本金并按规定的利率支付利息；所有者的投资在银行经营期间无需偿还，投资人一旦以资本的形式投入资金后，除依法转让其投入的资本外，在经营期间不得以任何方式抽回。

（4）债权人不能参与银行的利润分配，但按照约定获得一定的利息收益，收益较稳定，风险较小；而投资人可以按投资比例分配利润，收益大小取决于银行的经营成果，若银行发生亏损，投资者则应分担损失，因此，风险较大。

第二节　投入资本的核算

一、实收资本的核算

（一）对银行实收资本数额的一般规定

中国人民银行对设立商业银行提出了最低的资本限额要求，其内容如下：①设立银行的最低资本金的要求。设有分支机构的全国性银行的最低实收资本金为 20 亿元人民币；不设立分支机构的全国性银行的最低实收资本金为 10 亿元人民币；区域性银行的最低实收资本金为 8 亿元人民币；合作银行的最低实收资本金为 5 亿元人民币。②对外资银行的最低资本金要求。在经济特区设立的外资银行总行或中外合资银行的注册资本不得少于 8000 万元人民币或等值外汇，实收资本不得低于注册资本的 50%；在经济特区设立的外资银行分行必须持有其总行拨给的不少于 4000 万元人民币或等值外汇的营运资金。

（二）实收资本的内容

国有商业银行的实收资本按照其投资主体不同可以分为国家资本金、法人资本金、个人资本金和外商资本金：①国家资本金是有权代表国家投资的政府部门或者机构以国有资产投入银行形成的资本金；②法人资本金是其他法人单位以其依法可以支配的资产投入银行形成的资本金；③个人资本金是社会个人或者银行内部职工以个人合法财产投入银行形成的资本金；④外商资本金是外国投资者以中国香港、澳门和台湾地区投资者投入的资本金。

（三）实收资本的核算

1. 接受货币资金投资的核算

当投资人以货币作为资本投资时，银行应以实际收到投资人投入的现金或其他实际缴入其开户银行的数额入账。借记“现金”、“银行存款”账户，贷记“实收资本”账户。若投资人以外币作为资本投资方式，则应以合同约定的汇率或收到外币当日市场汇价折合成记账本位币的数额作为投入资本的价值入账，并要求同时用两种货币进行相关记录。

【例 11-1】某商业银行收到国家投入资本 8000000 元。则应作如下会计处理：

借：银行存款（存放中央银行款项） 8000000

　　贷：实收资本——国家资本 8000000

【例 11-2】某合资银行收到某外商银行投入 500 万美元。款项已存入银行，当日市场汇价为 1 美元兑 6.7 元人民币，则作如下会计处理：

借：银行存款——美元户 33500000

　　贷：实收资本——外商资本 33500000

2. 接受实物资产投资的核算

银行收到实物资产投资后，办理实物转移手续，如为固定资产，按投出单位的账面原价借记“固定资产”账户，按评估确认的价值贷记“实收资本”账户，账面原值大于评估确认价值的差额贷记“累计折旧”账户；如果固定资产评估确认的价值大于投入单位的账面原价，应按评估确认的价值借记“固定资产”账户，贷记“实收资本”账户。银行收到除固定资产以外的其他实物资产投资后，办理实物转移手续，按评估确认的资产价值，借记“原材料”等账户，贷记“实收资本”账户。通常银行很少出现投资人以材料物资进行投资的情况。

【例 11-3】某工商银行收到某公司投入的运钞车一辆，账面原价为 200000 元，经重新评估认为应为 180000 元，应作如下会计处理：

借：固定资产 200000

　　贷：实收资本——法人资本 180000

　　　　累计折旧 20000

【例 11-4】在上例中，若重新评估确认的价值为 210000 元，则应作如下会计处理：

借：固定资产 210000

　　贷：实收资本——法人资本 210000

3. 接受无形资产投资的核算

当银行收到各种无形资产投资时，应按评估确认的价值，借记“无形资产”账户，贷记“实收资本”账户。

【例 11-5】某建设银行收到某公司以 300 平方米的土地使用权进行的投资，经评估作价为 90000 元，则应作如下会计处理：

借：无形资产——土地使用权 90000

　　贷：实收资本——法人资本 90000

二、资本公积的核算

（一）资本公积概述

资本公积是指归所有者共有的、由非收益转化而形成的资本。资本公积由全体投资者共享，资本公积在转增资本时，按各个投资者在实收资本中所占的投资比例计算金额，分别转增多个投资者的投资金额。资本公积的内容主要包括：资本溢价、资本评估增值、接受捐赠实物资本、外币资本折算差额等。

（二）资本公积的核算

1. 资本溢价（或股本溢价）的核算

对于有限责任制银行而言，在其初创时，出资者认缴的出资额应全部记入“实收资本”账户。但当银行进入正常经营期后，新加入的投资者的出资额不一定全部作为实收资本处理。这是因为银行正常经营期间的资本利润一般要高于初创期间的资本利润率。此外，经过一段时间的经营运作，银行会结余一部分没有分配的利润，为了维护原有投资者的权益，新加入的投资者的出资额要大于原投资者的出资额，才能取得与原投资者相同的投资比例。因此，新投资者实际缴付资本时，应按实际收到的出资额，借记“银行存款”、“固定资产”等账户，按新投资者在注册资本中应占的份额，贷记“实收资本”账户，借贷方的差额贷记“资本公积”账户。

对股份制银行而言，在溢价发行股票的情况下，银行发行的股票取得的收入，应按股票面值记入“股票”账户，超过股票面值的溢价收入记入“资本公积”账户。

【例 11-6】某有限责任制银行由 A、B 两位股东各出资 50000000 元设立。经过 3 年的经营，该银行的盈余公积和未分配利润合计为 20000000 元，这时有 C 投资者愿意出资 51500000 元，购买该银行 1/3 的股份，在接受 C 银行的投资时，应作如下会计处理：

借：银行存款（存放中央银行款项）　　51500000
　　贷：实收资本　　　　　　　　　　　　50000000
　　　　资本公积　　　　　　　　　　　　1500000

【例 11-7】某股份制银行以公开募集方式成立，发行 100000000 股，每股面值 10 元，按每股 10.1 元的价格认购，应作如下会计处理：

借：银行存款（存放中央银行款项）　　1010000000
　　贷：实收资本　　　　　　　　　　　　1000000000
　　　　资本公积　　　　　　　　　　　　10000000

2. 法定资产重估增值的核算

法定资产重估增值是银行根据有关规定对自身的资产进行重估，确认的资产价值高于资产原有的账面价值。当发生资产重估增值时，应按增值额借记“固定资产”等账户，贷记“资本公积”账户。

【例 11-8】某农业银行因故对营业用房进行重估，账面原值为 500000 元，重估价为 1000000 元，其增值额为 500000 元，应作如下会计处理：

借：固定资产　　　　　　　　　　　　500000
　　贷：资本公积——资本重估增值　　　　500000

3. 接受捐赠实物资产的核算

接受捐赠是指银行从外部无偿取得资产。捐赠人向银行捐赠资产，也是一种对银行投入资产的行为，但捐赠人的投入并不谋求对银行资产的要求权，也不会由于其捐赠行为对银行承担责任。所以捐赠人不是银行所有者，这种资金投入也不形成银行的实收资本，而应通过“资本公积”账户予以反映。当银行接受捐赠时，应借记“固定资产”等账户，贷记“资本公积”账户。如果银行出售或清算该项目捐赠的实物资产，除按现行处置资产的规定进行账务处理外，还应将原计入资本公积的接受捐赠资产价值转入营业外收入，借记“资本公积”账户，贷记“营业外收入”账户。

【例 11-9】某交通银行接受某公司捐赠的监控系统一套，价值 300000 元，应作如下会计处理：

借：固定资产　　　　　　　　　　300000
　　贷：资本公积——接受捐赠实物资产　　　　300000

【例 11-10】在上例中，5 年后，该银行按原价出售该套监控系统，除按固定资产清理程序外，应将该套监控系统的入账价值从资本公积中转出，应作如下会计处理：

借：资本公积——接受捐赠实物资产　　300000
　　贷：营业外收入——捐赠资产转入　　　　300000

4. 外币资产折算差额的核算

当银行采用合同约定的汇率折算外币出资时，实际收到的出资，应当按照出资当天的市场汇率进行折算，借记“银行存款”等账户，按合同约定的汇率折算后，贷记“实收资本”账户，因借贷方所用的汇率不同而产生的折合记账本位币差额，借记或贷记“资本公积”账户。

【例 11-11】某合资银行按合同约定，外方投入现汇 600 万美元，约定汇率为 1 美元=7.0 元人民币，接受外汇投资当日的市场汇率为 1 美元 = 7.2 元人民币，则应作如下会计处理：

借：银行存款——美元户　　　　　　43200000
　　贷：实收资本——外商投资　　　　　　42000000
　　　　资本公积——资本折算差额　　　　　1200000

5. 资本公积动用的核算

资本公积是一种资本储备形式，它实际上参与了银行的资金周转，支持着银行经营活动的正常进行。当银行积累的资本公积金较多时，可以根据需要按法定程序转增资本。

【例 11-12】北京某银行经批准将 5000000 元的资本公积金转增资本，作如下会计处理：

借：资本公积　　　　　　　　　　5000000
　　贷：实收资本　　　　　　　　　　　5000000

第三节　留存收益的核算

一、留存收益概述

留存收益是通过银行的生产经营活动形成的，是经营所得净收益的积累。它可分为指定用途的留存收益和未指定用途的留存收益，即盈余公积和未分配利润。

二、盈余公积的核算

盈余公积是指银行按照规定从净利润中提取的积累资金。盈余公积根据用途不同又分为法定公益金和一般盈余公积两类，一般盈余公积包括法定盈余公积和任意盈余公积。法定公益金专门用于职工福利设施。一般盈余公积可以用于弥补以后年度的亏损，或补充实收资本等。

盈余公积提取比例的具体规定如下：一是法定盈余公积，按净利润的10%提取，但此项公积金已达到注册资本的50%时不再提取；二是任意盈余公积，各银行可根据自身情况而定，即既可多提，也可少提，还可不提；三是法定公益金，按净利润的5%~10%提取。

为了反映和监督盈余公积的提取、运用和结存情况，应设置"盈余公积"账户。当银行按规定从税后利润中提取盈余公积时，借记"利润分配"账户，贷记"盈余公积"账户；当银行用盈余公积弥补亏损时，借记"盈余公积"、贷记"利润分配账户"；用盈余公积转增资本时，应借记"盈余公积"、贷记"实收资本"账户，期末贷方余额表示提取的盈余公积的结余。

【例 11-13】某商业银行 2009 年税后利润为 300 万元，按 10%、5%的比例分别提取法定盈余公积和公益金，应作分录：

借：利润分配——提取法定盈余公积　　300000
　　　　　　——提取法定公益金　　　150000
　贷：盈余公积——法定盈余公积　　　　　300000
　　　　　　——公益金　　　　　　　　　150000

【例 11-14】某农业银行用盈余公积弥补以前年度亏损的 50 万元，应作分录：

借：盈余公积　　500000
　贷：利润分配——盈余公积补亏　　500000

【例 11-15】某商业银行经研究决定，将本期盈余公积 2000000 元用于转增资本，应作分录：

借：盈余公积　　　　　　　　　　　　2000000
　　贷：实收资本　　　　　　　　　　　　　　2000000

三、未分配利润的核算

未分配利润是指未分配的净利润，有两层含义：一是这部分净利润未分给投资者，二是这部分净利润未指定用途。

为了核算银行历年累积的未分配利润情况，在“利润分配”账户中，专门设置了“未分配利润”明细账户。年度终了，将全年实现的利润由“本年利润”账户转入“利润分配——未分配利润”账户，同时将“利润分配”科目下的其他明细科目，即提取盈余公积、提取公益金、盈余公积补亏等转入未分配明细账户。结账后，“未分配利润”的贷方余额为未分配利润；借方余额为未弥补亏损。

【例 11-16】某商业银行本年实现利润 300 万元，按税后利润提取盈余公积金为 300000 元，提取公益金 150000 元，向投资者分派利润 500000 元，应作分录。

结转本年利润：

借：本年利润　　　　　　　　　　　　3000000
　　贷：利润分配——未分配利润　　　　　　　3000000

根据利润分配科目的上述明细科目的余额转入“利润分配科目”下，未分配利润明细科目如下：

借：利润分配——未分配利润　　　　　950000
　　贷：利润分配——提取盈余公积　　　　　　300000
　　　　　　　　——提取公益金　　　　　　　150000
　　　　　　　　——应付利润　　　　　　　　500000

练习题

1. 名词解释

（1）实收资本　（2）资本公积　（3）留存收益

2. 选择题

（1）我国商业银行目前实行的资本金制度是（　　）。

A. 审核资本金制度　　B. 注册资本金制度

C. 实收资本金制度　　D. 应收资本金制度

（2）“实收资本”科目的贷方，一般记（　　）的内容。

A. 客户存入的资金　　B. 投资者投入的资金

C. 按法定程序转增的资本公积　　D. 盈余公积转增资本

（3）银行的留存收益包括（　　）。

A. 实收资本　　B. 资本公积

C. 盈余公积　　D. 未分配利润

3. 填空题

（1）留存收益包括（　　）和（　　）。

（2）所有权益构成由（　　）、（　　）、（　　）、（　　）四部分组成。

4. 会计分录题

（1）收到投资人投入的资金 600000 元。

（2）收到投资人投入的计算机 100 台，共计 560000 元。

（3）收到捐赠的设备，价值 950000 元。

（4）按有关规定从税后利润中提取的法定盈余公积 350000 元。

（5）按有关规定，从盈余公积弥补上年 170000 元的亏损，130000 元转增资本。

第十二章　损益业务

【学习目的】通过本章学习，你能够：了解收入、成本费用、税金及利润的构成及其管理规定，掌握各项收入、支出费用和税金的核算方法，掌握利润的构成以及利润结转和利润分配的核算方法。

第一节　收入的核算

一、收入的概念和特点

（一）收入的概念

《金融企业会计制度》第八十三条中规定：“收入，是指企业在销售商品、提供劳务及让渡资产使用权等日常活动中所形成的经济利益的总流入”，“收入不包括为第三方或者客户代收的款项。如企业代垫的工本费、代邮电部门收取的邮电费”。

在理解收入概念时，要注意以下几点：

1. 日常活动的含义

日常活动，是指金融企业为完成其经营目标而从事的所有活动，以及与之相关的其他活动，如商业银行提供贷款服务、商业银行办理委托贷款、证券公司代理客户买卖证券、保险公司销售保险合同、信托投资公司受托理财、租赁公司出租固定资产等等。

2. 经济利益的含义

经济利益，是指现金或最终能转化为现金的非现金资产。

3. 收入、收益和利得的关系

收益和利得与收入密切相关。收益，是指会计期间内经济利益的增加，表现为能导致所有者权益增加的资产流入、资产增值或负债减少。能导致所有者权益增加是收益的重要特征。但要注意的是，能导致所有者权益增加并不说明它就一定是收益。投资者投入也能导致企业所有者权益增加，但它不是收益。

收益的形成可能来源于金融企业的日常活动，也可能来源于日常活动以外的活动。那些由企业日常活动形成的收益，即为收入；而由日常活动以外的活动所形成的收益，通常称作利得。在对收入、利得两者作区分时，要注意三个方面：

（1）利得是金融企业边缘性或偶发性交易或事项的结果，比如，无形资产所有权转让、固定资产处置形成的收益等。

（2）利得属于那种不经过经营过程就能取得或不曾期望获得的收益。比如，金融企业接受政府的补贴、因其他企业违约收取的违约金、资产价值的变动等。

（3）利得在利润表中通常以净额反映。

由此判断，通过“营业外收入”科目核算的固定资产盘盈、处置固定资产净收益、非货币性交易收益、出售无形资产收益、罚款净收入等，属于利得的范畴；通过“补贴收入”科目核算的按国家规定的补助定额计算并按期给予的定额补贴，也属于利得的范畴。

（二）收入的特点

（1）收入从金融企业的日常活动中产生，而不是从偶发的交易或事项中产生。比如，商业银行的利息收入是从其为客户提供的贷款业务中取得的，证券公司的手续费收入是从其代理客户买卖证券等日常活动中产生的，而不是从处置固定资产等非正常活动中产生的。

（2）收入可能表现为金融企业资产的增加，如增加银行存款、应收手续费等；也可能表现为负债的减少，如以手续费收入抵偿债务；或者两者兼而有之，如手续费收入的款项中部分抵偿债务，部分收取现金。

（3）收入能导致金融企业所有者权益的增加。收入能增加资产或减少负债或二者兼而有之。因此，根据“资产 = 负债 + 所有者权益”的公式，企业取得收入一定能增加所有者权益。但收入扣除相关成本费用后的净额，则可能增加所有者权益，也可能减少所有者权益。这里仅指收入本身导致的所有者权益的增加，而不是指收入扣除相关成本费用后的毛利对所有者权益的影响。

（4）收入只包括本金融企业经济利益的流入，不包括为第三方或客户代收的款项，如证券公司代理客户收取的证券买卖收入、商业银行代理委托贷款企业收取利息等。代收的款项，一方面增加企业的资产，另一方面增加企业的负债，因此不增加企业的所有者权益，也不属于本企业的经济利益，不能作为本企业的收入。

（5）收入必须是能以货币计量的。收入作为会计要素之一，同其他各要素一样，必须能够以货币来衡量其价值，从而为收入的确认、计量、记录和报告提供准确的依据，也便于与其相关的费用相配比，体现一定期间的经营成果。

（6）收入必须要与其相关的费用相匹配。收入和费用存在着密切的联系，费用在本质上是为取得收入而发生的支出，而收入则表示费用所带来的结果，因此，收入必须要与相关的费用相匹配。

二、收入的核算

金融企业提供金融商品服务所取得的收入，主要包括利息收入、金融企业往来收

入、手续费收入、贴现利息收入、保费收入、证券发行差价收入、证券自营差价收入、买入返售证券收入、汇兑收益和其他业务收入等。

（一）利息收入的核算

利息收入是指除金融机构往来利息收入以外的各项贷款利息收入，包括贷款利息收入和银行存款（指银行存放在境内和境外的外国银行、中外合资银行和代理行的存款）利息收入等。利息收入应按让渡资金使用权的时间和适用利率计算确定。利息收入在整个营业收入中占有极大的比重，是银行财务收入的主要来源，是银行经营成果的重要内容。

1. 会计科目的设置与使用

“利息收入”科目属损益类，专门用于核算金融企业发放的贷款应按期计提的利息和金融企业存入银行存款应收取的利息，并确认收入。银行按月计算应计入当期损益的应收利息时，借记“应收利息”等科目，贷记本科目；按季结息时，借记“活期存款”等科目，贷记“应收利息”科目。

发放贷款到期（含展期）90 天及以上尚未收回的，其应计利息停止计入当期利息收入，纳入表外核算；已计提的贷款应收利息，在贷款到期 90 天后仍未收回的，或在应收利息逾期 90 天后仍未收到的，冲减原已计入损益的利息收入，借记“利息收入”科目，贷记“应收利息”科目，转作表外核算。期末，应将本科目余额结转“本年利润”，借记本科目，贷记“本年利润”科目，结转后本科目应无余额。

2. 利息收入的账务处理

（1）结息日按规定计收利息或实际收到利息的核算。应根据利息结算清单或其他付款凭证编制会计分录如下：

借：××存款——××单位户（或库存现金）

　　贷：利息收入——××利息收入户

（2）会计期末结算利息的核算。根据权责发生制的原则，在每个会计期末对于已经发生但尚未收取的利息要定期结算，列入当期损益。

借：应收利息

　　贷：利息收入——××利息收入户

实际收到利息时冲减已经计提的应收利息。

借：××存款——××单位户（或库存现金）

　　贷：应收利息——××单位户

（3）应收利息超过规定的期限转入表外的核算。贷款本金或利息逾期超过 90 天的相应的应收利息应转做表外核算，不再计入当期损益。对于已经计入损益的应收利息应冲减利息收入，转做表外核算。

借：利息收入——××利息收入户

　　贷：应收利息——××单位户

登记相应的表外科目。

（4）利息收入结转利润的核算。期末，利息收入结转利润时，会计分录为：

借：利息收入——××利息收入户

　　贷：本年利润

（二）金融企业往来收入的核算

金融企业往来收入是商业银行在经营过程中，与中央银行、其他商业银行和非银行金融机构之间，与同系统其他行处之间由于存入款项、资金拆借和资金账务往来而发生的利息收入、存贷款利差收入和下级行处上缴的管理费收入。以上收入通过“金融企业往来收入”科目核算。金融企业往来收入，应按让渡资金使用权的时间和适用利率计算确定。

1. 会计科目的设置与使用

“金融企业往来收入”科目属损益类。银行确认金融企业往来收入的款项时，借记“存放中央银行款项”、“存放同业款项”等科目，贷记本科目。期末，应将本科目余额结转“本年利润”，借记本科目，贷记“本年利润”科目，结转后本科目应无余额。

2. 金融企业往来收入的账务处理

（1）存放央行款项利息收入。存放在中央银行的各项存款取得的利息收入，根据有关凭证编制借贷方记账凭证办理转账，会计分录为：

借：存放中央银行款项

　　贷：金融机构往来收入——存放中央银行款项利息收入

（2）存放同业款项利息收入。存放同业款项利息收入，根据有关凭证编制借贷方记账凭证办理转账，会计分录为：

借：存放同业款项

　　贷：金融机构往来收入——存放同业款项利息收入

（3）拆放同业款项利息收入。拆放同业系统和其他金融机构的资金取得利息收入，根据利息通知或划款凭证编制借贷方记账凭证办理转账，会计分录为：

借：同业有关科目

　　贷：金融机构往来收入——拆放同业款项利息收入

调拨资金利息收入，本企业上、下级之间相互占用业务资金，取得利息收入时，根据有关凭证编制借、贷方记账传票。会计分录为：

借：系统内有关科目——××行户

　　贷：金融企业往来收入——调拨资金利息收入户

（4）金融企业往来收入结转利润的核算。期末，结转利润时，会计分录为：

借：金融企业往来收入——××利息收入户

　　贷：本年利润

（三）手续费收入的核算

手续费收入是商业银行在为客户办理各项业务时所收取的手续费，包括支付结算手续费、结汇手续费、委托贷款业务手续费和其他代理业务的手续费。以上手续费收入通过“手续费收入”科目核算。

1. 会计科目的设置与使用

“手续费收入”科目属损益类。银行取得各种手续费收入时，借记“存放中央银行款项”、“活期存款”、“库存现金”等科目，贷记本科目。期末，应将本科目余额结转“本年利润”，借记本科目，贷记“本年利润”科目，结转后本科目应无余额。

2. 手续费收入的账务处理

（1）支付结算手续费。商业银行办理转账结算业务，需按照《银行结算业务收费表》规定的范围和标准向客户收取手续费。手续费采取当时收取和定期汇总计收两种方式。会计分录为：

借：活期存款（或库存现金）——××单位

　　贷：手续费收入

（2）结汇手续费。商业银行在办理贸易和非贸易项目外汇结算中，根据具体的业务要向客户收取手续费，此项手续费通常与具体业务一并收取。会计分录为：

借：活期存款——××单位

　　贷：外汇买卖（人民币）

借：外汇买卖（外币）

　　贷：存放国外同业（外币）

　　　　手续费收入——结汇手续费

（3）委托贷款手续费。委托贷款手续费是商业银行受委托方委托，按委托方指定的对象和条件发放贷款后按一定比例收取的手续费。商业银行收到委托贷款利息分成而得的手续费，计入手续费收入。会计分录为：

借：代收委托贷款利息

　　贷：手续费收入

（4）手续费收入结转利润的核算。期末，结转利润时，会计分录为：

借：手续费收入——××收入户

　　贷：本年利润

（四）汇兑损益的核算

汇兑损益是银行经营外汇业务过程中因外币兑换、汇率变动等原因实现的收益及损失。

1. 会计科目的设置与使用

“汇兑损益”科目属损益类。当期发生汇兑收益时，贷记“汇兑损益”；当期发生汇兑损失时，借记“汇兑损益”；期末将“汇兑损益”余额转入“本年利润”账户，结转后应无余额。

2. 汇兑损益的账务处理

（1）发生汇兑净收入的核算会计分录为：

借：外币买卖

　　贷：汇兑损益

（2）汇兑损益结转利润的核算。期末，结转利润时，会计分录为：

借：汇兑损益

　　贷：本年利润

（五）其他营业收入的核算

其他营业收入是指银行除存款、贷款、投资、证券买卖和代理业务以及金融机构往来之外的其他业务的营业收入，包括租赁收入、补贴收入、贵金属买卖收入、抵押物资的拍卖变卖净收入等。银行的其他营业收入在实际收到款项时予以确认。

1. 会计科目的设置与使用

“其他营业收入”科目属损益类。当银行收到其他营业收入的有关款项时，借记“活期存款”等科目，贷记本科目；期末将本科目的余额转入“本年利润”账户，结转后应无余额。

2. 其他营业收入的账务处理

（1）其他营业收入的核算。当发生其他营业收入时，会计分录为：

借：库存现金或活期存款

　　贷：其他营业收入——××收入

（2）期末结转利润的核算。当期末结转利润时，会计分录为：

借：其他营业收入——××收入

　　贷：本年利润

三、投资收益的核算

投资收益指的是银行在规定的范围内，通过对外进行短期或长期的投资，按照合同或协议的规定，从受资方分回利润、股利和利息等投资收入。

（一）会计科目的设置及使用

“投资收益”科目，属于损益类。银行出售短期持有的股票、债券、基金或到期收回债券时，按实际收到的金额，借记“存放中央银行款项”等科目，按已计提的短期投资跌价准备，借记“短期投资跌价准备”科目，按短期投资的账面余额，贷记“短期投资”科目，按未领取的股利或利息，贷记“应收股利”、“其他应收款”科目，按其差额，贷记或借记本科目。银行认购溢价发行的在1年以上（不含1年）的债券，应于每期结账时，按应计的利息，借记“长期债券投资”科目或“应收利息”科目，按当期应分摊的溢价，贷记“长期债券投资”科目，按其差额，贷记本科目；购入折价发行的债券，应于每期结账时，按应计的利息，借记“长期债券投资”科目或“应收利息”科目，按当期应分摊的折价，借记“长期债券投资”科目，按应计利息与分摊数的合计数，贷记本科目。

商业银行出售或到期收回长期债券本息时，按实际收到的金额，借记“存放中央银行款项”等科目，按已提的减值准备，借记“长期投资减值准备”科目，按债券本金和已记未收利息，贷记“长期债券投资（面值、应计利息）”或“应收利息”科目，按尚未摊销的溢价和折价，贷记或借记“长期债券投资（溢折价）”科目，按其差额，贷记

或借记本科目。本科目应按投资收益种类进行明细核算。期末，应将本科目的余额结转“本年利润”，借记本科目，贷记“本年利润”科目，结转后本科目应无余额。发生应收及收到股利、利息时，借记“存放中央银行款项”等科目，贷记“投资收益”。期末本科目余额结转“本年利润”时，借记“投资收益”科目，贷记“本年利润”科目，结转后本科目应无余额。

（二）投资收益的账务处理

1. 短期投资收益的核算

商业银行出售短期持有的股票、债券、基金或到期收回债券时，会计分录为：

借：存放中央银行款项等
　　短期投资跌价准备
　　贷：短期投资
　　　　应收股利
　　　　其他应收款
　　　　投资收益（或借投资收益）

2. 长期债券投资收益的核算

(1) 按期结账，计算应计利息，会计分录为：

借：长期债券投资——应计利息（应收利息）
　　贷：长期债券投资——债券溢价
　　　　投资收益

或

借：长期债券投资——应计利息（应收利息）
　　　　　　　　——债券折价
　　贷：投资收益

(2) 银行出售或到期收回长期债券本息时，会计分录为：

借：存放中央银行款项
　　长期债券投资——债券折价
　　长期投资减值准备
　　贷：长期债券投资——面值
　　　　　　　　　　——债券溢价
　　　　　　　　　　——应计利息（或应收利息）
　　　　投资收益

(3) 投资收益结转利润的核算

期末“投资收益”科目为贷方余额结转利润时，会计分录为：

借：投资收益
　　贷：本年利润

四、营业外收入的核算

营业外收入是与商业银行经营无直接关系的各项收入，具体包括固定资产盘盈、处置固定资产净收益、出纳长款收入、处置抵债资产净收益、罚款收入等。

（一）会计科目的设置及使用

“营业外收入”科目，属于损益类。银行取得营业外收入后应在实际收到款项时予以确认。银行取得各项营业外收入时，借记“库存现金”、“待处理财产损溢”、“固定资产清理”等科目，贷记本科目。期末应将本科目余额结转利润，借记本科目，贷记“本年利润”科目，结转后本科目应无余额。本科目应按营业外收入项目进行明细核算。

（二）营业外收入的账务处理

1. 固定资产盘盈和出售净收益

发现固定资产盘盈时，按照重置完全价值和估计折旧，报经批准以后列为营业外收入。会计分录为：

借：待处理财产损溢

　　贷：营业外收入——固定资产盘盈

出售固定资产净收益是指在固定资产不需用或不适用时，将其出售所得到的净收益，即出售所得价款减去固定资产账面净值和清理费用和税金后的差额。当银行发生固定资产出售净收益时，将净收益金额从“固定资产清理”科目转入“营业外收入”，会计分录为：

借：固定资产清理

　　贷：营业外收入——固定资产出售净收益

2. 出纳长款收入

出纳发生长款时，应及时查明退归原主，如果当天无法查明，经会计主管批准，应填制现金收入传票，先做以下处理：

借：库存现金

　　贷：其他应付款——待处理出纳长款

经过查找，但是无法退还的，经过一定的批准手续，列为营业外收入，会计分录为：

借：其他应付款——待处理出纳长款

　　贷：营业外收入—— 出纳长款收入

3. 罚没、罚款收入

罚没、罚款收入是商业银行在有关方面违反合同和结算规定而向其收取的罚款收入。商业银行在收取罚款时的会计分录为：

借：库存现金或活期存款

　　贷：营业外收入——罚款收入

4. 无法支付的应付款项

商业银行在办理业务的过程中偶然发生无法支付的应付款项时，经过批准后转为营业外收入，会计分录为：

借：有关科目

　　贷：营业外收入——无法支付的应付款项

5. 营业外收入结转利润的核算

期末“营业外收入”科目为贷方余额结转利润时，会计分录为：

借：营业外收入

　　贷：本年利润

第二节　成本、费用的核算

一、成本费用概述

（一）成本与费用的概念

费用作为会计要素和会计报表要素的构成内容之一，是与收入相对应而存在的。费用是企业在销售商品、提供劳务等日常活动中发生的经济利益的流出。成本是企业为提供劳务而发生的各种耗费，不包括为客户垫付的各种款项。

费用和成本是两个并行使用的概念，两者之间既有联系又有区别。成本是按一定对象所归集的费用，即所发生的特定业务归集的费用，是对象化了的费用。也就是说，成本是相对于一定的业务而言所发生的费用。而费用是资产的耗费，它与一定的会计期间相联系，与发生哪种业务无关；成本与发生的一定种类和数量的业务相联系，而不论发生在哪一个会计期间。

商业银行在从事业务活动的过程中，不仅大量吸收资金并相应地支付利息，而且还支付业务经营和管理人员的工资等项费用，同时还耗费一定的物品，所有这些耗费以货币价值形式表现出来，就构成了成本和费用。只有与业务经营活动有关的各项支出才能计入成本，与业务经营活动无关的各项支出不能计入成本。

（二）费用的特征

费用具有以下三个基本特征：

（1）费用是从银行日常活动中产生的，而不是从偶然发生的交易或事项中产生的。

（2）费用将最终减少企业的资源，本质上是经济资源的流出，与资产流入所形成的收入相反。

（3）费用最终会减少企业的所有者权益，与收入会增加所有者权益相反。但是并非所有的减少所有者权益的项目都属于费用，比如利润分配和对外捐赠就不属于费用。

（三）费用与成本的确认

1. 费用确认的基本原则

费用就其实质来说就是资产的耗费。一般来说，费用的确认应遵循划分收益性支出与资本性支出原则、权责发生制原则、配比原则。另外，商业银行确认费用时，还应遵循重要性原则和谨慎性原则。只有根据以上原则才能准确地划分本期营业成本、营业费用和下期营业成本和营业费用，不得任意预提和摊销费用来调节利润。

2. 成本核算应注意的问题

业务成本的核算必须注意以下几点：

（1）必须严格按照财务制度的规定如实反映成本支出，不得随意摊提费用，擅自提高开支标准，扩大开支范围，以便正确地计算本期损益，保证经营成果的真实性。

（2）划清成本界限，正确计算成本。在成本核算中必须划清以下界限：一是本期成本与下期成本的界限，不得提前或者延后列支；二是划清成本支出与营业外支出的界限，不属于成本开支范围的不得列入成本，属于成本开支范围的也不得作为营业外支出。

（3）成本核算要按季（月）、年为成本计算期，同一期间内的成本计算范围和口径必须一致。

二、成本的核算

商业银行的营业成本是指在业务经营活动过程中发生的与业务经营有关的支出，包括利息支出、金融企业往来支出、手续费支出、汇兑损失等。

（一）利息支出的核算

利息支出是银行支付给债权人的报酬。银行应按权责发生制原则按期预提应付利息，但对于活期储蓄存款，考虑到其户数多，计息业务量大，利息支出额度较小，对各期成本支出和整个财务成果影响不大，其利息支出也可按收付实现制原则进行核算。

为反映利息支出的增减变动情况，银行设置“利息支出”科目进行核算。“利息支出”科目用于核算银行在存款、借款业务中发生的利息支出。预提应付利息时，借记本科目，贷记“应付利息”科目；实际支付各项利息时，借记本科目或“应付利息”科目，贷记“现金”等有关科目；期末本科目的余额结转利润时，借记“本年利润”科目，贷记本科目。“利息支出”科目属于损益类科目，余额应反映在借方。期末结转利润后，本科目应无余额。

1. 利息支出的明细科目

“利息支出”的明细科目为：①活期存款利息支出；②定期存款利息支出；③活期储蓄存款利息支出；④定期储蓄存款利息支出；⑤发行金融债券利息支出；⑥其他存款利息支出等。

2. 利息支出的账务处理

（1）发生利息支出时，其会计分录如下：

借：利息支出——××利息支出户

贷：库存现金或××活期存款——××户

(2) 定期存款利息是在到期时一次性还本付息，但按照权责发生制的原则要在会计期末对已经发生但尚未支付的利息进行计提，期末计提利息时，其会计分录如下：

借：利息支出——××利息支出户

　　贷：应付利息

(3) 实际支付已计提的应付利息时，其会计分录如下：

借：应付利息

　　贷：库存现金或××活期存款——××户

(4) 期末结转利润时，其会计分录如下：

借：本年利润

　　贷：利息支出——××利息支出户

(二) 金融企业往来支出的核算

金融企业往来支出是指银行系统内联行之间、商业银行与中央银行之间、同业及其他金融机构之间因资金往来而发生的利息支出。金融企业往来支出，是商业银行支出的重要组成部分，金融企业往来支出的多少，直接影响损益的变动，而且还可以从中分析了解银行拆借、占用联行资金等所占负债的比例是否合理，有无存在偏高的情况等。所以，必须加强对金融企业往来支出的核算和管理。

为了核算反映金融企业往来支出的增减变化情况，银行设置“金融企业往来支出”科目。该科目属于损益类科目，用于核算商业银行与中央银行和同业之间以及系统内往来而发生的利息支出。发生往来利息支出时，借记本科目，贷记有关科目；期末本科目余额结转利润时，借记“本年利润”科目，贷记本科目。余额应反映在借方。期末结转后，本科目应无余额。

1. 金融企业往来支出的明细科目

金融企业往来支出的明细科目主要有：①向中央银行的借款利息支出；②同业存放款项利息支出；③系统内存放款项利息支出；④拆入款项利息支出；⑤全国联行往来利息支出；⑥省辖联行往来利息支出；⑦其他往来利息支出等。

2. 金融企业往来支出的账务处理

(1) 定期支付利息的核算。发生金融企业往来利息支出时，会计分录如下：

借：金融企业往来支出——××利息支出户

　　贷：存放中央银行款项

(2) 计提应付利息的核算。对于跨年度的各项借款，应按期预提应付利息。预提时，会计分录如下：

借：金融企业往来支出——××利息支出户

　　贷：应付利息

(3) 发生还款付息时，应冲销“应付利息”，会计分录如下：

借：应付利息

　　贷：存放中央银行款项

(4) 期末按本科目余额结转利润时，会计分录如下：

借：本年利润

贷：金融企业往来支出——××利息支出户

(三) 手续费支出的核算

手续费支出指银行委托其他单位代办业务而支付的手续费，如代办储蓄存款手续费、代办其他业务手续费。手续费可以转账支付，也可以用现金支付。

为了反映手续费支出的增减变化情况，银行设置“手续费支出”科目。该科目属于损益类科目，用于核算银行委托其他单位代办业务而支付的手续费。发生各项手续费支出时，借记本科目，贷记有关科目，期末本科目余额结转利润时，借记“本年利润”科目，贷记本科目。期末结转利润后，本科目应无余额。

1. 手续费支出的明细科目

手续费支出的明细科目主要有：①结算手续费支出；②代办储蓄手续费支出；③代办其他业务手续费支出等。

2. 手续费支出的账务处理

手续费支出应按有关规定和付费标准如实列支，不得预提。

(1) 支付手续费时，会计分录如下：

借：手续费支出——××手续费支出户

贷：存放中央银行款项

或：存放同业款项等——××代办单位存款户

(2) 期末按本科目余额结转利润时，其会计分录如下：

借：本年利润

贷：手续费支出——××手续费支出户

三、费用的核算

(一) 营业费用的核算

商业银行的营业费用，是指银行在业务经营及管理工作中发生的各项费用，包括固定资产折旧、业务宣传费、业务招待费、电子设备运转费、安全防卫费、企业财产保险费、邮电费、劳动保护费、外事费、印刷费、公杂费、低值易耗品摊销、职工工资、差旅费、水电费、租赁费（不包括融资租赁费）、修理费、职工福利费、职工教育经费、工会经费、房产税、车船使用税、土地使用税、印花税、会议费、诉讼费、公证费、咨询费、无形资产摊销、长期待摊费用摊销、待业保险费、劳动保险费、取暖费、审计费、技术转让费、研究开发费、绿化费、董事会费、上交管理费、广告费等。

营业费用的各项开支必须符合规定的列支标准，并经过审批才能列账。应根据重要性原则对主要项目的核算做简单的阐述。

1. 固定资产折旧和无形资产摊销

固定资产折旧费是银行根据不同种类固定资产的特点确定的折旧率，并定期提取的折旧。会计分录如下：

借：营业费用——折旧费

　　贷：累计折旧

无形资产也需要在一定的期限内摊销，原理同固定资产的折旧，当期所摊销的无形资产的成本的分录如下：

借：营业费用——无形资产摊销

　　贷：无形资产

2. 业务宣传费

业务宣传费是银行在开展业务宣传活动中所支付的费用，所发生的业务宣传费根据相应的凭证，会计分录为：

借：营业费用——业务宣传费

　　贷：银行存款或库存现金

3. 职工工资和相关费用的核算

职工工资和福利的核算通过“应付职工薪酬”科目，每月按照规定的开支渠道，将本月应发放的工资按照不同的开支项目进行分配，同时按照职工工资的14%提取用于职工福利方面的职工福利费。编制“工资分配表”，根据工资分配表编制记账凭证办理转账，会计分录为：

借：营业费用——职工工资（职工福利费等）

　　在建工程——工程应付工资

　　贷：应付工资

4. 期末按本科目余额结转利润的核算

会计分录如下：

借：本年利润

　　贷：营业费用

（二）其他营业支出的核算

其他营业支出是除了利息支出、金融企业往来支出、手续费支出、营业费用以外的其他营业支出。银行的其他营业支出作为一个单独的费用项目，通过设置“其他营业支出”科目来核算，反映其他营业支出的增减变动情况。

“其他营业支出”属于损益类科目。发生其他营业支出时，借记本科目，贷记“库存现金”等有关科目，期末本科目余额转入本年利润，借记“本年利润”科目，贷记本科目。期末结转利润后，本科目没有余额。具体核算手续如下：

（1）发生其他营业支出时，会计分录为：

借：其他营业支出

　　贷：库存现金等有关科目

（2）期末按本科目余额结转利润时，其会计分录如下：

借：本年利润

　　贷：其他营业支出

(三) 营业外支出的核算

营业外支出是商业银行发生的与经营业务无关的支出，包括固定资产盘亏、损毁、报废和出售净损失，处置无形资产净损失，处置抵债资产损失，债务重组损失，罚款支出，出纳短款，非常损失，捐赠支出以及违约和赔偿支出等。下面对主要项目的核算做简单的阐述。

1. 固定资产盘亏、损毁、报废和出售净损失

固定资产盘亏首先要通过“待处理财产损溢”科目核算，发生固定资产盘亏时，按照原价扣除累计折旧后的余额入账，经过批准后列为营业外支出，会计分录为：

借：营业外支出——固定资产盘亏

　　贷：待处理财产损溢——待处理固定资产损溢

固定资产损毁净损失是按照原价扣除累计折旧、过失人的赔偿和保险公司赔偿后的差额；固定资产报废损失等于固定资产的清理收入减去清理费用和账面净值后的差额；固定资产出售净损失等于固定资产出售收入减去清理费用和账面净值后的差额。发生固定资产的清理、报废和损毁净损失后，“固定资产清理”科目为借方余额，结转固定资产清理损失时，会计分录为：

借：营业外支出——固定资产清理损失

　　贷：固定资产清理

2. 出纳短款

在出纳工作中发生短款时，应组织力量查找原因，在当天未能查明原因和找回的，经过一定的审批手续，填制现金付出传票，应做出账务处理，会计分录为：

借：其他应收款——应收出纳短款

　　贷：库存现金

经查确属责任事故又无法找回的，按照规定的审批权限，转为损失，会计分录为：

借：营业外支出——出纳短款

　　贷：其他应收款——应收出纳短款

3. 非常损失

非常损失是指由非正常的出乎意料的灾害造成的各项资产的净损失，等于被毁坏的各项资产的净值扣除保险公司的赔偿和废料残值的差额。损失发生后，经过批准应将扣除废料残值和保险赔偿后的余额作为营业外支出，会计分录为：

借：营业外支出——非常损失

　　贷：待处理财产损溢——待处理流动资产损溢

4. 捐赠支出

商业银行发生的公益救济性捐赠应作为当期的营业外支出，会计分录为：

借：营业外支出——捐赠支出

　　贷：库存现金或银行存款等

5. 违约和赔偿支出

违约和赔偿支出是商业银行因未履行经济合同而向对方支付的赔偿金、违约金、罚

息等惩罚性支出。发生违约和赔偿支出时，会计分录为：

借：营业外支出——违约赔偿金

　　贷：银行存款等

6. 期末按本科目余额结转利润

期末按本科目余额结转利润时，会计分录如下：

借：本年利润

　　贷：营业外支出

（四）资产减值损失的核算

根据现行的会计制度的要求，商业银行应当提取以下 8 项资产减值准备：坏账准备、贷款损失准备、固定资产减值准备、短期投资跌价准备、长期投资减值准备、无形资产减值准备、抵债资产减值准备和在建工程减值准备。

企业发生的资产减值损失，应设置“资产减值损失”科目核算，并在“资产减值损失”科目中按资产减值损失的具体项目进行明细核算。期末应将“资产减值损失”科目余额转入“本年利润”科目，结转后应无余额。具体会计核算见相关章节。

第三节 税金和利润的核算

一、税金的种类及核算

根据国家有关税收征收管理条例的规定，银行作为纳税人，应交纳营业税、城市维护建设税、教育费附加、房产税、车船使用税、土地使用税、印花税和所得税。为反映不同类别的税种，应设置不同的会计科目进行核算。

（一）营业税金及附加

银行设置“营业税金及附加”科目核算营业税、城市维护建设税和教育费附加。营业税是用营业额乘以一定的税率求得的，现行的税率为 5%。城市维护建设税是用营业税额乘以一定的税率求得的。教育费附加税也是营业税额乘以一定的税率求得的。该科目属于损益类科目，期末终了，按规定计算出本期应纳的各项税金，借记本科目，贷记“应交税金”、“其他应交款”科目；结转利润时，借记“本年利润”科目，贷记本科目，期末利润结转后，本科目应无余额。

1. 银行期末计算应纳营业税金及其附加的核算

会计分录为：

借：营业税金及附加——××税户

　　贷：应交税金——应交营业税

　　　　　　　　——应交城市维护建设税

其他应交款——教育费附加

2. 银行实际交纳税金时的核算

会计分录为：

借：应交税金——应交营业税

——应交城市维护建设税

其他应交款——教育费附加

贷：存放中央银行款项

3. 期末按本科目余额结转利润时的核算

会计分录如下：

借：本年利润

贷：营业税金及附加

【例 12-1】某银行分理处 6 月份手续费收入 70000 元，营业税税率为 5%，城市维护建设税税率为 7%，教育费附加税率为 3%。

计算应纳营业税金额：应纳营业税金额 = 70000 × 5% = 3500（元）

计算应纳城市维护建设税金额：应纳城市维护建设税金额 = 3500 × 7% = 245（元）

计算应纳教育费附加金额：应纳教育费附加金额 = 3500 × 3% = 105（元）

作会计分录如下：

借：营业税金及附加——× ×税户　　3850

贷：应交税金——应交营业税　　3500

——应交城市维护建设税　　245

其他应交款——教育费附加　　105

（二）营业费用

在营业费用中列支的税金包括房产税、车船使用税、土地使用税和印花税，期末计算前三项税金时，会计分录为：

借：营业费用

贷：应交税金——应交房产税

应交税金——应交车船使用税

应交税金——应交土地使用税

银行在发生印花税应税行为后应以自行贴足印花税税票的方式纳税，因此不需要与税务机关结算，无须通过应交税金科目核算，而是直接通过银行存款科目核算，会计分录如下：

借：营业费用——印花税

贷：银行存款

期末按本科目余额结转利润时，会计分录如下：

借：本年利润

贷：营业费用

（三）所得税费用

每月终了，企业应将成本费用和税金类科目的月末余额转入“本年利润”科目的借方，将收入类科目的余额转入“本年利润”科目的贷方。然后再计算“本年利润”科目的本期借贷方发生额之差。贷方余额为企业本月实现的利润总额即税前会计利润，借方余额为企业本月发生的亏损总额。

由于税法和会计制度、准则对收入和费用的确认标准不同，会计利润和应纳税所得之间会存在差异，两者之间的差异可以分为两类：时间性差异和永久性差异。对于时间性差异有两种不同的会计处理方法：应付税款法和纳税影响会计法。应付税款法不确认时间性差异对当期所得税费用的影响，直接将当期的应纳税额作为当期的所得税费用。在此方法下所得税费用等于当期的应纳税额，根据当期计算的应纳税额会计分录为：

借：所得税费用

　　贷：应交税金——应交所得税

【例 12-2】新风信用社 3 月底按上年应纳税所得额计算出了一季度应预缴所得税额为 2977206 元，作如下会计分录：

借：所得税费用　　　　　　　　2977206

　　贷：应交税金——应交所得税　　　　　2977206

实际上缴企业所得税时，作如下会计分录：

借：应交税金——应交所得税　　2977206

　　贷：银行存款　　　　　　　　　　　　2977206

期末按本科目余额结转利润时，其会计分录如下：

借：本年利润　　　　　　　　　2977206

　　贷：所得税费用　　　　　　　　　　　2977206

应付税款法具有简单易行的特点，但是不符合收入与费用配比的原则。因此产生了纳税影响会计法。纳税影响会计法确认时间性差异对所得税费用的影响，将当期的应纳税额和时间性差异对所得税影响的合计确认为当期的所得税费用。在纳税影响会计法下时间性差异对当期所得税的影响金额被递延到以后各期。银行采用纳税影响会计法时，所得税被视为企业取得收益时发生的一项费用，并随同有关的收入和费用计入同一会计期间，以达到收入和费用配比的目的。时间性差异对所得税的影响反映在利润表中的“所得税费用”项目和资产负债表中的“递延税款余额”项目中。

采用纳税影响会计法的银行在税率发生变动时可以采用递延法或者债务法进行核算，递延法将本期时间性差异对所得税的影响递延和分配到以后各期，并同时转回以前所确认的时间性差异对本期所得税的影响金额。而在债务法下将本期时间性差异对所得税的影响递延和分配到以后各期，并同时转回以前所确认的时间性差异对本期所得税的影响金额，在税率发生变动或开征新税时需要调整递延税款的账面余额。

在确认当期的所得税费用、递延税款和应交税金后，会计分录为：

借：所得税费用

　　借或贷：递延税款

贷：应交税金——应交所得税

转回以前各期所确认的递延税款的借方余额时，会计分录为：

借：递延税款

贷：所得税费用

转回递延税款的贷方余额时会计分录相反。

二、利润及利润分配的核算

（一）利润的构成及核算

1. 利润的构成

利润是企业在一定会计期间的经营成果，包括营业利润、利润总额和净利润。

（1）营业利润，是指营业收入减去营业成本和营业费用，再加上投资净收益后的净额。

（2）利润总额，是指营业利润减去营业税金及附加，加上营业外收入，再减去营业外支出后的金额。

营业外收入和营业外支出，是指金融企业发生的与其经营业务活动无直接关系的各项收入和各项支出。营业外收入包括固定资产盘盈、处置固定资产净收益、处置无形资产净收益、处置抵债资产净收益、罚款净收入等。营业外支出包括固定资产盘亏、处置固定资产净损失、处置无形资产净损失、处置抵债资产净损失、抵债资产保管费用、债务重组损失、罚款支出、捐赠支出、非常损失等。

（3）利润总额，是指利润总额减去（或加上）提取（或转回）的资产损失后的金额。

（4）所得税，是指金融企业应计入当期损益的所得税费用。

（5）净利润，是指利润总额减去所得税后的金额。

用公式表示如下：

营业利润 = 营业收入 – 营业成本 – 营业费用 + 投资净收益

利润总额 = 营业利润 – 营业税金及附加 + 营业外收入 – 营业外支出

净利润 = 利润总额 – 所得税

利润集中反映经营活动各方面的效益，是最终的财务成果，是衡量企业经营管理的综合指标。经过计算，利润总额如为正数，则表示盈利；如为负数，则表示亏损。

2. 利润总额的核算

（1）科目设置。为了准确核算银行的利润，设置了“本年利润”科目。用来核算银行在本年度实现的利润（或发生的亏损）。当期末结转利润时，银行应将有关收入类科目的余额结转到本科目，借记有关收入类科目，贷记本科目；同时，将有关费用支出类科目的余额结转到本科目，借记本科目，贷记有关费用支出类科目。年度终了，银行应将本科目的余额结转到“利润分配”科目，借记本科目，贷记“利润分配——未分配利润”科目；如为亏损，做相反的会计分录。年度终了，本科目应无余额。

（2）账务处理。在会计期末，将各项收入和费用转入“本年利润”科目，该科目的期末余额在贷方表示盈利，借方余额表示亏损。

1）期末结转收入类科目时，会计分录为：

借：利息收入

　　手续费收入

　　金融企业往来收入

　　其他业务收入

　　汇兑损益

　　投资收益

　　营业外收入

　　贷：本年利润

2）期末结转成本和费用类科目时，会计分录为：

借：本年利润

　　贷：利息支出

　　　　手续费支出

　　　　金融企业往来支出

　　　　其他营业支出

　　　　营业外支出

　　　　营业费用

　　　　营业税金及附加

　　　　所得税费用

3）期末将本年利润科目的余额转入“利润分配——未分配利润”科目，如果“本年利润”科目的余额在贷方，则会计分录为：

借：本年利润

　　贷：利润分配——未分配利润

如果是借方余额，则结转的会计分录相反。

（二）利润分配核算

利润分配是将银行所实现的利润总额，按照有关法规和投资协议所确认的比例，在国家、银行、投资者之间进行分配。银行实现的利润总额，首先要依法缴纳所得税，税后利润才能按规定的分配顺序进行分配。

1. 利润分配的顺序和原则

根据《中华人民共和国公司法》的规定，商业银行应按照以下顺序分配利润：

（1）抵补已交纳的在成本和营业外支出中无法列支的有关惩罚性支出或赞助支出。

（2）弥补连续 5 年税前利润未弥补完的亏损。

（3）按照所得税后利润减去以上两项后的余额的 10%计提法定盈余公积。

（4）提取公益金。

（5）提取一般准备金。

（6）向投资者分配利润。

2. 利润分配的核算

（1）会计科目的设置。为了加强利润分配的核算，银行应设置“利润分配”科目。该科目属于所有者权益类，用于核算银行按规定分配的利润或应弥补的亏损和历年分配（或补亏）后的结存余额。借方反映各种利润分配事项，贷方反映抵减利润分配的事项，年末借方余额表示未弥补的亏损总额，贷方余额表示累计未分配利润总额。

“利润分配”科目的明细科目可设置为：应交所得税、罚没损失、提取盈余公积、盈余公积补亏、应付利润、未分配利润等。

（2）利润分配的账务处理。商业银行在期末将“本年利润”账户的余额转入“利润分配——未分配利润”账户，按照规定的顺序分配利润。

1）提取盈余公积。银行从税后利润中提取盈余公积时，会计分录为：

借：利润分配——提取法定盈余公积
　　　　　　——提取任意盈余公积
　　贷：盈余公积——法定盈余公积
　　　　　　　　——任意盈余公积

2）提取公益金。商业银行按照规定的比例提取公益金时，会计分录为：

借：利润分配——提取盈余公积
　　贷：盈余公积——公益金

3）向投资者分配利润。用银行按照董事会或其他权力机构制定的利润分配方案向投资者分配利润时的会计分录为：

借：利润分配——应付利润（或应付股利）
　　贷：应付利润（或应付股利）

4）最后将当期的利润分配转入未分配利润科目，会计分录为：

借：利润分配——未分配利润
　　贷：利润分配——提取法定盈余公积
　　　　　　　　——提取任意盈余公积
　　　　　　　　——提取盈余公积
　　　　　　　　——提取一般准备金
　　　　　　　　——应付利润（或应付股利）

如果未分配利润科目有贷方余额即为当期的未分配利润，留待以后年度进行利润分配。金融企业如发生亏损，可以按规定由以后年度利润进行弥补。未分配的利润（或未弥补的亏损）应当在资产负债表的所有者权益项目中单独反映。未分配利润是金融企业税后净利润的一种留存收益形式。它有两方面含义：一是这部分留存收益还未分给投资者，二是这部分留存收益还未指明一定的用途。

练习题

1. 名词解释

（1）营业费用　　（2）收入　　（3）应付税款法

2. 填空题

(1) 在理解收入概念时，要注意几点：(　　)、(　　)、(　　)。

(2) 银行按月计算应计入当期损益的应收利息时，借记（　　）等科目，贷记（　　）；按季结息时，借记（　　）等科目，贷记（　　）科目。

(3) 金融企业往来支出是指（　　）、(　　)、同业及其他金融机构之间因资金往来而发生的利息支出。

3. 选择题

(1) 营业收入是指企业在（　　）日常活动中所形成的经济利益总流入。

A. 销售商品　　B. 提供劳务

C. 让渡资产使用权　　D. 为第三方代收款项

E. 以资金对外投资

(2) 构成利润总额的要素有：(　　)。

A. 营业利润　　B. 营业外收入

C. 营业税金及附加　　D. 营业外支出

F. 所得税

(3) 根据制度规定，不得计入经营成本的支出有：(　　)。

A. 购买设备支付的运杂费　　B. 支付的罚款

C. 长期待摊费用摊销　　D. 基本建设工作人员工资

E. 抵债资产保管费用

4. 会计分录题

根据业务内容作出会计分录：

(1) 某行 12 月份营业收入 22350 元（不包括金融机构往来收入），按 5%的税率计算本月应当缴纳的营业税金额并按营业税金额的 7%计算本月份城市维护建设税；按营业税金额的 3%计算本月份的教育费附加。

(2) 12 月 31 日结算后利润总额为 710000 元。按 25%的税率计算本月份应缴纳的所得税金额（假设没有纳税调整项目）并将所得税金额结转“本年利润”账户。

(3) 当年的净利润为 1000 万元，按 10%的比例提取法定盈余公积金，按 5%的比例提取法定公益金，按 8%的比例提取任意公积金，按 20%的比例提取分配给投资者的利润。期末利润分配各有关明细账户的余额结转“利润分配——未分配利润”账户。

第十三章 年度决算

【学习目的】通过本章学习，你能够：了解年度决算的意义和财务会计报告分析的目的、方法，掌握年度决算的工作内容，掌握决算报表的种类及主要报表的格式、基本编制方法。

第一节 年度决算概述

一、年度决算的意义、要求与步骤

会计制度规定每年 1 月 1 日至 12 月 31 日为一个会计年度。凡是独立会计核算的单位，以每年 12 月 31 日为年度决算日，进行年度决算，无论该日是否为节假日，均不得提前或拖后。不是独立核算单位的附属机构，应通过并账或并表方式，由其管辖机构合并办理年度决算。年度决算是指根据会计资料对会计年度内的业务活动和财务收支情况进行的综合总结。它是全面总结金融机构业务和财务活动，以及考核银行经营成果的一项综合性工作。年度决算的对象为业务活动和财务收支情况。年度决算的目的为全面总结金融机构的业务、财务活动并考核其经营成果。

（一）年度决算的意义

1. 年度决算综合反映银行的财务状况、经营成果和现金流量情况

资产负债表反映财务状况；利润表反映经营成果；现金流量表反映现金流量情况；会计报表附注对报表中不能反映的内容和不能详细披露的内容作出进一步的解释说明。

2. 年度决算有利于总结经验，提高银行经营管理水平

年终决算可以反映银行全年的经营成果，考核其经营效益，对经营亏损、呆账等问题进行监察，并分析原因，总结经验，吸取教训，及时采取措施，促进银行提高经营管理水平。

3. 年度决算为国家宏观经济调控提供信息

银行是国民经济的综合部门，面向全社会的企事业单位和居民，是社会货币资金收支和信用活动的枢纽。银行通过年度决算，可以帮助国家有关部门掌握货币、信贷及资

金活动的增减变化情况，了解国民经济各部门的资金投入、运用和周转情况，以及货币发行量，信贷规模总额，外汇及黄金增减、结余等情况，并分析其变化的原因和考核执行的结果，为宏观调控，制定货币政策提供重要的金融、经济信息。

（二）年度决算的要求

年度决算是金融机构的一项全局性工作，是会计工作的全面总结，涉及面广、政策性强、工作量大、质量要求高。因此，办理年度决算必须有以下基本要求：

（1）坚持统一领导、各部门密切配合的原则。

（2）坚持会计资料的真实性、准确性和可靠性原则。

（3）坚持财务会计报告的完整性、统一性和及时性原则。

（三）年度决算的步骤

银行年度决算工作大体可分为三个步骤或阶段：

（1）决算前准备工作。决算工作的大部分内容是在决算日之前进行的，年度决算准备工作一般从每年第 4 季度开始，主要包括：全面核对内外账务、清理资金、盘点财务实物、核实损益、调整账务、试算平衡等。

（2）决算日的具体决算工作。每年 12 月 31 日是金融机构实行年度决算的日子，其主要工作包括：组织年末财务入当年账、检查各项库存、计算外汇买卖损益、结转本年利润、进行新旧账簿的结转、编制财务会计报告等。

（3）编报决算报表和决算说明书。

二、年度决算的准备工作

银行一般从每年的第 4 季度开始进行其决算前的准备工作。总行及时下发办理当年决算工作的通知，明确提出当年决算中应注意的事项和相应的处理原则与要求，以便各基层行处有统一的执行标准。其管辖的各分行则根据总行的要求，结合辖内具体情况，提出年度决算的具体要求和补充办法，组织和监督辖内各行处正确、及时办理年度决算。各基层行处除了按照总行和分行的要求布置并办理年度估算外，一般应做好资金清理、盘点财产、核对账务、核实损益、清算凭证等各项准备工作。

银行年度决算时间紧、任务重。为了保证年度决算工作的顺利进行，决算的准备工作一般应于每年的第 4 季度初就着手进行。银行年度决算准备工作主要有以下几个方面：

（一）清理资金

在银行年度决算前，会计部门要与其他业务部门密切配合，对各种资金进行清理。

1. 清理业务资金

银行的业务资金主要包括存款、贷款、短期投资、借入资金、拆出资金等，应对这些业务资金进行全面核对，该收回的积极收回，该归还的及时归还，该清户的及时销户，该转期的抓紧办理转期。对于暂时没有结果的要说明情况，按规定程序办理。

2. 清理结算资金

各银行由于办理商品交易、劳务供应、资金划拨而引起的结算资金，应根据使用票据和结算方式的不同，进行全面清理。该划出的款项要及时划出，应收回的要积极催归，没有解付的要多方联系积极解付，如经多方查找确实无法解付并超过期限的，应办理退汇。

3. 清理内部资金

内部资金是指银行内部的暂时过渡性资金。主要指其他应付款、其他应收款、待摊费用、呆账准备金、坏账准备金、投资风险准备金等。对这些资金要逐项进行清理，该收回的收回，该上缴的上缴，该摊销的摊销，该报损的报损，该转收益的转收益，该核销的核销，使内部资金和过渡性款项减小到最低限度。经过清理暂时无法解决的，要注明原因，以备日后查考和清理。

（二）清理财产物资

银行在年度决算前要将库存现金、金银、外币、有价单证和物品等对照账面记载，认真进行盘点核实。如发现有多缺溢耗，要查明原因，按照有关规定处理。同时，要检查库房管理制度的执行情况，安全措施的落实情况，若有问题，必须纠正。

1. 清点库存实物

对库存现金、金银、外币、有价单证和空白重要凭证等，均须对照账面记载，认真进行盘点核实。如发现有多缺溢耗，要查明原因，按照有关规定处理。

2. 清理固定资产及低值易耗品

对房屋、器具、设备等固定资产以及各种低值易耗品，应根据有关账卡记录进行盘点。凡未入账的应登记入账，已入账设卡的要逐一核对清楚，若发现多缺情况，应按规定进行处理，以保证账、卡、实物完全相符。

注意，有些器具、物品不能列入资产科目，如受托代保管物品、以经营租赁方式租入的资产等，这些资产在账外备查登记簿中反映。

（三）核对和调整账务

1. 检查会计科目的运用情况

会计科目是各项业务分类的依据，只有正确运用，才能通过会计记录正确并真实地反映银行全年的业务活动和财务收支状况。因此，在年度决算前应根据会计科目的变动情况，检查会计科目的归属和运用情况，如发现使用不当，应及时调整科目，以便真实反映各项业务和财务活动情况。

2. 全面核对内外账务

年度决算前，要对银行内部所有的账、簿、卡、据进行一次全面检查和核对。检查和核对的内容包括：各科目总账与分户账的金额是否相符，金银、外币等账面记载与库存实物是否相符，库存现金账面结存数与实际库存现金是否相符，银行内部账务与客户账是否相符等。若有不符、因会计政策发生变更或出现会计差错，要按照规定进行更正，达到账账、账款、账据、账实、账表、内外账户相符。

3. 核对往来账项

金融机构之间往来项目较多，系统内联行往来、金融企业之间跨系统往来、金融机构与中央银行往来等往来项目都需要认真清理和核对。如有差错应及时更正，保证金融

机构往来之间相互平衡。

（四）核实损益

1. 核实业务收支

对各项利息收入和支出、金融机构往来收入和支出、营业外收入和支出等账户要进行复查。重点应复查利息收支的计算，包括复查计息的范围、利率使用、利息计算等，是否正确，如发现差错，应及时纠正。

2. 检查各项费用开支

对各项业务费用，应按照开支范围和费用标准进行复查。对超过范围和标准开支的，应查明情况，若发现差错或问题，应及时进行更正。

（五）试算平衡

各行在上述几项准备工作基本落实或完成的基础上，应根据 11 月末总账科目的各项数字编制试算平衡表，以检查和验算各科目余额是否正确。对试算中发现的问题，应及时查明原因，尽快解决，为年度决算报表的编制奠定可靠的基础。

三、年度决算日工作

每年的 12 月 31 日为我国银行的年度决算日，无论该日是否属节假日，均应办理年度决算。年度决算工作量大，时间紧、任务重，除要处理好当天的业务，轧平当天的账务外，还应根据情况做好调整当日账务、结算全年损益、办理新旧账户的结转、编制决算报表等工作。决算日当天，全行工作都要围绕年度决算进行。

（一）处理当日账务、全面核对账务

决算日这天，金融机构照常营业，这一天发生的全部账务应于当日全部入账。应收应付利息，应交税金，按权责发生制要求的收入、费用应全部列账，各种往来款项应全部结清，不得跨年。全日账务处理完毕后，对全年账务进行一次全面核对，做到账账相符。

（二）检查各项库存

决算日营业终了，应对库存现金、金银、外币、有价单证、有价实物进行一次全面核对，保证账款、账实相符。

（三）计算外汇买卖损益

决算日，应将各种外币买卖账户余额，一律按决算日外汇牌价折成人民币，并与原币外汇买卖账户的人民币余额进行比较，其差额则为本年度外汇买卖的损益，应列入有关损益账户。

（四）结转本年利润

决算日营业终了，应将各损益类科目的各账户最后余额，分别结转到本年利润账户。若本年利润科目的余额在贷方，则为纯益（净利润），若本年利润科目的余额在借方，则为纯损（净亏损）。

（五）办理新旧账簿的结转

各独立会计单位在结转全年损益后，应办理新旧账簿的结转，结束旧账，建立新账，保证新年度业务活动的正常进行。

1. 总账的结转

总账每年更换一次，结转总账时，有的科目要合并后结转，有的科目要轧抵后结转，有的科目要转入另一科目。因此要求总账的结转一律要通过“会计科目结转对照表”办理。“会计科目结转对照表”分左右两方：左方填旧年度会计科目及余额，右方填新年度会计科目及余额，新旧年度借贷方余额合计应分别相等。根据该表登记新年度总账，登账日为1月1日。“摘要”栏加盖“上年结转”戳记，旧账余额记入新账的“上年余额”栏即可。另外，对于逐笔记入、逐笔销账的丁种账页，应逐笔结转。

2. 明细账的结转

银行的明细账可根据下年度是否可以继续使用而采取不同的结转办法。对于下年度可继续使用的明细账，如对外营业账户的明细账，应在旧账页的最后一行余额下加盖“结转下年”戳记，将最后余额过入新账页，新账页日期应写明新年度1月1日，摘要栏则加盖“上年结转”戳记。对于余额已结清的账户，则在账页上加盖“结清”戳记。

3. 登记簿的结转

银行的各种表外科目和其他登记簿，年终也可根据其是否可继续使用而采取不同的处理方式。若登记簿可继续使用，则不需要结转，下年度继续使用；若是按年设立的登记簿，则需要结转，其方法可比照明细账的结转。

第二节　银行财务会计报告的编制

一、银行财务会计报告概述

银行财务会计报告是反映企业财务状况和经营成果的书面文件，主要包括财务会计报表、会计报表附注和财务情况说明书。

会计的最终目标是向报告使用者提供决策有用的会计信息，财务会计报告是会计信息的主要载体。财务会计报告全面、综合、系统地反映了银行财务状况、经营成果和现金流量，不仅是最重要的会计信息资料，也是会计工作成果的最终体现。

（一）编制财务会计报告的要求

1. 真实可靠

银行财务编制财务报告应当以真实的交易、事项和完整、准确的账簿记录等相关资料为依据，按照国家统一的会计制度规定的编制基础、编制依据、编制原则和编制方法编制财务会计报告。因此，财务会计报告必须根据核实无误的账簿资料编制，不得以任何方式弄虚作假。

2. 相关可比

银行财务会计报告所提供的财务会计信息必须与报告使用者进行决策所需要的信息相关。并且便于报告使用者在不同银行之间及同一银行前后各期之间进行比较。只有提供相关且可比的信息，才能帮助报告使用者分析银行在整个社会特别是同行业中的位置，了解、判断银行过去、现在的情况，预测银行未来的发展趋势，进而为报告使用者的决策服务。

3. 全面完整

银行财务会计报告应当全面地披露其财务状况、经营成果和现金流动情况，完整地反映银行财务活动的过程和结果，以满足各有关方面对财务会计信息资料的需要。为了保证财务会计报告的全面完整性，银行在编制财务会计报告时应当按照有关准则、制度规定的格式和内容填写，特别是对于对银行有某些重要影响的事项，应当按照要求在财务会计报告附注中说明，不得漏编漏报，或者随意取舍。

4. 编报及时

银行财务会计报告所提供的资料要具有很强的时效性。只有及时编制和报送财务会计报表才能为使用者提供决策所需要的信息资料。否则，即使财务会计报告的编制非常真实可靠、全面完整且具有相关可比性，也可能失去其应有的价值。随着市场经济和信息技术的迅速发展，财务会计报告的及时性要求将变得越来越重要。

5. 便于理解

可理解性是指财务会计报告提供的信息可以为使用者所理解。银行对外提供财务会计报告的目的是为广大报告使用者提供企业过去、现在和未来的有关资料，为银行目前或潜在的投资者和债权人提供决策所需要的会计信息。因此，编制的财务会计报告应当清晰明了。如果提供的财务会计报告晦涩难懂，不可理解，使用者就不能据以作出准确的判断。

6. 形式规范

银行对外提供的财务会计报告应当依次编定页数，加具封面，装订成册，加盖公章。封面上应当注明：银行名称、银行统一代码、组织形式、地址、报告所属年度或者月份、报出日期，并由银行负责人和主管会计工作的负责人、会计机构负责人（会计主管人员）签名并盖章；设置总会计师的银行，还应当由总会计师签名并盖章。如果是年度财务会计报告，还应提供会计师事务所的审计报告。

应当指出，财务会计报告分析的依据还包括财务会计报告以外的数据，如资本市场的变化、企业背景、企业发展战略、市场营销策略、市场占有份额等等。

（二）财务会计报告的类型

按照我国《企业财务会计报告条例》规定，财务会计报告由会计报表、会计报表附注和财务情况说明书构成。

财务会计报告可以根据需要按照不同的标准进行分类：

1. 按反映内容分类

按财务会计报告反映内容的不同可以分为会计报表、会计报表附注和财务情况说明书。会计报表包括资产负债表、利润表、现金流量表及相关附表。会计报表附注是为便于会计报表使用者了解会计报表的内容而对会计报表的编制基础、编制依据、编制原则和方法，以及主要项目等所做的解释。财务情况说明书是在报送年度会计报表时，对年度内财务成本情况以文字为主，结合年度会计报表中的有关数字指标而做出的书面分析报告。

2. 按编报时间分类

按财务会计报告编报时间的不同可以分为年度、半年度、季度和月度财务会计报告。年度、半年度财务会计报告应当包括会计报表、会计报表附注和财务情况说明书。季度、月度财务会计报告通常仅指会计报表，会计报表至少应当包括资产负债表和利润表，国家统一的会计制度规定季度、月度财务会计报告需要编制会计报表附注的从其规定。

3. 按编制单位分类

按财务会计报告编制单位的不同可以分为单位财务会计报告和汇总财务会计报告。前者是指由企业在自身会计核算基础上对账簿记录进行加工而编制的财务会计报告，它主要用以反映企业自身的财务状况、经营成果和现金流动情况。后者是指根据所属单位报送的会计报表，连同本单位会计报表汇总编制的综合性财务会计报告。

4. 按服务对象分类

按照财务会计报告服务对象的不同可以分为内部财务会计报告和外部财务会计报告。前者是指为适应企业内部经营管理需要而编制的不对外公布的财务会计报告，一般不需要规定统一的格式，也没有统一的指标体系；后者则是指企业向外提供的财务会计报告，主要供投资者、债权人、政府部门和社会公众等有关方面使用，它通常有统一的格式和规定的指标体系。

二、资产负债表

（一）资产负债表的意义及其作用

资产负债表表示企业在某一日期（通常为各会计期末）的财务状况（即资产、负债和所有者权益的状况）。由于它反映的是某一时点的情况，所以又称为静态报表。它利用会计平衡公式“资产 = 负债 + 所有者权益”，将符合会计原则的资产、负债、所有者权益交易科目分为“资产”和“负债及股东权益”两大区块，在经过分录、转账、分类账、试算、调整等会计程序后，以特定日期的静态企业情况为基准，浓缩成一张报表。

银行资产负债表主要提供银行财务状况方面的信息。通过资产负债表，可以反映银行各项资产、负债和所有者权益的增减变化，以及各项目之间的相互关系。从中可以检查银行某一日期资产、负债和所有者权益的构成是否合理，考核各项资金计划执行的结果，并能提供分析金融企业偿债能力和财务前景的资料。

（二）资产负债表的格式和内容排列

1. 资产负债表的格式

资产负债表一般包括表首、正表两部分。其中，表首包括报表名称、编制单位、编制日期、报表编号、货币名称、计量单位等内容。正表是资产负债表的主体，列示了说明企业财务状况的各个项目。资产负债表正表的格式一般有两种：报告式资产负债表和账户式资产负债表。报告式资产负债表是上下结构，上半部列示资产，下半部列示负债和所有者权益。具体排列形式又有两种：一是按“资产 = 负债 + 所有者权益”的原理排列；二是按“资产 – 负债 = 所有者权益”的原理排列。账户式资产负债表是左右结构，左边列示资产，右边列示负债和所有者权益。不管采取什么格式，资产各项目的合计等于负债与所有者权益各项目的合计这一等式不变。

在我国，资产负债表采用账户式形式。每个项目又分为“期末余额”和“年初余额”两栏分别填列。

2. 资产负债表的内容排列

资产负债表根据资产、负债、所有者权益（或股东权益）之间的勾稽关系，按照一定的分类标准和顺序，把银行一定日期的资产、负债和所有者权益各项目予以适当排列。它反映的是银行资产、负债、所有者权益的总体规模和结构。在资产负债表中，资产通常按流动性大小列示，具体分为流动资产、长期投资、固定资产、无形资产及其他资产；负债也按流动性大小列示，具体分为流动负债、长期负债等；所有者权益，按实收资本、资本公积、盈余公积、未分配利润等项目分项列示。账户式资产负债表的格式，如表 13–1 所示：

表 13–1　资产负债表

编制单位：　　　　　　　　　　年　月　日　　　　　　　　　　单位：元

资　产	行次	期末余额	年初余额	负债和所有者权益（或股东权益）	行次	期末余额	年初余额
流动资产：				**流动负债：**			
货币资金	1			短期存款	64		
贵金属	2			短期储蓄存款	65		
存放中央银行款项	3			财政性存款	66		
存放同业款项	4			向中央银行借款	67		
存放联行款项	5			同业存放款项	68		
拆放同业	6			联行存放款项	69		
拆放金融性公司	7			同业拆入	70		
短期贷款	8			金融性公司拆入	71		
抵押贷款	9			应解汇款	72		
应收进出口押汇	10			汇出汇款	73		
应收账款	11			委托存款	74		
	12			应付代理证券款	75		
其他应收款	13			卖出回购证券款	76		
	14			应付账款	77		
坏账准备	15			预收账款	78		
应收款项净额	16			其他应付款	79		

续表

资　　产	行次	期末余额	年初余额	负债和所有者权益（或股东权益）	行次	期末余额	年初余额
预付账款	17			应付职工薪酬	80		
贴现	18			应付股利	81		
短期投资	19			应交税金	82		
短期投资跌价准备	20			其他应交款	83		
短期投资净额	21			发行短期债券	84		
应收利息	22			一年内到期的长期负债	85		
委托贷款及委托投资	23			其他流动负债	86		
自营证券	24			流动负债合计	87		
自营证券跌价准备	25			**长期负债**			
代理证券	26			长期存款	88		
买入返售证券	27			长期储蓄存款	89		
待处理流动资产净损失	28			保证金	90		
一年内到期的长期债权投资	29			应付转租赁租金	91		
其他流动资产	30			发行长期债券	92		
流动资产合计	31			长期借款	93		
中长期贷款	32			应付债券	94		
逾期贷款	33			长期应付款	95		
贷款呆账准备金	34			住房周转金	96		
应收租赁款	35			其他长期负债	97		
应收转租赁款	36			长期负债合计	98		
租赁资产	37			负债合计	99		
待转租赁资产	38			少数股东权益	100		
其他长期资产	39			**股东权益**			
长期资产合计	40			实收资本（或股本）	101		
长期投资				资本公积金	102		
长期股权投资	41			盈余公积金	103		
长期债权投资	42			公益金	104		
其他长期投资	43			未分配利润	105		
长期投资合计	44			股东权益合计	106		
长期投资减值准备	45			负债及股东权益总计	107		
长期投资净额	46						
固定资产							
固定资产原价	47						
累计折旧	48						
固定资产净值	49						
固定资产减值准备	50						
固定资产净额	51						
固定资产清理	52						
在建工程	53						
在建工程减值准备	54						
在建工程净额	55						
固定资产合计	56						
无形资产及其他资产							
无形资产	57						
递延资产	58						
交易席位费	59						

续表

资　产	行次	期末余额	年初余额	负债和所有者权益（或股东权益）	行次	期末余额	年初余额
开办费	60						
长期待摊费用	61						
无形资产及其他资产合计	62						
资产总计	63						

单位负责人：　　　　会计机构负责人：　　　　复核：　　　　制表：

（三）资产负债表的编制方法

资产负债表反映金融企业会计期末的全部资产、负债和所有者权益状况。

资产负债表“年初余额”栏内各项数字，应根据上年年末资产负债表“期末余额”栏内所列数字填列。如果本年度资产负债表规定的各个项目的名称和内容同上年度不相一致，应对上年年末资产负债表各项目的名称和数字按照本年度的规定进行调整，填入本表“年初余额”栏内。总括起来，有以下几种情况：

1. 根据总账或明细账科目余额直接填列

当资产负债表有些项目与总账或明细账的科目相一致时，可根据总账或明细账期末余额直接填列，如“存放中央银行款项”、“存放同业款项”、“短期投资”、“长期投资”、“向中央银行借款”、“长期借款”、“实收资本”、“资本公积”等都属于这种情况。

2. 根据总账或明细账科目余额合并填列

当资产负债表的有些项目与银行会计账簿记录的会计科目不完全一致时，需要把账簿记录数字加计合并填列，如“现金及银行存款”、“短期贷款”、“应收账款”和“短期贷款”等属于这种情况。

3. 根据总账或明细账科目余额轧计差额分别填列

资产负债表中的某些项目与会计账簿的会计科目相一致，但在期末填列时需要轧计差额来确定填列的项目，如“存放联行款项”和“联行存放款项”两个科目。

4. 根据总账或明细账科目余额反方减项填列

资产负债表中一些相互关联或具有备抵性质的项目，采取单方排列方式，但必须作反方减项处理。如“固定资产原值”和“累计折旧”项目。

（四）资产负债表具体项目内容和填列方法

（1）“货币资金”项目，反映金融企业库存现金的情况。本项目根据“库存现金”和“银行存款”科目的期末余额填列。

（2）“贵金属”项目，反映金融企业在国家允许范围内买入黄金、白银等贵重金属的情况。本项目应根据“贵金属”科目的期末余额填列。

（3）“存放中央银行款项”项目，反映金融企业按规定存入中央银行的往来款项和各项准备金存款。本项目应根据“存放中央银行款项”科目的期末余额填列。

（4）“存放同业款项”项目，反映金融企业在同业资金往来业务中存放于同业的资金。本项目应根据“存放同业款项”科目的期末余额填列。

（5）“存放联行款项”项目，反映金融企业在联行资金往来业务中存放于联行的款项。期末本项目由“存放联行款项”科目和“联行存放款项”科目互相对转后的差额进行反映，两科目对转后，如出现“存放联行款项”科目借方余额，则填列本项目；如出现“联行存放款项”科目贷方余额，则填列“联行存放款项”项目。

（6）“拆出资金”项目，反映金融企业与其他金融企业之间的资金拆借业务。本项目根据“拆放同业”和“拆放金融性公司”或“拆出资金”科目的期末余额填列。

（7）“短期贷款”项目，反映金融企业对外贷出的期限在1年以内的各种款项，包括各种短期贷款和短期信托贷款。本项目应根据“短期贷款”科目和“信托贷款”科目中相关明细科目的期末余额填列。

（8）“应收进出口押汇”项目，反映金融企业在进出口押汇业务中发生的应收押汇款项。本项目应根据“应收进出口押汇”科目的期末余额填列。

（9）“应收账款”项目，反映金融企业在经营业务中发生的各种应收款项，包括各种贷款的应收利息、应收手续费、应收证券买卖款项、应收租赁收益等。本项目应根据“应收利息”科目和“应收账款”科目的期末余额填列。

（10）“坏账准备”项目，反映金融企业按规定提取的尚未转销的坏账准备。本项目应根据“坏账准备”科目的期末余额填列。

（11）“其他应收款”项目，反映金融企业对其他单位和个人的应收和暂付款项。本项目根据“其他应收款”科目的期末余额填列。

（12）“贴现”项目，反映金融企业针对工业、流通等企业提出的票据按一定的贴现利率给予的贴现。金融企业已经再贴现的票据，应从本科目中扣除。本项目应根据“贴现”科目的期末余额填列。

（13）“短期投资”项目，反映金融企业根据业务需要进行的短期投资。本项目应根据“短期投资”科目的期末余额填列。

（14）“委托贷款及委托投资”项目，反映非银行金融企业受其他企业委托进行的贷款和投资。银行办理的委托业务不在资产负债表中反映。本项目应根据“委托贷款”和“委托投资”科目的期末余额计算填列。

（15）“自营证券”项目，反映金融企业在自营买卖证券业务中购入的所有证券。本项目应根据“自营库存证券”和“存出证券”科目中相关明细科目的期末余额计算填列。

（16）“代理证券”项目，反映金融企业接受客户委托，代理客户进行的发行、兑付、代售、代购等证券业务。本项目应根据“代发行证券”、“代兑付债券”、“代售证券”、“代购证券”科目和“存出证券”科目中相关明细科目的期末余额计算填列。

（17）“买入返售证券”项目，反映金融企业根据与客户签订的合同或协议买入的有价证券。本项目应根据“买入返售证券”科目的期末余额填列。

（18）“待处理流动资产净损失”项目，反映金融企业在清查财产和经营中查明的尚待处理的各种材料物资和有价证券等流动资产的盘亏和毁损减盘盈后的净损失。如盘盈大于盘亏和毁损，本项目用“–”号表示。本项目根据“待处理财产损溢”科目所属“流动资产损溢”明细科目的期末余额填列。企业待处理的固定资产净损失，应在资产

负债表“待处理固定资产净损失”项目中另行反映。

(19) “一年内到期的长期投资”项目，反映金融企业长期投资中将于1年内到期的债券投资的部分。本项目根据“长期投资”科目中“债券投资”明细科目的期末余额分析填列。

(20) “中长期贷款”项目，反映金融企业对外发放的以上期限在1年（含1年）的贷款。本项目根据“中长期贷款”科目或“信托贷款”科目中的相关明细科目的期末余额计算填列。

(21) “逾期贷款”项目，反映金融企业对外发放的到期后（含展期后）半年内尚未收回的贷款。本项目根据“逾期贷款”科目或“信托贷款”科目中的相关明细科目的期末余额计算填列。

(22) “贷款呆账准备”项目，反映金融企业根据贷款期初余额的一定比例提取的呆账准备。本项目根据“贷款呆账准备”科目的期末余额填列。

(23) “应收租赁款”项目，反映金融企业在融资租赁业务中租出资产应收的款项。本项目应根据“应收租赁款”科目的期末余额填列。

(24) “未实现租赁收益”项目，反映金融企业在融资租赁业务中租出资产的应收未收的全部租赁收益。本项目应根据“未实现租赁收益”科目的期末余额填列。

(25) “应收转租赁款”项目，反映金融企业开展转租赁业务应收的款项。本项目应根据“应收转租赁款”科目的期末余额填列。

(26) “租赁资产”项目，反映金融企业融资租赁业务购入租赁资产的成本。本项目根据“租赁资产”科目的期末余额填列。

(27) “待转租赁资产”项目，反映金融企业融资租赁业务已租出资产的所有权。本项目根据“待转租赁资产”科目的期末余额填列。

(28) “经营租赁资产”项目和“经营租赁资产折旧”项目，反映金融企业经营性业务中涉及的固定资产以及累计折旧，包括已经出租的和尚未出租的资产。这两个项目应根据“经营租赁资产”和“经营租赁资产折旧”科目的期末余额填列。

(29) “长期投资”项目，反映金融企业不准备在1年内变现的投资。长期投资中，1年内到期的债券，应在流动资产类下“一年内到期的长期投资”项目内单独反映。本项目应根据“长期投资”科目的期末余额扣除1年内到期的长期债券投资后的数额填列。

(30) “投资风险准备”项目，反映金融企业在进行长期投资时，按期末投资余额的一定比例提取的风险准备。本项目应根据“投资风险准备”科目的期末余额填列。

(31) “固定资产原值”项目、“累计折旧”项目和“固定资产净值”项目，反映金融企业所有自用的各种固定资产，包括使用的、未使用的固定资产的原价以及已提折旧和净值。“固定资产原值”项目和“累计折旧”项目应根据“固定资产”和“累计折旧”科目的期末余额填列，“固定资产净值”项目应根据前两项的数额计算填列。

(32) “固定资产清理”项目，反映金融企业因出售、报废、毁损等原因转入清理但尚未清理完毕的固定资产的净值，以及固定资产清理过程中所发生的清理费用和变价收入等各项金额的差额。本项目应根据“固定资产清理”科目的期末借方余额填列，如为贷方余额应以“-”号填列。

(33)“在建工程”项目，反映金融企业期末各项未完工程的实际支出和尚未使用的工程物资的实际成本。本项目应根据“在建工程”科目的期末余额填列。

(34)“无形资产”项目，反映金融企业各项无形资产的原价扣除摊销后的净额。本项目应根据“无形资产”科目的期末余额填列。

(35)“递延资产”项目，反映金融企业尚未摊销的开办费、租入固定资产的改良及大修理支出以及摊销期限在1年以上的其他待摊费用。本项目应根据“递延资产”科目的期末余额填列。

(36)“其他资产”项目，反映金融企业除以上资产以外的其他资产。本项目应根据有关科目的期末余额填列。

(37)“短期存款”项目，反映金融企业接受的企事业单位的1年期以下的各种存款。本项目应根据“活期存款”科目、“定期存款”科目的有关明细科目和“信托存款”科目的有关明细科目的期末余额计算填列。

(38)“短期储蓄存款”项目，反映金融企业接受的居民个人的1年期以下的各种储蓄存款。本项目应根据“活期储蓄存款”科目和“定期储蓄存款”科目的有关明细科目的期末余额填列。

(39)“财政性存款”项目，反映金融企业吸收的财政性存款。本项目应根据“财政性存款”科目的期末余额填列。

(40)“向中央银行借款”项目，反映金融企业从中央银行借入的款项。本项目根据“向中央银行借款”科目的期末余额填列。

(41)“同业存放款项”项目，反映金融企业与同业进行资金往来时发生的同业存放于本企业的款项。期末本项目应根据“同业存放款项”科目的期末余额填列。

(42)“联行存放款项”项目，反映金融企业在进行联行往来时发生存放于本企业的联行资金。期末本项目应根据“联行存放款项”科目和“存放联行款项”科目往来互相对转后的差额进行反映，两科目对转后，如为“联行存放款项”科目的借方余额，填列本项目；如为“存放联行款项”科目的贷方余额，填列“存放联行款项”科目。本项目应根据“联行存放款项”科目的期末余额分析计算填列。

(43)“拆入资金”项目，反映金融企业从其他金融企业借入的短期资金。本项目应根据“同业拆入”和“金融性公司拆入”或“拆入资金”科目的期末余额填列。

(44)“应解汇款”项目，反映金融企业从进行汇款业务时收到的待解付的款项以及外地采购单位或个人的临时性存款。本项目根据“应解汇款”科目的期末余额填列。

(45)“汇出汇款”项目，反映金融企业受企事业单位或个人委托汇往外地的款项。本项目应根据“汇出汇款”科目的期末余额填列。

(46)“委托存款”项目，反映金融企业接受企事业单位或个人的委托进行放款或投资业务时，企事业单位存入本企业的款项。本项目根据“委托存款”科目的期末余额填列。

(47)“应付代理证券款项”项目，反映金融企业代理客户发行、兑付、买卖有价证

券业务的，应付给客户的款项，包括代理发行证券款项、代理兑付债券款项、代售证券款项、代购证券款项等。本项目应根据“应付代理证券款项”科目的期末余额填列。

(48)“卖出回购证券款”项目，反映金融企业与其他企业按合同或协议，卖给其一批证券，到一定日期后，再买回该批证券的业务。卖出证券时收到的款项在本项目反映。本项目应根据“卖出回购证券款”科目的期末余额填列。

(49)“应付的账款”项目，反映金融企业各种应付的账款，包括各种存款的应付利息、买入有价证券、租赁物资、接受劳务等应付的款项。本项目应根据“应付利息”或“应付账款”科目的期末余额填列。

(50)“其他应付款”项目和“应付工资”项目，分别反映金融企业各种应付的账款、其他应付及暂收的款项和应付未付的工资。这两个项目分别根据“其他应付款”和“应付工资”科目的期末余额填列。

(51)“应付福利费”项目，反映金融企业从成本中提取的用于职工个人的福利费。本项目应根据“应付福利费”科目的期末余额填列。

(52)“应交税金”项目和“应付利润”项目，分别反映金融企业应交未交的各种税金和应付投资者的利润。本项目应根据“应交税金”和“应付利润”科目的期末余额填列。

(53)“发行短期债券”项目，反映金融企业发行的尚未偿还的各种1年期以内的债券本金。本项目根据“发行债券”科目的有关明细科目的期末余额填列。

(54)“一年内到期的长期负债”项目，反映金融企业1年期以下的贷款。本项目根据“长期负债”的期末余额分析填列。

(55)“长期存款”项目，反映金融企业接受企事业单位的1年期以上的长期存款。本项目应根据“定期存款”科目的有关明细科目或“信托存款”科目的有关明细科目的期末余额填列。

(56)“长期储蓄存款”项目，反映金融企业接受居民个人的1年期以上的储蓄存款。本项目应根据“定期储蓄存款”科目的有关明细科目的期末余额填列。

(57)“保证金”项目，反映金融企业向客户收取的各种保证金。本项目应根据“保证金”或“租赁保证金”科目的期末余额填列。

(58)“应付转租赁租金”项目，反映金融企业进行转租赁业务时应付给出租企业的租金。本项目根据“应付转租赁租金”科目的期末余额填列。

(59)“发行长期债券”项目，反映金融企业发行的尚未偿还的各种1年期（含1年）以上的债券本金。本项目根据“发行债券”科目的有关明细科目的期末余额填列。

(60)“长期借款”项目，反映金融企业向银行及金融机构借入的但尚未归还的1年期以上的款项。本项目根据“长期借款”科目的期末余额填列。

(61)“长期应付款”项目，反映金融企业除长期借款和发行债券以外的长期应付款项。本项目应根据“长期应付款”科目的期末余额填列。

(62)“实收资本（或股本）”项目，反映金融企业实际收到的资本总额。本项目应根据“实收资本”科目及各明细科目的期末余额分析填列。

(63)“资本公积”项目和“盈余公积”项目，分别反映金融企业的资本公积和盈余公积的期末余额。本项目根据“资本公积”科目和“盈余公积”科目的期末余额填列。

(64)“未分配利润”项目，反映金融企业盈利尚未分配的部分。本项目根据“本年利润”科目和“利润分配”科目的余额计算填列。未弥补的亏损应在本项目内用“-”号表示。

三、利润表

(一) 利润表的意义及作用

利润表又称损益表，是用来反映银行在一定期间利润实现（或发生亏损）的财务报表。它是一张动态报表。损益表可以为报表的阅读者提供作出合理的经济决策所需要的有关资料，可以帮助报表阅读者分析利润增减变化的原因，考核银行利润计划的完成情况，作出投资价值评价。具体来说有以下几个方面的作用：

(1) 利润表可作为银行经营成果的分配依据。损益表反映银行在一定期间的营业收入、营业成本、营业税金、营业费用和营业外收支等项目，最终可计算出利润综合指标。损益表上的数据直接影响到许多相关集团的利益，如国家的税收收入、管理人员的奖金、职工的工资与其他报酬、股东的股利等。

(2) 通过利润表提供的收入、费用、利润等绝对指标和通过利润表提供的数据计算出的投资收益率、利润率等相对指标，可以评价企业的经营成果，考核企业经营管理者的工作业绩。

(3) 通过相邻的若干期间的利润表提供的数字进行比较分析，可以预测企业利润的发展趋势和获利能力。

(二) 利润表的格式

收入、费用是利润表的基本要素。利润表的常用格式有两种，即单步式利润表和多步式利润表。

1. 单步式利润表

单步式利润表是用当期全部收入抵减当期全部支出，一次性计算出当期损益的一种利润表。单步式利润表的优点是收入费用归类清楚，经营成果的确认比较直观，报表编制方法简单，不足之处是对收入和费用的性质不加区分，不能揭示利润中各要素之间的内在联系，不便于对银行经营成果进行分析和评价。

2. 多步式利润表

多步式利润表是按照利润的性质，分层次计算利润的一种利润表。一般来说，第一步计算营业利润，即营业收入减去营业支出，再减去营业税金及附加，求出营业利润；第二步计算利润总额，即营业利润加上投资收益、营业外收入，减去营业外支出，求出银行的利润（或亏损）总额，再减去所得税得到净利润。多步式利润表的格式，如表13-2所示。

表 13-2　利润表

编制单位：　　　　　　　　年　月　　　　　　　　单位：元

项　目	行次	本期数	本年累计数
一、主营业务收入	1		
利息收入	2		
金融企业往来收入	3		
手续费收入	4		
证券销售差价收入	5		
证券发行差价收入	6		
租赁收益	7		
汇兑收益	8		
房地产经营收入	9		
其他营业收入	10		
二、主营业务支出	11		
利息支出	12		
金融企业往来支出	13		
手续费支出	14		
营业费用	15		
汇兑损失	16		
房地产经营成本	17		
房地产经营费用	18		
其他营业支出	19		
三、主营业务税金及附加	20		
四、主营业务利润	21		
其他业务利润	22		
减：存货跌价损失	23		
管理费用	24		
财务费用	25		
五、营业利润	26		
投资收益	27		
减：营业外收入	28		
营业外支出	29		
六、利润总额	30		
所得税	31		
少数股东权益	32		
七、净利润	33		
年初未分配利润	34		
盈余公积转入	35		
外币未分配利润折算差	36		
八、可分配利润	37		
提取法定盈余公积金	38		
提取法定公益金	39		

续表

项　　目	行次	本期数	本年累计数
九、可供股东分配的利润	40		
应付普通股股利	41		
提取任意盈余公积金	42		
十、未分配利润	43		

单位负责人：　　会计机构负责人：　　复核：　　制表：

（三）利润表的编制

本表“本期数”栏，反映各项目的本月实际发生数。在编报年度报表时，填列上年全年累计实际发生数，并将“本期数”栏改成“上年数”栏。如果上年度利润表与本年度利润表的项目名称和内容不相一致，应将上年度报表项目的名称和数字按本年度的规定进行调整，填入本表“上年数”栏。

本表“本年累计数”栏，反映各项目年初至本期末的累计实际发生数。

本表各项目的内容和填列方法。

（1）“营业收入”项目，反映金融企业经营业务各种收入的总额，本项目根据“利息收入”、“金融企业往来收入”、“手续费收入”、“证券销售差价收入”、“证券发行差价收入”、“租赁收益”、“其他营业收入”、“汇兑收益”等项目汇总计算填列。

（2）“利息收入”项目，反映金融企业贷出款项的利息收入或银行存款的利息收入。本项目应根据“利息收入”科目期末结转利润科目的数额填列。

（3）“金融企业往来收入”项目，反映金融企业与其他金融企业进行业务往来时发生的利息收入。本项目应根据“金融企业往来收入”科目期末结转利润科目的数额填列。

（4）“手续费收入”项目，反映金融企业各项业务应收取的手续费收入。本项目根据“手续费收入”科目期末结转利润科目的数额填列。

（5）“证券销售差价收入”项目，反映金融企业在进行经营证券买卖业务时，买入证券与卖出证券的差价收入。本项目应根据“证券销售差价”科目期末结转利润科目的数额填列。

（6）“证券发行差价收入”项目，反映金融企业代理客户发行证券时，承购价与包销价之间的差价收入。本项目应根据“证券发行差价收入”科目期末结转利润科目的数额填列。

（7）“租赁收益”项目，反映金融企业在开展融资租赁业务时取得的租赁收益。本项目根据“租赁收益”科目期末结转利润科目的数额填列。

（8）“其他营业收入”项目，反映金融企业的其他营业收入，如买入返售证券的差价收入、咨询服务收入等。本项目根据“其他营业收入”科目期末结转利润科目的数额填列。

（9）“汇兑收益”项目，反映金融企业在进行外汇买卖或外币兑换等业务时发生的汇兑收益。本项目应根据“汇兑收益”科目期末结转利润科目的数额填列。

（10）“营业支出”项目，反映金融企业各项营业支出的总额。本项目根据“利息支

出”、“金融企业往来支出”、“手续费支出”、“营业费用”、“汇兑损失”、“其他营业支出”等项目汇总计算填列。

(11)“利息支出”项目，反映金融企业各项借款的利息支出。本项目根据“利息支出”科目期末结转利润科目的数额填列。

(12)“金融企业往来支出”项目，反映金融企业在与其他金融企业业务往来时发生的支出。本项目根据“金融企业往来支出”科目期末结转利润科目的数额填列。

(13)“手续费支出”项目，反映金融企业委托其他企业代办业务而支付的手续费。本项目应根据“手续费支出”科目期末结转利润科目的数额填列。

(14)“营业费用”项目，反映金融企业为经营业务而发生的各种业务费用、管理费用以及其他有关的营业费用。本项目根据“营业费用”科目期末结转利润科目的数额填列。

(15)“汇兑损失”项目，反映金融企业进行外汇买卖或外币兑换等业务时发生的汇兑损失。本项目应根据“汇兑损失”科目期末结转利润科目的数额填列。

(16)“其他营业支出”项目，反映金融企业的其他营业支出，如卖出回购证券的差价支出等。本项目根据“其他营业支出”科目期末结转利润科目的数额填列。

(17)“营业税金及附加”项目，反映金融企业按规定缴纳的应由经营收入负担的各种税金及附加费，包括营业税、城市维护建设税、教育费附加等。本项目应根据“营业税金及附加”科目期末结转利润科目的数额填列。

(18)“营业利润”项目，反映金融企业当期的经营利润，发生经营亏损也在本项目反映，用“–”号表示。

(19)“投资收益”项目，反映金融企业在进行对外投资时，按合同或协议规定分回的投资利润、股票的股利收入、债券投资的债息收入等。投资收益占全部收入的比重较大的金融企业，本项目应位于“证券销售差价收入”项目之前，作为企业“营业收入”的内容进行反映。在计算营业税金时应进行调整。本项目应根据“投资收益”科目期末结转利润科目的数额填列。

(20)“营业外收入”项目和“营业外支出”项目，反映金融企业业务经营以外的收入和支出。这两个项目应严格区分营业和非营业的界限，不应将营业收入和支出列入营业外收入和支出。这两个项目根据“营业外收入”和“营业外支出”科目期末结转利润科目的数额填列。营业外收支各明细项目，还应在本表补充资料内详细列示。

(21)“利润总额”项目，反映金融企业当期实现的全部利润（或亏损）总额。如为亏损，则以“–”号在本项目内填列。本项目 = 营业收入 – 营业支出 – 营业税金及附加+投资收益 + 营业外收入 – 营业外支出。

四、现金流量表

（一）现金流量表的意义及作用

现金流量表，是指反映银行在一定会计期间内现金和现金等价物流入和流出的报表。现金，是指企业库存现金以及可以随时用于支付的存款。现金等价物，是指企业持有的期限短、流动性强、易于转换为已知金额现金、价值变动风险很小的投资。

现金流量表是财务报表的三个基本报告之一，所表达的是在一固定期间（通常是每季或每年）内，一家企业或机构的现金（包含银行存款）增减变动的情况。现金流量表的出现，主要是为了反映出资产负债表中各个项目对现金流量的影响，并根据其用途划分为经营、投资及融资三个活动分类，现金流量表可用于分析一家企业或机构在短期内有没有足够的现金去应付开销。

现金流量表对会计信息使用者的作用在于：其一，反映企业的现金流量，评价企业未来产生现金净流量的能力；其二，评价企业偿还债务、支付投资利润的能力，谨慎判断企业财务状况；其三，分析净收益与现金流量间的差异，并解释差异产生的原因；其四，通过对现金投资与融资、非现金投资与融资的分析，全面了解银行财务状况。

（二）现金流量表的编制基础

编制现金流量表，是以收付实现制为编制基础，反映银行在一定时期内现金收入和现金支出情况的报表。银行一定时期内现金流入和现金流出是由各种因素造成的。现金流量表首先要对银行各项经营活动产生的现金和运用的现金流量进行合理的分类。现金流量按其产生的原因和支付的用途不同，可分为以下几大类，具体内容见表 13–3。

（三）现金流量表的格式和内容

按照会计准则，现行的现金流量表采用报告式格式。其具体内容如表 13–3 所示。

表 13–3 现金流量表

编制单位　　　　　　　　　　　　　　　　　　　年　月　日

项　目	行　次	金　额
一、经营活动产生的现金流量		
贷款利息收入收到的现金		
金融机构往来收入		
其他营业收入收到的现金		
活期存款吸收与支付净额		
吸收的定期存款		
收回的中长期贷款		
同业存放和系统内存放款项吸收与支付净额		
与其他金融机构拆借资金净额		
金融机构其他往来收到的现金净额		
租赁收入		
证券及租赁业务现金增加净额		
收到的其他与经营活动有关的现金		
手续费收入收到的现金		
汇兑净收益收到的现金		
债券投资净收益收到的现金		
经营活动现金流入小计		

续表

项　　目	行　次	金　额
存款利息支出支付的现金		
金融企业往来支出支付的现金		
手续费支出支付的现金		
营业费用支付的现金		
其他营业支出支付的现金		
支付给职工以及为职工支付的现金		
支付的定期存款		
短期贷款收回与发放净额		
发放的中长期贷款		
支付营业税及附加		
支付的所得税款		
购买商品接受劳务支付的现金		
支付的其他与经营活动有关的现金		
经营活动现金流出小计		
经营活动产生的现金流量净额		
二、流动资金变动产生的现金流量净额		
存款增加收到的现金		
中央银行准备金减少收回的现金		
同业间及金融性公司间拆放减少收回的现金		
贴现减少收回的现金		
租赁业务收回的现金		
再贴现收到的现金		
已核销逾期贷款收回收到的现金		
其他业务收到的现金		
因流动资金变动产生的现金流入小计		
进出口押汇增加支付的现金		
同业间存放减少支付的现金		
保证金减少支付的现金		
其他负债减少支付的现金		
贷款增加支付的现金		
债券投资净增加支付的现金		
其他应收暂付款增加支付的现金		
其他应付暂收款减少支付的现金		
委托存款减少支付的现金		
递延资产、无形资产增加支付的现金		
其他资产增加支付的资金		
因流动资金变动产生的现金流出小计		
因流动资金变动产生的现金流量净额		
营业活动产生的现金流量净额		

续表

项　　目	行　次	金　额
三、投资活动产生的现金流量		
收回投资所收到的现金		
分得股利或利润所收到的现金		
取得债券利息收入所收到的现金		
处置固定无形和长期资产收回的现金		
收到的其他与投资活动有关的现金		
投资活动现金流入小计		
购建固定无形和长期资产支付的现金		
权益性投资所支付的现金		
债权性投资所支付的现金		
支付的其他与投资活动有关的现金		
投资活动现金流出小计		
投资活动产生的现金流量净额		
四、筹资活动产生的现金流量		
吸收权益性投资所收到的现金		
发行债券所收到的现金		
借款所收到的现金		
收到的其他与筹资活动有关的现金		
筹资活动现金流入小计		
偿还债务所支付的现金		
发生筹资费用所支付的现金		
分配股利或利润所支付的现金		
偿付利息所支付的现金		
融资租赁所支付的现金		
支付的其他与筹资活动有关的现金		
筹资活动现金流出小计		
筹资活动产生的现金流量净额		
五、汇率变动对现金的影响		
六、现金及现金等价物净增加额		
附注		
1. 不涉及现金收支的投资和筹资活动		
以固定资产偿还债务		
以投资偿还债务		
2. 将净利润调节为经营活动的现金流量		
净利润		
少数股东损益		
计提的坏账准备或转销的坏账		
计提的贷款呆账准备或转销的坏账		
计提的长期投资减值准备		
固定资产折旧		

续表

项　　目	行　次	金　额
无形资产摊销		
递延资产摊销		
待摊费用的减少（减：增加）		
预提费用的增加（减：减少）		
处置固定无形和其他长期资产的损失（减：收益）		
固定资产报废损失		
财务费用		
应付债券利息支出		
投资、筹资活动产生的汇兑损益		
投资损失（减：收益）		
递延税款贷项（减：借项）		
存货的减少（减：增加）		
经营性应收项目的减少（减：增加）		
经营性应付项目的增加（减：减少）		
增值税增加净额（减：减少）		
其他		
经营活动产生之现金流量净额		
3. 现金及现金等价物净增加情况		
货币资金的期末余额		
货币资金的期初余额		
现金等价物的期末余额		
现金等价物的期初余额		
现金及现金等价物净增加额		
4. 特殊项目		
自营证券的减少（减：增加）		
信托及委托贷款的减少（减：增加）		
信托及委托存款的增加（减：减少）		
拆出资金的减少（减：增加）		
代兑付证券支付的现金净额		
支付的长期存款本金		
支付的除所得税以外的其他税费		
支付的除增值税所得税以外的税费		
买入返售证券到期返售收到的现金		
长期待摊费用摊销		
销售商品、提供劳务收到的现金		
卖出回购证券款增减净额		
收回长期贷款本金		
计提的自营证券跌价准备		
各种证券资产的减少（减：增加）		
各种证券负债的增加（减：减少）		

续表

项　　目	行　次	金　额
同业往来利息支出		
卖出回购证券到期回购支付的现金		
经营租赁所支付的现金		
收到的税费返还		
同业拆入与同业拆出净额		
长期债权投资的减少（减：增加）		
拆入资金的增加（减：减少）		
收到的除增值税以外的其他税费返还		
收到的增值税销项税额和退回的税款		

单位负责人：　　　　会计机构负责人：　　　　复核：　　　　制表：

(四) 现金流量表的编制方法

编制现金流量表时，列报经营活动现金流量的方法有直接法和间接法两种。

1. 直接法

直接法指银行根据当期有关现金流量的会计事项，对经营活动的现金流入与流出逐项进行确认，以反映经营活动产生的现金流量。

就银行来说，经营活动产生的现金流量包括两大类：一是与经营损益有关的现金流量，如利息收入、手续费收入、其他营业收入等收到的现金，利息支出、手续费支出、营业支出、其他营业支出等付出的现金；二是在业务活动中发生的与损益无关的现金流量，如吸收存款、收回贷款、拆入资金等流入的现金，提出存款、发放贷款、拆出资金等流出的现金。对于后者，它属于金融企业的经营范畴，其现金流量是随经营业务的发生而产生的，因此在编制现金流量表时，这部分现金流量根据各项业务的发生及增减变动填列即可；对于前者，由于损益项目是按权责发生制确认的，而现金流量表中的流量则是以收付实现制为标准的，所以需要进行调整。

直接法的主要特点是对银行经营活动中具体项目的现金流入量进行详细的列报，这种方法的优点是直观，经营活动通过各种途径取得的现金和通过各种途径流出的现金，在按照直接法编制的现金流量表上一目了然，便于报告使用者了解银行在经营活动过程中现金的进出情况，有助于对银行未来的现金流量作出估计。因此，直接法是现金流量表编制的主要方法。

2. 间接法

间接法指银行以利润表上的本期净利润为起算点，调整不涉及现金的收入、费用、营业外收支以及应收应付等有关项目的增减变动，将权责发生制下的收益转换为现金收付制下的收益。

在我国的现金流量表中，以间接法编制的“经营活动产生的现金流量”被列为附表和补充资料。

间接法的基本原理是：银行由于经营活动而产生的与经营损益有关的现金流量与净

利润有着非常密切的联系，其现金流入主要是营业收入现金，而现金流出主要是营业支出（包括各种营业费用）、营业税金、所得税等，这与银行净利润的形成非常类似。但是，经营活动产生的与经营损益有关的现金流量并不等于净利润，这是因为二者的计算基础不同，净利润的计算是以权责发生制为基础的，只要发生了收款的权利或付款的义务，就应作为收入或者费用，并以此计算利润；而经营活动产生与经营损益有关的现金流量的计算，则是以收付实现为基础的，无论收入还是费用，均要以收到或付出现金为准。这样，二者必然出现差额，而间接法就是根据差额产生的原因对其分别进行调整，将净利润调节为经营活动产生的、与经营损益有关的现金流量。

在银行经营活动的现金流量中，除上述与经营损益有关的现金流量外，还有一部分是在其业务活动中发生的与损益无关的现金流量，只有将这一部分现金流量加减上去后，间接法才能将净利润调节为经营活动中产生的现金流量。这样的调整，便于报告的使用者分析理解银行账面利润与现金支付能力之间的差别。当然，间接法的编制结果应与按直线法编制的“经营活动产生的现金流量净额”的结果相等。

五、会计报表附注和财务情况说明书

（一）会计报表附注

会计报表附注是对会计报表中不能包括的内容或者披露不详尽的内容所作的进一步的解释说明，是会计报表的重要组成部分。编制会计报表附注的原因有以下几点：首先，它拓展了企业财务信息的内容，打破了三张主要报表内容必须符合会计要素的定义，又必须同时满足相关性和可靠性的限制；其次，它突破了揭示项目必须用货币加以计量的局限性；再次，它充分满足了银行财务报告是为其使用者提供有助于经济决策的信息的要求，增进了会计信息的可理解性；最后，它还能提高会计信息的可比性，比如，通过揭示会计政策的变更原因及事后的影响，可以使不同银行的会计信息更具可比性，从而有利于对比分析。

银行的年度会计报表附注至少应披露如下内容（法律、行政法规和国家统一的会计制度另有规定的，从其规定）：

（1）不符合会计核算前提的说明。

（2）重要会计政策和会计估计的说明。

（3）重要会计政策和会计估计变更的说明，以及重大会计差错更正的说明。

主要包括以下事项：①会计政策变更的内容和理由；②会计政策变更的影响数；③累积影响数不能合理确定的理由；④会计估计变更的内容和理由；⑤会计估计变更的影响数；⑥会计估计变更的影响数不能合理确定的理由；⑦重大会计差错的内容；⑧重大会计差错的更正金额。

（4）或有事项的说明。

1）或有负债的类型及其影响，包括：①已贴现商业承兑汇票形成的或有负债；②未决诉讼、仲裁形成的或有负债；③为其他单位提供债务担保形成的或有负债；④其他或有负债（不包括极小可能导致经济利益流出企业的或有负债）；⑤或有负债预计产生的财务影响（如无法预计，应说明理由）；⑥或有负债获得补偿的可能性。

2）如果或有资产很可能会给银行带来经济利益，则应说明其形成的原因及其产生的财务影响。

（5）资产负债表日后事项的说明。应说明股票和债券的发行、对一个银行的巨额投资、自然灾害导致的资产损失以及外汇汇率发生较大变动等非调整事项的内容，估计对财务状况、经营成果的影响；如无法作出估计，应说明其原因。

（6）关联方关系及其交易的说明。

1）在存在控制关系的情况下，关联方如为企业，不论它们之间有无交易，都应说明如下事项：①企业经济性质或类型、名称、法定代表人、注册地、注册资本及其变化；②企业的主营业务；③所持股份或权益及其变化。

2）在企业与关联方发生交易的情况下，企业应说明关联方关系的性质、交易类型及其交易要素，这些要素一般包括：①交易的金额或相应比例；②未结算项目的金额或相应比例；③定价政策（包括没有金额或只有象征性金额的交易）。

3）关联方交易应分别关联方以及交易类型予以说明，类型相同的关联方交易，在不影响会计报表使用者正确理解的情况下可以合并说明。

4）关联方交易价格的确定如果高于或低于一般交易价格的，应说明其价格的公允性。

（7）重要资产转让及其出售的说明。

（8）企业合并、分立的说明。

（9）会计报表重要项目的说明。

（二）财务情况说明书

财务情况说明书是财务会计报告的重要组成部分，编写好财务情况说明书对贯彻新《会计法》突出规范会计行为、保证会计资料质量的立法宗旨具有重要作用。财务情况说明书是反映银行年度、半年度财务报告期内经营的基本情况、财务状况与经营成果的总结性书面文件。它为银行内部和外部了解、观察、衡量、考核、评价银行报告期内的经营业绩和经营状况提供了重要依据。

银行的财务情况说明书必须按照国家统一的会计制度规定，对于需要说明的事项，至少应当对以下情况作出真实、完整、清楚的说明：①银行经营的基本情况；②利润实现和分配情况；③资金增减和周转情况；④对银行财务状况、经营成果和现金流量有重大影响的其他事项。

第三节　财务会计报告分析

一、财务会计报告分析的意义

财务会计报告分析是指以财务报表为主要依据，采用科学的评价标准和适用的分析方法，遵循规范的分析程序，通过对银行的财务状况、经营成果和现金流量等重要指标的比较和分析，对其财务状况、经营情况及其效绩作出判断、评价和预测的一项经济管理活动。

财务报表分析的目的是为有关各方提供可以用于决策的信息。具体说，使用财务报表的主体有三种：公司的经营管理人员、公司的现有投资者和潜在投资者、公司的债权人。

财务报表分析的功能有三点：

(1) 通过分析资产负债表，可以了解公司的财务状况，对公司的偿债能力是高是低、资本结构是否合理、流动资金是否充足作出判断。

(2) 通过分析损益表，可以了解公司的盈利能力、盈利状况、经营效率，对公司在行业中所处的地位、持续发展能力作出判断。

(3) 通过分析财务状况变动表，可以了解公司对营运资金的管理能力，判断公司合理运用资金的能力是高是低、支持日常周转的资金来源是否充分且具有可持续性。

二、财务会计报告分析的内容

与普通企业相比商业银行财务活动和财务管理的特点在于其财务活动与其业务活动具有交融性。商业银行是经营货币、信用等特殊商品的金融企业，存款、贷款、中间业务是它的主要业务，其经营对象具有单一货币形态，经营的实物资源只占其资产的很小一部分（一般为10%~20%），财务活动具有显著的社会性——债权人、债务人覆盖面广，高负债经营，高风险存在。所以商业银行财务管理的重点是风险的管理，财务评价的重点是对其财务状况的评价。而且其财务指标体系与普通企业也有所差异——目前国际上普遍采用“骆驼”评价体系（Camel Model）。“骆驼”评价体系是目前美国金融管理当局部对商业银行及其他金融机构的业务经营、信用状况等进行的一整套规范化、制度化和指标化的综合等级评定制度。因其五项考核指标，即资本充足性（Capital Adequacy）、资产质量（Asset Quality）、管理水平（Management）、盈利状况（Earnings）和流动性（Liquidity），其英文第一个字母组合在一起为“CAMEL”，正好与“骆驼”的英文名字相同。“骆驼”评价方法，因其有效性，已被世界上大多数国家所采用。当前国际上对商业银行评价考察的主要内容包括资本充足率及变化趋势、资产质量、存款结构及偿付保证、盈利状况、人力资源情况等五个方面基本上，未跳出美国“骆驼”评价的框架。

“骆驼”评价体系的主要内容是通过对金融机构“资本的充足程度、资产质量、管理水平、盈利水平和流动性”五项指标的考评，采用五级评分制来评价商业银行的经营及管理水平（一级最高、五级最低）。其分析涉及的主要指标和考评标准有：

（1）资本充足率（资本/风险资产），要求这一比率达到 6.5%~7%。

（2）有问题放款与基础资本的比率，一般要求该比率低于 15%。

（3）管理者的领导能力和员工素质、处理突发问题的应变能力和董事会决策能力、内部技术控制系统的完善性和创新服务吸引顾客的能力。

（4）净利润与盈利资产之比在 1%以上为第一、第二级，若该比率在 0~1%之间为第三、第四级，若该比率为负数则评为第五级。

（5）流动性是以随时满足存款客户的取款需要和贷款客户的贷款要求的能力，流动性强为第一级，流动性资金不足以在任何时候或明显不能在任何时候满足各方面的需要的分别为第三级和第四级。在上述基础上如果综合评价很满意或比较满意的则为第一级或第二级，不太满意和不满意的分别为第三级、第四级，不合格的为第五级。对于一、二级银行，监管当局一般对其今后发展提出希望性的建议；对三级银行监管当局要发出正式协议书、由被考评行签署具体计划和措施；对四、五级银行监管当局则发出“勒令书”，命令银行应该做什么、必须做什么和停止做什么，这是一种最严厉的管理措施。

“骆驼”评价体系的特点是单项评分与整体评分相结合，定性分析与定量分析相结合，以评价风险管理能力为导向，充分考虑到银行的规模、复杂程度和风险层次，是分析银行运作是否健康的最有效的基础分析模型。

（一）资本充足性（Capital Adequacy）分析

1. 资本充足性的基本理论

资本充足率（Capital Adequacy Ratio，CAR），也被称为资本风险（加权）资产率，是指资本总额与加权风险资产总额的比例。资本充足率反映商业银行在存款人和债权人的资产遭到损失之前，该银行能以自有资本承担损失的程度。国家调控者通过跟踪一个银行的 CAR 来保证银行可以承担一定量的风险。规定该项指标的目的在于抑制风险资产的过度膨胀、保护存款人和其他债权人的利益、保证银行等金融机构正常运营和发展。各国金融管理当局一般都有对商业银行资本充足率的管制，目的是监测银行抵御风险的能力。

资本充足率有不同的口径，主要比率有资本对存款的比率、资本对负债的比率、资本对总资产的比率、资本对风险资产的比率等。国际银行监督管理的基础《巴塞尔协议》规定，资本充足率用资本对风险加权资产的比率来衡量，其目标标准比率为 8%。

商业银行的资本，包括核心资本和附属资本。

核心资本包括实收资本、资本公积金、盈余公积金和未分配利润，附属资本指贷款准备金。在计算资本总额时，应用商业银行的核心资本加附属资本再扣除以下部分：

（1）购买外汇资本金支出。

（2）不合并列账的银行和财务附属公司资本中的投资。

（3）在其他银行和金融机构资本中的投资。

（4）呆账损失尚未冲销的部分。

加权风险资产是根据风险权数（权重）计算出来的资产。1994 年 2 月人民银行发布的《关于商业银行实行资产负债比例管理的通知》的附件二《关于资本成分和资产风险权数的暂行规定》把金融资产划分为现金、对中央政府和人民银行的授信、对公共企业的债权、对一般企业和个人的贷款、同业拆放和居住楼抵押贷款六大类表内资产。按风险程度设定风险权数，风险权数划分为 0、10%、20%、50%和 100%五类，以此来计算商业银行的加权风险资产。

除了《商业银行法》对商业银行的资本充足率有规定外，人民银行在其发布的《商业银行资产负债比例管理暂行监控指标》中更明确规定了商业银行的资本充足率指标：资本总额与加权风险资产总额的比例不得低于 8%，其中核心资本不得低于 4%。附属资本不得超过核心资本的 100%。即资本总额月末平均余额与加权风险资产月末平均余额之间的比例应大于或等于 8%；核心资本月末平均余额与加权风险资产月末平均余额的比例应大于或等于 4%。

2. 资本充足性分析的主要比率

主要考察资本充足率，即总资本与总资产之比。总资本包括基础资本和长期附属债务。基础资本包括股本金、盈余、未分配利润和呆账准备金。银行必须持有资本的原因有以下三个方面：一是为了承担意外的信贷损失；二是为存款人和债权人提供安全保障；三是满足监管部门对保护存款人利益和银行体系稳定的要求。资本充足性是指可用来维持银行业务经营的股东资金。它的大小取决于资产负债表的规模和银行所从事的业务类型。银行家们通常会面临一个两难的选择：资本过多，会降低杠杆作用，也就是说，会降低银行实现股东权益报酬率最大化的能力；资本过少，一旦遭遇不幸事件，会使银行处于与其资本额不相称的风险水平中。

（1）基本资本比率。

$$基本资本比率 = \frac{所有者权益}{总资产}$$

标准：资本结构合理的银行，该比率应在 5%~8%之间。缺陷：如果比率低于 5%这个经验数据，并不必然意味着资本不充足。许多国有银行的资本水平比较低，但通常都有来自政府、政府机构甚至是中央银行的支持。同时，该比率过于简单，忽视了银行可能拥有的其他永久性资金来源。

（2）股利支付率。

$$股利支付率 = \frac{股利}{净收益}$$

标准：最高不超过 50%。意义：一个银行如果将 50%以上的盈利用于支付股利，意味着其或是缺少可行的投资项目，或是一味想满足股东的要求。银行需要资金来发展，最好的资金来源之一就是它自己的利润（称为内部来源的资本，简称内部资本）。缺陷：在银行的财务循环中，股利政策是否真正重要，是一个争论不休的话题。

（二）资产质量（Asset Quality）分析

主要考察风险资产的数量，预期贷款的数量，呆账准备金的充足状况，管理人员的素质，贷款的集中程度以及贷款出现问题的可能性。资产质量的评价标准：把全部贷款按其风险程度分为正常贷款、不合标准贷款、有疑问贷款以及难以收回贷款四类，然后按如下公式计算：

资产质量比率 = 加权计算后的有问题贷款/基础资本

加权计算后的有问题贷款 = 不合标准贷款 × 20% + 有问题贷款 × 50% + 难以收回贷款 × 100%

资产质量低下是绝大多数银行破产的主要原因。一家银行资产质量低下的状况如被市场知晓，往往会给这家银行的短期酬资造成压力和困难，从而可能会引发这家银行的流动性危机。然而，资产质量的评估是银行分析中最困难的环节之一。必须从两个方面着手：一是检查银行信用风险管理的优势和劣势；二是使用趋势分析法和同业比较法对投资和贷款组合的质量作出评估。

资产质量的主要指标：

（1）贷款损失保障率。

$$贷款损失保障率 = \frac{扣除所得税、折旧、计提贷款损失准备和非常项目之前的收益}{计提贷款损失准备}$$

标准：3~4 倍。

（2）损失准备提取比率。

$$损失准备提取比率 = \frac{当年计提贷款损失准备金}{当年贷款平均余额}$$

标准：最大不超过 1%。意义：当年计提的贷款损失准备反映了贷款组合的质量和贷款总体规模的变动情况。该比率将损益表项目同资产负债表项目进行比较。在管理健全、信用等级高的银行中，该比率在 0.6%~1%之间。缺陷：银行管理层有可能利用贷款损失准备计提来人为调节利润。

（3）准备金充足率。

$$准备金充足率 = \frac{全部贷款损失准备金}{平均贷款余额}$$

标准：等于或小于 3%。意义：该比率反映银行对可疑或问题贷款的防护程度。如果防护程度超过贷款总额的 3%，要注意两种可能出现的问题：一是银行管理层非常保守，提取了过多的呆账准备金；二是银行的贷款质量存在严重的问题，问题贷款或不良贷款比例过高。缺陷：可能被人为操纵。

（4）不良贷款比率。

$$不良贷款比率 = \frac{不良贷款余额}{贷款总额}$$

标准：小于 1.5%。意义：该比率用于衡量不良贷款占银行贷款总额的比重。一般来说目标比率为 1.5%。然而，同其他比率一样，最重要的是要观察该比率的变化趋势。通常，该比率越高，银行就需要越多的资本来支持贷款的组合。缺陷：如果有关同业不良贷款水平的信息难以取得，则无法用此比率进行横向比较。

（三）管理水平（Management）

主要考察银行的战略、分析计划，管理者经历，经验及其水平，职员培训情况等一些非定量因素。这方面的评价是比较难的，因为没有可以量化的指标和比率，一般情况下，需要通过其他量化指标得出结论。

经营管理水平的评价标准：以令人满意、非常好、合格、差等定性标准为主。

另外还要进行银行现金流量分析，主要包括银行现金流量是否发生重大变化，银行是否从事筹资或投资活动，经营活动中所产生的现金流量是否为正数，银行的净收益与经营活动产生的净现金流量之间的关系如何，银行资本性支出是否与业务经营的发展相适应，银行支付未来现金股利的能力如何等。

（四）盈利能力（Earnings）分析法——杜邦分析法

比率分析法——盈利能力分析，在分析公司业绩时需要综合分析，投资报酬率（ROI）可能是最被广泛认同的衡量公司业绩的指标。

投资报酬率包括：总资产报酬率（包括全部资金来源——负债和股东权益），长期资本报酬率（包括长期负债和股东权益）和净资产收益率（资本收益率，仅包括股东权益）。

杜邦分析法：以资本收益率为主线，将银行在某一时期的经营成果与资产运作全面联系起来，通过层层分解，逐步深入，构成一个完整的分析体系，这一分析体系可通过各种比较来解释指标变动的原因和变动的趋势，找出问题的症结所在，为采取措施指明方向。

净资产报酬率（资本收益率）的分解如下：

净资产报酬率 = 总资产报酬率 × 权益乘数

$$资产报酬率 = 收益 \div 资产 = \frac{收益}{营业收入} \times \frac{营业收入}{资产}$$

其中：$银行利润率 = \frac{收益}{营业收入}$；$资产利用率 = \frac{营业收入}{资产}$

$$总资产报酬率 = \frac{净收益 + 利息费用 \times (1 - 税率)}{(年初总资产 + 年末总资产) \div 2}$$

$普通股权益报酬率 = \frac{净收益}{平均普通股东权益}$，一般标准在 10%~15%。

银行利润率 = 净利润 ÷ 营业收入

银行利润率的进一步分解：

利息费用率 = 利息费用 ÷ 收入总额

非利息费用率 = 非利息费用 ÷ 收入总额

计提贷款损失准备率 = 计提贷款损失准备 ÷ 收入总额

所得税税率 = 所得税 ÷ 收入总额

这些比率与收入利润率之和等于 1 或近似于 1（在存在非常项目收支净额的情况下）。在其他因素相同的情况，上述的四个比率的值越低，银行就越具有盈利能力。

资产周转率分析——经营活动流动性分析：

资产利用率 = 营业收入 ÷ 平均资产

总资产利用率 = 营业收入 ÷ 平均总资产

资产周转天数 = 360 ÷ 总资产利用率

资产利用率分解：

$$资产利用率 = \frac{利息收入}{平均资产} + \frac{非利息收入}{平均资产}$$

利率影响：各项资产的风险高低不同（包括资产质量的不同），取得资产的时点不同，以及到期时间不同，都会导致资产的实际利率或利息收入率发生差异。

构成影响：即使两家银行在所有资产项目上取得的实际收入率都相同，但全部资产利息收入率也可能不一样。在其他条件相同的情况下，在收入率较高的资产上投资较多的银行，其全部资产利息收入率肯定会相对高一些。

数量影响：在资产总额中，盈利资产数量的多少，也会对全部资产利息收入率产生影响。在其他条件相同的情况下，盈利资产占比越大，全部资产利息收入率就越高。盈利资产是指能产生利息收入的资产，通常采用资产总额扣除非盈利资产的方法进行计算。

（五）流动性（Liquidity）分析

主要考察银行存款的变动情况，银行对借入资金的依赖程度，可随时变现的流动资产数量，资产负债的管理、控制能力；借入资金的频率以及迅速筹措资金的能力。流动性没有确定的评价标准，只有与同类、同规模的银行进行横向比较，才能确定其在流动性方面的优劣与强弱。银行对流动性的要求源于两点：第一，在不收回现有贷款且不处置债券等长期投资的情况下，满足发放新贷款的要求；第二，在存款出现波动时，满足存款客户的提款要求。

为了满足客户正常的流动性需求，银行必须持有较高比例的流动资产（流动资产占总资产的理想比例为 20%~30%）。

流动性分析的方法有两种：存量法和流量法。

1. 存量法

（1）流动资产占资产的比率。

$$流动资产占资产的比率 = \frac{流动资产}{资产总额}$$

标准：20%~30%。缺陷：有一些流动资产并不能满足银行对流动性的需求，例如中央银行准备金存款。

（2）流动资产占存款的比率。

$$流动资产占存款比率 = \frac{流动资产}{存款总额}$$

标准：30%~45%。意义：拥有大量流动资产，可以使银行经受住部分存款人暂时丧失信心的考验。公式中的存款包括：银行的活期存款和储蓄（定期）存款。缺陷：存款并不是衡量流动性的一个完美指标。

（3）存贷比。

$$存贷比=\frac{存款}{贷款}$$

标准：小型地区性银行为80%~90%；大型货币中心银行或国际银行为100%。意义：该比率反映了银行通过核心存款而不是借款来满足贷款增长的能力，一旦人们认为银行遇到了重大的问题，借款可能在一夜之间消失，该比率越高，流动性越差。缺陷：并不能反映出未来的贷款需求或预期提款需求，同时，它也不能反映贷款以外其他资产的流动性以及存款以外其他负债的性质。

（4）贷款占存款和借款的比率。

$$贷款占存款和借款的比率=\frac{贷款}{存款+借入资金}$$

（5）贷款占资产的比率。

$$贷款占资产的比率=\frac{贷款}{资产}$$

标准：小于65%。意义：靠贷款支撑的银行，其贷款占资产总额的比率较高。流动性好的银行，资产中贷款的比例较小，而短期货币市场投资或证券投资比例较大，后两者能随时变现用于发放贷款。当然，贷款过少、投资过多可能意味着银行缺少有吸引力的业务，因此利润上可能会有压力。该比率升高表明流动性降低。缺陷：这一比率忽视了银行贷款中短期贷款的特性。

2. 流量法

与存货管理相似，流量法的出发点是确定平衡流入、流出差异所需的流动性储备。例如，有时银行的累计净现金流量会逐年减少，有时候会出现现金净流出，为弥补这段时期内的应付现金流量，银行必须持有一定的流动储备或重新配置信贷资源进行缺口分析。一种比流动性比率更为有效的衡量方法就是描述匹配概况，即预测即将到期的资产和负债之间的缺口。

练习题

1. 名词解释

（1）资本充足率　　（2）“骆驼”评价方法　　（3）投资报酬率（ROI）

2. 填空题

（1）商业银行的财务报告由（　　）、（　　）和（　　）及其他附表组成。

（2）资产负债表是反映商业银行在某一特定日期（　　）的会计报表，利润表是反映商业银行一定期间（　　）的会计报表。

（3）编制现金流量表，列报经营活动现金流量的方法有（　　）和（　　）。

3. 选择题

(1) 根据规定，我国银行的年度决算日为（　　）。

A. 12 月 30 日　　B. 12 月 31 日　　C. 1 月 1 日　　D. 12 月 20 日

(2) 根据日常的会计核算资料，总结和分析银行全年的各项业务活动和收支状况，考核经营成果的综合性工作是（　　）。

A. 业绩考核　　B. 财务分析　　C. 年度决算　　D. 财务总结

(3) 下列属决算日工作内容的有（　　）。

A. 处理当日账务　　B. 计算结转外汇买卖损益

C. 结转全年损益　　D. 分配本年利润

4. 会计分录题

(1) 某银行 2009 年年度结账后，各相关科目的期末余额如下表所示：

某银行会计科目余额

单位：元

会计科目	借方余额	贷方余额
现金	3288900.00	
银行财务往来	47200.00	
存放中央银行款项	46000.00	
存放同业款项	62600.00	
短期贷款	60000.00	
应收账款	968400.00	
其他应收款	3600.00	
坏账准备		4842.00
贴现	21600.00	
短期投资	62600.00	
中长期贷款	168200.00	
逾期贷款	72000.00	
呆滞贷款	42000.00	
贷款呆账准备		58000.00
固定资产	6458800.00	
累计折旧		3242600.00
无形资产	428600.00	
活期存款		1390080.00
活期储蓄存款		870240.00
定期存款		926720.00（其中一年内到期的 278016.00 元）
定期储蓄存款		372960.00（其中一年内到期的 74592.00 元）
同业存放款项		22000.00
应付工资		198600.00
应付福利费		27800.00
实收资本		343620.00

续表

会计科目	借方余额	贷方余额
资本公积		500000.00
盈余公积		235400.00（其中公益金 38000.00 元）
未分配利润		497258.00
合计	11730500.00	11730500.00

要求：编制该行 2009 年年底的资产负债表。

（2）某银行 2009 年 12 月有关损益类账户的发生额如下表所示：

某银行损益类账户发生额

单位：元

会计科目	借方发生额	贷方发生额
利息收入		7611660.00
金融企业往来收入		928600.00
手续费收入		600000.00
汇兑收益	197480.00	843260.00
投资收益	73980.00	83420.00
其他营业收入		98300.00
利息支出	4452300.00	
金融企业往来	652300.00	
手续费支出	523000.00	
营业费用	321000.00	
其他营业支出	32000.00	
营业税金及附加	834500.00	
营业外收入		68340.00
营业外支出	56780.00	
所得税	2117412.00	

要求：根据上述资料编制该行 2009 年年底的利润表。

参考文献

[1] 于希文、王允平：《银行会计学》，中国金融出版社，2007 年。
[2] 李海波、刘学华：《金融会计》，立信会计出版社，2005 年。
[3] 张超英：《现代商业银行会计与实务》，中国人民大学出版社，2003 年。
[4] 丁元霖：《银行会计》，立信会计出版社，2004 年。
[5] 谢获宝、王合喜：《金融企业会计》，武汉大学出版社，2003 年。
[6] 瞿立宏：《银行会计》，西安交通大学出版社，2007 年。
[7] 温红梅、刘兴革、梁运吉：《银行会计》，东北财经大学出版社，2007 年。
[8] 王允平、关新红、李晓梅：《金融企业会计学》，经济科学出版社，2007 年。
[9] 林发东：《金融会计实务》，中国财政经济出版社，2005 年。
[10] 程婵娟、李纪建：《商业银行会计实务》，西安交通大学出版社，2007 年。
[11] 李哲：《金融企业会计实务操作》，中国人民大学出版社，2003 年。
[12] 殷惠芬：《新编商业银行会计模拟实习》，立信会计出版社，2007 年。
[13] 韩俊梅、吕德勇：《商业银行会计学》，中国金融出版社，2007 年。
[14] 郭德松等：《金融会计》，华中科技大学出版社，2010 年。
[15] 王允平、关新红等：《金融企业会计》，经济科学出版社，2008 年。
[16] 马若微、红梅：《商业银行会计学》，中国人民大学出版社，2008 年。
[17] 程婵娟：《银行会计学》，科学出版社，2007 年。